經華管信 创新系列

实用文写作：面向人工智能

杨明珠□编 著

電子工業出版社
Publishing House of Electronics Industry
北京 · BEIJING

内 容 简 介

本教材共6章，前2章紧绕“实用写作”的含义、特点，写作者的素养要求，实用文的构成、表达方式进行基本原理概述；后4章选择四大类使用频率高的实用文进行介绍，分别是公务文书、事务文书、公关社交类文书、毕业求职类文书。每章配置拓展阅读，内容分别是生成式人工智能的应用、分类思维、公文规范、总结的小标题句式、修改方法、简历提升。每节一般配置2～3道实训题，全书约80道题目。为了适应人工智能时代，本教材特别设置了“病例文简析”，对人工智能写作的初稿进行评析，方便读者就AI文章进行修改，提高实用文写作效率。

本教材可以作为高校实用文写作课程的教材，也可以作为实际工作人员的参考用书。

图书在版编目（CIP）数据

实用文写作 ：面向人工智能 / 杨明珠编著.
北京 ：电子工业出版社，2024. 8.（2025.7 重印）-- ISBN 978-7-121
-48632-6

Ⅰ. H152.3

中国国家版本馆 CIP 数据核字第 20248LT471 号

责任编辑：石会敏
印　　刷：北京七彩京通数码快印有限公司
装　　订：北京七彩京通数码快印有限公司
出版发行：电子工业出版社
　　　　　北京市海淀区万寿路173信箱　　邮编：100036
开　　本：787×1092　1/16　印张：12.75　　字数：323.2千字
版　　次：2024年8月第1版
印　　次：2025年7月第4次印刷
定　　价：45.00元

凡所购买电子工业出版社图书有缺损问题，请向购买书店调换。若书店售缺，请与本社发行部联系，联系及邮购电话：(010)88254888，88258888。

质量投诉请发邮件至 zlts@phei.com.cn，盗版侵权举报请发邮件至 dbqq@phei.com.cn。

本书咨询联系方式：738848961@qq.com。

前　言

在现代生活中，实用文广泛存在于政治、经济、文化等各个领域，是各行各业各单位开展工作，进行管理、沟通交流的重要手段。对于追求良好职业发展前景的高素质人才来说，实用写作能力更是不可缺少的必备能力。尤其是大学生，虽在校园生活，但其在日后工作中不可避免地要接触相关的实用文。大学期间，大学生需要撰写活动策划、总结、思想汇报、毕业论文、个人简历等；进入社会，需要撰写各种公文、信函、讲话稿等。

实用写作水平是个人能力和素质的综合体现，往往是用人单位所要求的职业能力之一，是人才评价的标准之一。因为信息、观点、价值的传播，事务的办理，往往通过实用文来传达沟通、贯彻执行、宣传推广。作为单位工作人员，如果不能有效地进行事务的书面表达，不仅会影响自身的职业发展，也会影响单位的社会形象。

为此，高校普遍面向非中文专业开设实用写作课程，并将其作为大学生必修的人文素质课程，帮助大学生奠定职业发展能力的基础。2023 年，生成式人工智能（Artifical Intelligence Generated Content, AIGC）开始较普遍地用于内容生产，写作是其中一部分。实用写作不能不对此作出回应。在此背景下，实用写作的学习应当由读写并重，甚至是忽略阅读的倾向转变为更加注重阅读鉴别及修改能力的提高，以适应今后机器写初稿或提供思路，人类取舍完成终稿的协作生产模式。

实用写作课程是一门兼具工具性与人文性的课程，既注重实践训练，也兼顾写作理论的学习、相关知识结构的完善。实用文书的写作实际上是以文办事的过程，必然涉及相关领域行业的法律、经济、政治等方面的知识，具有开放性，因此需要写作者不断开拓、完善自身知识结构，提升认知水平。唯有足够的理论知识与人文素养，才能驱动相应的写作技术，甚至是驱动生成式人工智能的写作技术，完成特定情境的写作任务。本教材是对该转变的实践与努力。

为使大学生在有限时间内取得更好的学习效果，本教材的编写遵循“实用”“高效”原则，选择使用范围广、频率高的常用文种，介绍写作知识以及相关领域的支撑性知识，配置贴近现实生活的例文及病例文，配套目标明确的训练题目。每章大体按照相关知识——写作内容与方法——例文评析——读写实训——拓展阅读的体例编写。

本教材努力在以下三个方面进行创新。

一是大例文，小知识。在例文选用来源上，选择了生活中的真实写作案例、人工智能的初稿、大学生写作病例进行评析，希望对学习者产生实在的启发意义。案例在数量上较现有教材多，以着重培养学生的阅读鉴别修改能力。写作知识介绍上简明扼要、直接相关，不求全而笼统。

二是大眼界，拓知识。第一章第三节“实用写作者的素养”，点明写文章与为人处世的相通之处，超越“写作文”的狭隘眼界。文中对生成式人工智能的应用进行了介绍，希望拓展学习者对实用写作的认识。

三是范例文与病例文并重。鲁迅先生在《不应该那么写》中说：“凡是已有定评的大作家，他的作品，全部就说明着‘应该怎样写’。只是读者很不容易看出，也就不能领悟。因为在学习者一方面，是必须知道了‘不应该那么写’，这才会明白原来‘应该这么写’的。”所以，本教材配备了一定数量的病例文简析，希望学习者能从“不应该那么写”自然过渡到“应该这么写”。

本教材的编写，借鉴汲取了多种文献资料，在此，谨谢相关资料的作者。限于精力水平，教材编写尚存疏漏之处，恳请使用者不吝赐教，以待来日完善。敬谢！

目　　录

第一章

实用写作概述

第一节 实用写作的概念

相关知识

一、实用写作的定义

写作是人类运用文字符号反映客观事物、表达思想感情、沟通传递信息的重要手段，是人类的高级精神思维活动。写作活动按照目的效用，可分为基础写作、文学写作和实用写作。

基础写作是为了掌握基本写作技巧、表达方式、写作规律而进行的写作，包括记叙文、说明文、议论文的写作。文学写作是为了表达个人对外部和自我世界的独特感受和认识，进行自我探索和美的创作，包括散文、诗歌、小说、戏剧的创作。实用写作是各行各业的人们在日常学习、生活、生产工作中为了开展业务、处理事务、解决问题而进行的具有实用价值的写作。

实用写作源远流长，自文字产生时，就产生了实用文。据《周易·系辞》记载："上古结绳而治，后世圣人易之以书契，百官以治，万民以察，盖取诸夬。"从没有文字的"结绳"到文字书写的"书契"，其目的都是"治"，即管理的实用目的。从甲骨文卜辞到钟鼎铭文，从《尚书》的典谟训诰誓命到脍炙人口的《谏逐客书》《过秦论》《出师表》《陈情表》，从唐宋的《谏佛骨表》《祭十二郎文》《上神宗皇帝书》到现当代的《就任北京大学校长之演说》《赠予今年的大学毕业生》《中国建筑的特征》《别了，不列颠尼亚》等，都是人们进行实用写作中产生的不朽篇章。

二、实用写作的分类

当下，社会生活、生产活动日益丰富，产生的实用文种类也越来越多，目前有 200 多个文种。实用文种类繁多，不同的标准有不同的分类。

根据实用文作者的不同，可分为公务文书和私务文书两大类。公务文书是指党政机关、社会团体和企事业单位在处理公务中所使用的各种文书，主要包括法定公文、事务文书、礼仪公关文书等。私务文书指的是个人处理自身事宜，表达自身意向而使用的文书，如申请书、启事、信函、个人简历等。

根据实用文使用范围的广狭，可分为通用文书和专用文书两大类。通用文书是指各行各业普遍使用的文书，如法定公文、事务文书、礼仪文书。专用文书是指局限于某个行业或某个领域的专业性较强的文书，如经济类文书、法律类文书、新闻广告类文书等。

根据实用文传播范围的不同，可分为内部文书和外部文书两大类。内部文书是指单位、系统或个人在单位、系统内部用于交流信息、沟通情况，以相互理解、协同合作的文书，如简报、纪要、工作要点、报告。外部文书是指单位、系统外面向公众的文书，如礼仪公关文书、新闻通稿、通告。

第二节　实用写作的特点

相关知识

由于写作目的和效用不同，实用写作和文学写作相比，在写作内容与方法、写作思维与行为方面都有所不同，具体来说有如下六个特点。

一、实用性

文学写作表达自身对世界的认识，表现的是个人独特的或微妙或深刻的洞察，具有启发读者心灵的作用，追求趣味性、审美性。实用写作则以处理现实事务、解决现实生活中的实际问题为目的，以文办事，因事造文，具有直接鲜明的功用，追求效率性、实用性。实用写作一文一事，主题集中鲜明，以利于阅读者快速理解、有力行动。如“关于国庆节放假的通知”就是用于安排节假日值班休假事宜的，“个人简历”就是为了获得面试机会而向用人单位简要介绍自己的。实用性是实用写作最本质的特点。

二、针对性

在文学写作中，作者、阅读者、写作意图没有特定的要求。文学写作者可以通过描绘自然、表现社会、塑造人物形象自由地表达个人的思想情感。作品的阅读对象可以是全社会古今中外的男女老少，不限定于特定对象。作品的写作意图往往可有多种理解，正所谓“一千个读者就有一千个哈姆雷特”。文学写作是相对自由的写作。

实用写作则具有针对性，即作者、阅读者、写作意图有特定明确的指向。实用写作处理的是现实的具体事务，解决某个特定问题，有特定的写作意图；特定的事务或问题必然和特定的人联系，所以实用写作有其特定的作者和阅读者，作者是当事涉事的法定组织或个人，读者是当事涉事的相对人。如法定公文有特定的发文方和收文方，以行使相应职责；合同有明确的甲方、乙方，用于明确双方的权责；简历写给人力资源部门以求得面试机会。

三、真实性

文学写作具有虚构性，其真实性是因其源于生活而高于生活。文学写作者表达的是自身的认识，其写作材料主要来源于自身生活体验和阅读积累，或他人的实际经历，也可以是通过变形嫁接等方法虚构的情境、情节、人物。

实用写作则要求客观真实，在准确把握事务的基础上，主动搜集相关的事实、情况、数据、背景，并调查审核材料的真实性。如新闻写作需要采访，学术研究需要实验调查，广告需要做市场分析。表现在写作中，往往需要表明材料的真实性，如“据悉”“据调查”“据收集的数据”。真实性是实用写作最基本的特点和要求，违背了该要求不仅不能解决问题，还会给写作者或写作者所属单位带来负面影响，甚至要承担相应的法律责任。

四、规范性

文学写作一般没有固定的模式和格式，写作者相对比较自由。实用写作具有规范性。实用文在长期的、各行业的运用发展过程中，形成了各个文种相对稳定的模式、格式及写作程序，写作者必须遵守相应的规范，不能随意改变，另辟蹊径。

相对稳定的模式，有利于实用文的写作和阅读理解。作者可以根据文书的用途迅速理清思路、安排结构。读者可以迅速抓住主要精神、领会意图。相对稳定的格式不仅便于文书处理、提高效率，也使文书产生庄重严肃的色彩，从而引起重视。相对稳定的程序有利于确保实用文的正确无误，以确保事务的正确处理。如公文写作大体需要经过撰拟审核、签发缮印、用印复核、登记分发程序，新闻写作需要采访调查、记者写作和编辑审核，合同需要甲乙双方的磋商修改。

五、逻辑性

文学写作以形象思维为主，通过事物、人物形象表情达意。实用写作则以逻辑思维为主，遵循人们的认知逻辑，一般根据为什么、是什么、怎么样的逻辑链条来安排文章结构。在文章结构上，标题与正文、各个段落之间、句子之间具有特定的逻辑关系，符合人们的认知习惯。如公文写作一般按照缘由、事项、要求的顺序说明，从缘由过渡到事项时，常使用固定表述“现将有关事项通知/通告/安排如下”。讲究实用文书的逻辑性，有利于读者的理解和执行，发挥实用文书的相应作用。

六、时效性

文学写作不受时间限制，可以“两句三年得”“练都以一纪”，精雕细刻；阅读文学作品也可以跨越时间，如经典作品经受时间的考验而得以传诵。实用写作则有时效性，现实事务的处理、问题的解决有时限，需要在一定时间内完成，超出时限则失去意义或酿成大问题。实用写作不可拖拉，贻误时机。如计划、纪要、新闻报道的写作，需要写作者及时、迅速地完成。

第三节　实用写作者的素养

相关知识

写作是写作者通过一定的媒介，把对世界的理解与处理传递给阅读者的行为过程，由主体、客体、载体、受体构成一个系统。在写作过程中，写作者是中枢与关键因素[①]。写作者的三观、思想政治水平、道德修养、心智特点等主体素质影响了其对其他三个要素的把握，决定了具体写作技法的选用和成效，是整个写作系统中的决定性因素。

实用写作是人类的高级精神思维实践活动。实用写作者只有具备较高水平的人文素质和心智，才能较好地理解复杂人事关系中的具体事务，才有笔下的合理有效表达。“笔下要有路，心中要有数。”“心中要有数”，要求实用写作者除了应具备普通写作所应具备的素养外，还应培养和提高以下素养。

一、具备“经世致用”的思想认知

实用写作不只是沟通表达、处理事务的工具，更承载了关注现实、解决问题和推动社会发展的担当精神。“一字一句皆从民生国计上着想”，这是公文乃至所有实用文的价值取向。实用写作者需要在思想境界上提升到家国现实之用，才能激发才智写好实用文。

在我国写作文化传统中，产生了“文章乃经国之大业”“枪杆子笔杆子，革命就靠这两杆子”等真知灼见。实践中也结出无数硕果，《论贵粟疏》《出师表》《就任北京大学校长之演说》《湖南农民运动考察报告》等名篇的写作者或贡献治国良策，或尽忠竭力为国，或纠正歪风促教育，或致力于实现社会理想，都以解决现实具体问题推动国家发展，胸怀家国。

二、具备基本的职业认知

实用写作有规范。具体来说，文种有适用情境、写作模式、格式、文面等方面规范，写作过程有意图领会、材料收集核实、行文展开、修改完善、复核等环节规范。实用写作的规范是各行业人们长期写作的经验凝聚，反映了职业中具体事务处理的道理。遵守规范就是对职业科学性、事理性的维护。实用写作者只有具备基本的职业认知，超越“写作文”的认识，接轨职业，才能写出实用文。

实用文包含多类工作文书，有行政管理公文、日常事务文书、礼仪文书、职场文书

① 王光文，林可夫．对现代写作学理论建设的贡献[J]．广播电视大学学报（哲学社会科版），2003，(2)：55-58.

等，每类文书都需要实用写作者具备相应知识。具体来说，写作者应掌握单位组织架构系统知识、行政管理知识、行业发展管理法规政策、社会分工协作机制等。

三、具备“诚信友善”的道德品质

实用写作的基本要求是客观真实，所有材料内容要真实可信，不夸大缩小扭曲、断章取义，绝不可伪造。要确保材料内容的客观真实，除了要运用技术方法进行调查核实，更重要的是写作者主体的道德品质良好，即能诚恳诚信地进行写作，对工作负责。

实用写作的根本要求是利于办事，文章应易读好懂，为阅读者节约阅读成本。内容上准确鲜明、表达上流畅好懂、文面上悦目的好文书折射出写作者“心中装着阅读者”，有一定的换位思考能力及人文关怀。写出客观真实、易看好懂的文书，实际上是在写作行为中践行人际交往方面“诚信友善”的社会主义核心价值观，是自我道德修养的磨砺。

四、具备“思辨明理”的心智

实用写作的理包括文理、情理、事理、法理。文理，即实用写作的一般原理规律和文种规范；情理，即多方面人员的需求利益感受；事理，即具体工作事务的性质、特点、规律；法理，即与事务相关的法律法规规定。实用写作的过程是上述四理的思辨研究过程，围绕为什么、是什么、怎么样的逻辑展开思路，侧重用理性系统分析事务并将其呈现出来[①]。实用写作者应当具备思辨能力，晓事明理，才能写出符合道理的正确的实用文。

具体来说，需要运用马克思主义辩证法由表及里、由点到面、分主次抓重点，深刻、系统、周全、有条理地分析事务，以具体事理论述、态度表达、方法研究、事项说明为基本内容，达到说理服人、说事清楚、要求具体可行。如规定性公文的写作，写作者要综合考虑规定的意义、目的、依据、执行者的利益、事项的可行性、可能存在的问题等，才能写对公文。

五、具备“专注耐劳”的品质

实用写作是人类的高级精神思维实践活动，需要心智精力的高度集中，以协调事务、意志、言辞三者的复杂关系，处理意图把握、材料收集、行文展开、修改复核多个环节。实用写作者应当具备集中精力、持久写作、孜孜不倦的能力，才能写出充分的甚至是精美的实用文。

《文心雕龙·神思》谈到含笔而腐毫、辍翰而惊梦、疾感于苦思、气竭于沉虑[②]，指出写作时神思运用之苦；“十月怀胎”说明了调查分析解决问题之难；“文章不厌百回改”说明了反复琢磨、修改完善的必要性，也揭示了写作之苦；“把别人喝咖啡的时间都用在

① 周姬昌.一门渗透文理科领域的中介边缘学科——创设《应用写作学》刍议[J].武汉大学学报(哲学社会科学版), 1981, (2): 91-96.

② 周振甫.文心雕龙注释[M].北京:人民文学出版社, 1981: 296.

写作上”告诫发展写作能力须放弃闲暇，坚持劳作。实用文的生产过程与其他一切劳动一样，需要写作者孜孜不倦。

六、具备“止于至善”的境界追求

实用写作有三层境界，即“写出、写对、写到位”。写出只是简单地将写作内容表达出来；写对是对写作规范的遵循；写到位则是对完美的追求。要写到位，需要一遍又一遍地修改，切磋琢磨。修改的过程本质上是优化事务处理，追求语言与思维两方面最优的过程，蕴含了精益求精、止于至善的精神内涵。实用写作者需要具备这种自觉追求至善至美的精神，才能更好地解决现实事务。

修改，是写作过程的必经重要环节。“文章不厌百回改”，简明高效的实用文是改出来的。如计划需要经过讨论修改，礼仪文书应当诵读修改，总结、调查报告等体量较大的文书，都不是一挥而就的。

读写实训

一、阅读以下材料，结合你自身的学习生活经历以及对周边工作的观察，谈谈你对实用写作的认识并写下来

职场，或者说当代社会，最重要的能力是表达能力。因为在未来社会，最重要的资产，是影响力。影响力是怎么构成的？它由两个能力构成：一是写作能力，二是演讲能力。

——罗振宇 公众号罗辑思维创始人

写作，是互联网时代的全新社交方式，也是现代职场人的重要竞争力。除了新媒体运营，项目方案、求职评优、工作汇报都需要写作技能。写作表达已经上升为每一个职场人的“基础技能”，甚至“核心技能”。①

——SPENSER 公众号 SPENSER 创始人

可以说，“写作能力”能够决定工作的成败，甚至会关系到一个人能否在职场中飞黄腾达。②

——斋藤孝 日本知名教育学家

二、请讨论判断以下哪些文书的写作属于实用写作

日记　剧本　小说　邀请函　简历　工作要点　通知

三、请分析判断以下语段存在的逻辑问题

1. ××市政府电子公文与信息交换系统，是运行在电子政务内网上，供各级单位进行电子公文与信息交换的系统。

2. 行政处分分为警告、记过、记大过、降级、降职、撤职、开除、留用察看、依法判刑。

① SPENSER.写作是最好的自我投资[M].北京：中信出版集团，2018：封3.
② 斋藤孝.写作全技术[M].江西：江西人民出版社，2018：前言.

3. 推进贫困地区基本公共卫生服务均等化，逐步提高人均基本公共卫生服务经费补助水平，以老年人、孕产妇、儿童、残疾人和慢性病、严重精神障碍患者等为重点，推动基层医疗卫生机构优先为贫困人口提供基本医疗、公共卫生和健康管理等签约服务。

4. 这次展出的一百多种代表作品，一部分是原稿，一部分是复制品，还有一些是近年来的新作。

四、以下文段出自大学生班干部的工作总结，请修改以下文段

身为生活委员，我主要负责班费管理和生活方面的工作。同时还协助其他班委和团支部组织了各项活动。为各项活动做好组织和后勤保障。其中包括班级联谊、团会、班会等。这些活动丰富了同学们的课余生活，使同学们在学习之余体会到了家的温暖，使原本枯燥的学习生活变得生动，增加了班级的凝聚力。班费问题，是比较令人关心的问题，为了财务公开，我必须记录好每一笔开支，做到每一笔开支都有据可查。我做了完整的班费开销记录，同时会定期地在班群里公布班级班费的使用情况。这是对同学们的负责，也是对我良心的负责。管理班费比较烦琐，要精打细算，马虎不得，在组织各种活动的过程中每笔支出都和其他班委共同讨论商量，没有出现奢侈乱用和财政赤字的现象。班委到我这儿来报销时，我能够做到数目分明、公正廉洁，没有浪费一分一毫。

拓展阅读

实用写作中的生成式人工智能应用

实用写作具有实用性、规范性、时效性的特点和要求，这与生成式人工智能写作的多情境、模式化、快速性特征一致，所以生成式人工智能能够为实用写作提供支持。实用写作文书有十多类两百多种，每一类有自身特点，即使是同类中的不同文种也会有所区别，比如公文中的通告、通知与报告的程式化程度差别很大，生成式人工智能产生的影响也有大有小。在具体应用时，应当分清以下情况。

一、文种程式化程度的高低

对于公文报告、计划、总结、调查报告、学术论文、求职信、新闻通讯、时评等要求具有个体特点的文种，生成式人工智能的影响比较小。这类文书的价值在于具体特性、个体深度见解，具有更强的开放性与创造性。

对于篇幅短小的公文、公示、活动简报、求职简历、新闻消息等时效性强、程式化程度高的文种，生成式人工智能的影响比较大，可以迅速生成初稿。

二、文书传播范围的内外

对于公开发表、传播的文书及文字材料，适合用生成式人工智能辅助写作。对于具有保密性质、不宜传播、单位或行业内部的文书，则不适合用生成式人工智能辅助写作，以避免信息的泄露。

三、写作者自身水平的高低

实用写作有写出、写对、写到位三个层次。目前，生成式人工智能写作只能做到写出，最多是写出与写对之间，尚不能保障写对，更不能保障写到位。对于不能写出的写作者来说，可以应用生成式人工智能写出初稿，然后修改。对于能写对、写到位的写作者来说，可以应用生成式人工智能提供写作思路，或搜集材料，或检查修改自己所写的初稿的错别字，或提供补充。总之，对生成式人工智能，需要分清重度利用与轻量利用。

具体应用时，如何让指令获得生成式人工智能较好的支持？以下是可能涉及的问题清单：

- ✓ 文章的目标读者是谁？
- ✓ 文章的主旨、意图是什么？
- ✓ 文章的结构是什么？
- ✓ 文章中要包含什么要点或细节？
- ✓ 文章要用什么样的语言风格？
- ✓ 文章的呈现形式、格式是什么？
- ✓ 文章的长度是多少字？
- ✓ 文章信息的传递媒介是什么？

第二章

实用写作基础 ‹‹‹

第一节　实用文的四要素

主题、材料、结构、语言是文章的四个要素。实用写作过程就是明确主题、获取核实处理材料、安排优化结构、选择有效语言表达的过程。实用文在四要素上有自身的写作特点，只有抓住特点，才能更好地发挥实用文的现实功用。

一、实用文的主题

(一)实用文主题的含义

主题，又称主旨，是文章通过具体材料所表达的中心思想。实用文为处理现实事务服务，有明确的作文目的和意图，或表明观点认识，或说明问题，或提出主张措施，或规范行为等。实用文的主题回答的就是用文书“做什么”的问题。如《关于禁止在全县海域采捕销售贻贝的通告》，其主题就是“禁止在全县海域采捕销售贻贝”;《关于提前做好防御第 10 号“麦德姆”台风的通知》，其主题就是“提前做好防御第 10 号‘麦德姆’台风”。实用文主题的形成来源于实际的需求，主旨先行，意在笔先。写作者根据不同的写作任务、事实材料确定写作主题，进而围绕主题选择文种，选取材料，安排结构，取舍表达方式。

(二)实用文主题的要求

1. 正确

主题正确是指主题必须符合党和国家的路线、方针、政策和法规，符合客观实际的需求，符合事物的本质和发展规律。这是实用文写作的最基本要求，是实用文的实用性、真实性在主题上的体现。只有具备正确的主题，实用文才能发挥其相应的作用。要做到主题正确，写作者就要具有正确的三观和科学的方法，还需要了解党和国家有关方针政策，掌握实际情况，实事求是。

2. 集中

主题集中是指主题唯一、一文一事，不能多个主题、多个中心。主题集中，有利于阅读理解、贯彻执行，有效地处理现实事务，是实用文的实用性、针对性在主题上的体现。要做到主题集中，写作者要严格围绕主题选材，控制内容的相关性，不能把关系不大或没有关系的材料堆砌到文中。对于材料比较复杂的文书，应当反复比较、合理取舍、归纳概括，找到深刻的逻辑关系，确立主题，统率全文。

3. 鲜明

主题鲜明是指要直截了当地点明主题，态度、观点、主张、措施明确，使人一目了然。主题鲜明，有利于阅读者迅速理解、易于实施，是实用文的实用性、针对性在主题上的体现。要做到主题鲜明，写作者除了要确保主题的集中，还应当注意语言表达的平实通畅，不使用曲折隐晦的表达。此外，主题鲜明还跟创新性有关系。对于同一事实材料、事务问题，从不同角度进行剖析思考，往往会产生新颖鲜明的观点。

4. 深刻

主题深刻是指应当透过现象看本质，反映事物的规律，提出有益的主张或切实可行的措施。主题深刻是实用文的价值所在，是实用文的实用性在主题上的体现。要做到主题深刻，写作者要具备良好的理解认知能力、科学的思考方法，还需要熟悉掌握现实事务的相关情况。

(三)实用文主题的表现

1. 标题明旨

标题明旨是指在标题中即点明主题。如对于公文的标题，要将所处理的事务明确写在标题中，如《关于2023年中秋节放假的通知》，主旨即2023年中秋节放假的安排。

2. 开篇明旨

开篇明旨是指在文章开头即点明主题，又称开门见山、开宗明义。如总结的开头，通常简要交代总结涉及的时间段、工作内容、评价等。

3. 篇末显旨

篇末显旨是指在文章结尾处点明主题，又称卒章显志。如科研论文的结尾，通常在引言、主体分析、结果之后，简明扼要地提出结论。

二、实用文的材料

(一)实用文材料的含义

材料，是作者为实现某一写作目的，积累或搜集的能够表现主题的事实材料或理论材料。事实材料包括观察或实践得来的事实、现象等经验材料，模拟环境研究获得的实验材料，深入实际统计所得的调查材料等。理论材料包括党和国家的政策、方针，法律法规，行业和团体的章程、制度，领导的重要讲话，上级机关的指示文件，科学原理定理，权威专家的言论等。实用文的材料既是产生主题的基础，又是表现主题的支柱。实用文的材料从具体生活工作情境中产生，写作者要主动搜集客观材料，进而分析提炼出主题。主题的表现要依靠充实有力的材料来支撑，所以写作者要对材料进行分析选择。

（二）实用文材料的要求

1. 相关

材料相关是指材料应当与主题紧密关联，能够充分有力地表现主题。凡是无关的材料，无论如何生动、吸引人，也不能选用。相关是实用文写作对材料的根本要求。写作者应当对材料进行分析选择，对进入文章的材料要严格把关，不能堆砌材料。

2. 真实

材料真实是指材料必须经过调查核实，实事求是，不能凭空想象、道听途说、无中生有，还指材料的运用应当注意局部和整体真实，主要和次要问题真实。虚假的材料将会得出虚假的结论，不仅不能发挥实用文书的作用，而且会给文书使用者带来损失和不良影响。真实是实用文的实用性、真实性对材料的基本要求。写作者应当尽量使用一手资料，对二手资料应仔细鉴别，确保真实。

3. 典型

材料典型是指要选用最能揭示事物本质、反映客观规律、阐明作者观点的材料。典型材料可以是具体事例、有说服力的数据或带有普遍性的现象等。典型是实用文的实用性对材料的要求。写作者应当对材料反复比较鉴别，选择最有说服力的材料。

4. 新颖

材料新颖是指材料应具有新鲜感、时代感，反映新人、新事、新思想、新经验、新问题等，还指运用材料时应将前人用过的材料发掘出新含义，使文章具有现实意义，发挥其作用。写作者应当努力搜集新材料，推陈出新。

（三）实用文材料的使用

1. 合理安排顺序

材料的使用应当根据实际情况选择合适的顺序，或先观点，再用材料支撑；或先分析材料，再得出观点；或边分析边得出观点。

2. 合理安排详略

材料的使用应当根据主次或详细论述或简略说明。典型、突出、阅读者不熟悉的材料详写，一般、次要、阅读者熟悉的材料略写。详略的合理安排有利于文章结构清晰、主题鲜明。

3. 合理选用列举法和综合法

材料的使用应当根据实际情况选择合适的运用方法，可以用列举法将材料分条列项一一列举，也可以用综合法按照内在逻辑关系综合使用。

三、实用文的结构

（一）实用文结构的含义

结构，即谋篇布局，是写作者按照主题的需要对材料进行的有机安排。具体来说，结构涉及文章如何开头、如何展开、如何过渡、如何照应、如何结尾的问题。实用文的结构有约定俗成的模式，要遵循一定的逻辑把材料组织成段落分明、层次清晰、首尾连贯的有机整体。

（二）实用文结构的要求

1. 规范

结构规范是指不同的实用文种具有不同的结构形式，写作者应当采用约定俗成的结构形式。如行政公文具有固定的模式，按照为什么——是什么——怎么样的模式展开，形式上因文制宜，或篇段合一，或多段式，或块状式。调研报告、毕业论文等说理性的实用文，多采用提出问题——分析问题——解决问题的次序组织。

2. 匀称

结构匀称是指实用文的开头、主体和结尾三部分内容详略得当。开头、结尾应当精练、概括；主体部分应当详尽展开，具体论述，充分透彻。如科研论文的引言即开头简要介绍研究对象、思路方法、意义等，主体展开具体论述，结尾亮出观点和建议。

3. 清晰

结构清晰是指实用文通过合适的结构，使内容层次清晰、一目了然，易于阅读者理解和落实。如正文与附件的区分，表格的使用，使用层级序号的条项式结构，都要有利于阅读理解。

（三）实用文结构的安排

实用文结构包括内在结构和外在结构。内在结构的安排是指行文逻辑的选择，外在结构的安排是指呈现形式的选择。

1. 实用文内在结构的安排

实用文内在结构是指实用文正文中材料与观点、各事项之间、段落之间、板块之间的内在逻辑关系。具体来说，有以下几种逻辑关系。

(1)纵向结构关系。纵向结构即按照事物存在发展的时空顺序纵向展开内容。常见的有直线式、递进式、因果式。直线式按照事情起因、经过、结构的顺序安排内容，如消息、通讯等叙事性较强的实用文。递进式按照事理的顺序或认识深化过程安排内容，如总结、调查报告等实用文。因果式按照前因后果或前果后因的顺序安排内容，如请示、申请等实用文。

(2)横向结构关系。横向结构即按照事物的不同方面或材料的不同性质对内容进行分类排列，常见的有并列式、对比式、总分式。并列式对材料进行整理归纳，将同一性质的材料概括成一个方面，从而形成并列的几个方面。这种结构条理分明、简洁醒目，适用于规章制度、合同、协议等实用文。对比式对材料进行整理归纳，将相对或相反的材料概括成不同方面，形成比较关系。这种结构重点突出、论述有力，适用于论理性的实用文。总分式或先总说后分说，或先分说后总说，使材料形成整体与局部或领属的关系。这种结构中心突出、条理分明，适用于总结、纪要等实用文。

2. 实用文外在结构的安排

实用文外在结构是指实用文正文在外部形态上表现出来的形式。这些外部形式具有稳定性，一方面来自有关部门、行业制定的规范，如《党政机关公文处理工作条例》《科学技术报告、学位论文和学术论文的编写格式》《中华人民共和国合同法》等；另一方面来自实际运用时约定俗成的范式，如书信、启事等。具体有以下5种表现形式。

(1) 篇段合一式。篇段合一式是指篇幅仅为一个段落的形式。这种形式适用于内容简单的实用文，只需将要阐述的内容或信息用简洁的一个段落表达清楚。

(2) 多段式。多段式是指篇幅为两个及以上段落的形式。这种形式适用于内容较复杂的实用文，需要具体阐述目的、依据、背景、意义、问题、措施、要求等内容。

(3) 条项式。条项式是指用序号将内容有层次地展开，分条列项说明的形式。这种形式适用于内容多又具体细碎的实用文，如合同协议、规章制度等。序号的使用应当层级分明，符合规范。条文层级序号从上往下分别为“一、”“(一)”“1.”“(1)”“①”。

(4) 分块式。分块式是指用小标题归纳出每块内容的主旨，由若干块内容构成全文的形式。这种形式适用于内容复杂丰富的实用文，如总结、报告等。

(5) 表格式。表格式是指用表格呈现内容的形式。这种形式适用于内容单一、多用数字说明的实用文，如值班安排等。

四、实用文的语言

(一) 实用文语言的含义

实用文的语言是文章主题、材料、结构的表现手段，包括日常用语、行业术语、成语和俗语等语汇的选用，也包括对长短句、单复句、倒装句、省略句的选择。各文种有其常用的语言，应注意学习积累。

(二) 实用文语言的要求

实用文的语言在长期的运用实践中形成了自身独特的特点，具有严格规范的用语要求。具体来说，实用文语言应当准确、平实、简洁、得体。

1. 准确

语言准确即用词恰当、表达明确，是实用文语言最基本的要求。语言的准确使用是思维清晰的表现，对信息的传递、观点的表达具有重要作用。具体来说，应做到词汇准确、内容精确、句子逻辑准确。

(1)词汇准确。汉语词汇丰富，近义词多，词语之间往往有细微差别，写作者应当细致辨析细微差别，根据不同情境选用最合适的词语，措辞精当。如“定金”与“订金”，“制定”与“制订”，“以致”与“以至”等。如借条的写作中，“借于”和“借与”两个动词的使用可以造成两种截然不同的结果。“甲借于乙”表明甲是还款人，乙是债主；“甲借与乙”表明乙是还款人，甲是债主。如谈收获时，常常用到“成绩”“成就”“成效”“成果”这几个近义词，其使用的语境有细微差别：“成绩”用于工作或学习中取得的具体收获；“成就”用于事业上大的收获；“成效”用于某种措施的采取获得的功效；“成果”用于行为产生的比较大的收获。

(2)内容精确。当事物或事务有明确的内容时，写作者应使用精确表达，避免语焉不详。如“今天晚上开会”的“晚上”应当明确写明是几点；会议通知中要求“请做好相关准备”应当明确要求准备什么；工作总结中陈述“参与志愿者活动”应当明确说明是策划、组织、执行，还是宣传报道等。在具体布置任务时，必须指明具体的人员，如“关于××街道××楼的临街违章建筑必须依法拆除，各有关部门要协同工作，在期限内拆除”，这个说法是模糊的，应当指明具体的街道办、城管、工商等部门。

当事物或事务本身没有明确的内容，或由于高度的概括，或没必要明确表达时，写作者应当恰当使用模糊表达。如评价用语“比较端正”“较为灵活”“基本符合要求”等，规章类公文用语“有关部门”“相关法律”等。如“有关”一词的使用，在需要保密、无意明确指出、众所周知等情况下，可以不必具体介绍所涉及的文件、制度、人员等内容。如“我公司参与国家重大项目核心技术攻关的有关专家获得了国家专项资金奖励”，为了保密不具体说明哪些专家。

(3)句子逻辑明确。句子逻辑准确是指句子表达的意思符合逻辑，没有歧义。句子出现逻辑错误，如“(办公室)不仅需要解决常规的工作，更需要解决临时出现的事情”，常规的工作和临时出现的事情是主次关系，而不是递进关系，那此处的“更需要”使用得就不符合逻辑。如“货到全付款”既可以理解为“货到全了，才付款”，也可以理解为“只要有货到了，就要付全款”。如“十五日前来报到”既可以理解为“十五日，前来报到”，也可以理解为“十五日前，来报到”。

2. 平实

语言平实是指语言平白实在，平易朴素。除了讲话稿、文案、书信等需要具备个性化特征的文种，大部分实用文都追求平实的表达效果。要做到平实，写作者应当多讲事实，不说空话；直言其事，不绕弯子；直陈其义，少用和慎用描写及抒情方法；直接表述，少用和慎用夸张等修辞方法；多用短句，少用和慎用长句；主要运用词语的理性意义，少用深奥的修辞格。总之，做到易于理解，方便执行。

3. 简洁

简洁是指用最精简的文字表达特定的内容，达到不可删减一字的效果。简洁不是单纯的用词少、篇幅短，而是指意义充分、完备的情况下，篇无冗段，段无冗句，句无冗词。如有可减，便是冗繁。如“大学的课程，我说它比起高中的要轻松”这个表达有冗余，应改成“大学课程比高中的轻松”。实用文的实用性、时效性的特点要求用语应简洁畅达，高效传达信息，以便迅速处理事务。具体体现在词语和句子层面。

(1)词语层面。多使用缩略语、成语、文言词语、固定用语、惯用语、规范简称。这些词语是人们在实际生活工作中经过长期使用、提炼、约定俗成而得的，具有简明扼要的表达效果，具有广泛的社会认同，容易为阅读者理解。如缩略语“海交会”“非典”“产品三包”；文言词语“收悉”“承蒙”“兹”；固定用语“特此……”“现……”；等等。

(2)句子层面。多使用倒装句、成分省略句。如倒装句“为维护人民群众生命财产安全，我县现就有关事项通告如下”，将目的状语提到动作行为“通告”之前；成分省略句“中国各族人民共同创造了光辉灿烂的文化，具有光荣的革命传统”，后一个分句紧承前一分句，省略了“中国各族人民”。

4. 得体

语言得体是指语言得当合体，根据不同的对象、目的、背景选用适当的用语，语气合宜。如行政公文的写作，上行文应不卑不亢，下行文应严肃爱护，平行文应真诚尊重；规章性文书如办法、条理要严谨、利落；礼仪性文书如感谢信、欢迎词等要真挚、热烈。

第二节　实用文的表达方式

写作的基本表达方式有叙述、说明、议论、描写、抒情。实用文常用的表达方式是叙述、说明、议论，较少使用描写和抒情。要能够自如地写好实用文，必须掌握这三种常用表达方式在实用写作中的使用特点。主题的表达、材料的处理、结构的安排、语言的表现最终都要落实到基本的表达方式上。

一、实用文的叙述

叙述，又称记叙，就是把人物的经历和事物发展变化的过程有次序地表述出来，包括时间、地点、人物、事件四个基本要素。叙述是最基本的表达方式。实用文中，奖惩决定、通报、报告、新闻报道、讲话稿等都需要进行符合文体要求的叙述。

记叙文中的叙述，讲求绘声绘色地再现人物、事件的发展过程，展示形象，表现人物情感性格特征；方法上兼用顺叙、倒叙、插叙、补叙、平叙多种方法，以吸引读者阅读。实用文的叙述则有如下特点。

(一)以概述为主，与说明、议论结合

实用文通常只叙述与实际事务直接相关的部分，抓住事件发展中的重要情节，扼要讲明来龙去脉，为分析、评价做铺垫。同时，概述的程度因文书的目的不同而呈现出不

同的详略处理。如2010年中国大学生年度人物董金凤勇救4名小学生。该事迹在评选感动人物、倡议学习、奖励行为三种不同事务目的下，概述的程度各不相同。

在人民网上，为便于大众投票评选感动人物，对董金凤的事迹介绍除了叙述其救人情节，还介绍了在场群众、交警的情况，运用了一定的描写，如“用力”“扑上去”“哭着大喊”等。

2010年3月5日15时15分，承担灾后重建任务的董金凤同学，在执勤岗位上，为护送北川小学的小朋友穿越北川县安昌镇红绿灯十字路口时，一辆超载的拖拉机制动失控，带着下坡的惯性向斑马线上小朋友的队伍冲去。眼看夺命的拖拉机即将撞上吓呆了的魏首发等4位小朋友，董金凤奋不顾身扑上去，用力把4位小朋友推开，自己不幸被拖拉机撞倒在地，左脚当场被碾成粉碎性骨折。痛得撕心裂肺倒地后的董金凤同学，在意识还未丧失时，趴在地上哭着向战友苗雯大喊：“赶快护送小朋友过马路！”在场的群众被董金凤舍己救人的举动所震撼。看见鲜血染红的现场，有的群众边流泪边用手机呼叫120，一层又一层的群众与赶到现场的交通民警把过往的车辆拦住，生怕行驶的车辆给负伤倒地的董金凤造成二次创伤。

（资料来源：“2010中国大学生年度人物候选人董金凤事迹”，人民网.）

在董金凤同学所在的四川警察学院官网，倡议广大同学向其学习的倡议书，则省略了对在场群众、交警的叙述以及描写。

董金凤，××××级法学专业2区队学生，赴北川灾区重建警务援助队队员。3月5日15时35分，在北川安昌镇红绿灯岗亭警务区执勤的董金凤护送小朋友过马路时，眼见一辆载重拖拉机在下坡时，向正在通过马路的小朋友冲来。眼看拖拉机即将撞到小朋友，董金凤一个箭步冲上前，用身体挡住并用力将四个小朋友推向交通人行横道，自己却当即被拖拉机轧成左脚掌粉碎性骨折，身负重伤。

（资料来源：“向舍己救人英雄董金凤同学学习倡议书”，四川警察学院官网.）

在教育部的奖励决定中，则没有具体救人的过程，只有救人受伤这一核心内容。

2010年3月5日，四川警察学院××××级法学专业2区队学生董金凤(女)，在四川省北川县安昌镇进行警务援助实践执勤时，不顾个人安危，勇救四名遇险的小学生，自己不幸身负重伤。

（资料来源：“教育部关于授予董金凤同学‘全国见义勇为优秀大学生’荣誉称号的决定”，《大学实用写作》，邹璐.）

董金凤同学的事迹在三份不同的实用文书中，具有不同程度的概括性，分别为细节叙事、梗概叙事和极简叙事。叙述的目的都为一定的事务处理，都为后文分析、议论其精神，提出学习要求等做铺垫。

（二）区分叙述人称和视角

1. 叙述人称

人称是指写作者向阅读者叙述时所站的角度，包括第一人称、第二人称和第三人称。

不同的实用文书对叙述人称有不同的要求：计划、总结必须采用第一人称，如“我部”“我局”“我校”等；纪要必须采用第三人称；回复性文书常用“你处”“贵司”等。

2. 叙述视角

同一件事可以从不同的视角来叙述。如甲向乙讨债，乙说没有钱，还不出，甲骂乙不守信义，乙也还骂，于是两个人就打起来了。这件事可以有下面三种叙述：

甲向乙讨债，听见乙说“没有钱，还不出”，就骂他“不守信义”，因为乙也还骂，结果和乙就打起来了。（甲的叙述视角）

乙对向他讨债的甲说“没有钱，还不出”，被甲骂“不守信义”，就也还骂，结果和甲就打起来了。（乙的叙述视角）

甲向乙讨债，乙说没有钱，还不出，甲骂乙不守信义，乙也还骂，于是两个人就打起来了。（全视角）

实用写作需要根据写作目的、主旨来选择叙述角度。新闻写作中常使用全视角叙述，做到不偏不倚、客观如实地报道。奖惩决定、表彰批评通报常以被奖惩、表彰批评对象为叙述视角，对事件中相关人物作主次区分，用以塑造典型形象。

（资料来源：夏丏尊、叶圣陶. 文话七十二讲，北京：中华书局，2013.）

二、实用文中的说明

说明，就是对客观事物或事理的性质、特点、功能、形态等方面进行介绍和解释。说明在实用文写作中占有很大比重。奖惩决定、教育通报需要对相关人员和单位进行介绍；总结、报告、论文、新闻需要对基本情况进行说明；规章制度等文书需要对各个条款进行介绍解释；等等。

说明文中的说明面面俱到地解说事物、剖析事理，追求形象生动和全面；方法上兼用举例子、打比方、摹状貌等多种说明手法，以更好地说明事物或事理，有助于提高阅读者的认识。实用文的说明有如下几个特点。

（一）以相关性为准，区分详略

实用文的说明往往介绍与事务相关的依据、目的、形势、现状、措施、问题等客观情况，抓住“相关性”，或详细说明，或简略说明，或省略不说。

如论文写作中对研究对象的说明不能泛泛介绍，而应该紧紧抓住“相关”方面，即根据写作主旨来选择性介绍。如本科毕业论文《浅析<美国队长 3>的新媒体营销》中对影片《美国队长 3》的介绍如下：

《美国队长 3》是由美国漫威影业公司出品的科幻动作片，是漫威电影宇宙的第十三部电影，同时也是其第三阶段的第一部电影，由安东尼·罗素、乔·罗素兄弟联合执导，克里斯·埃文斯、小罗伯特·唐尼、斯嘉丽·约翰逊、杰瑞米·雷纳、塞巴斯蒂安·斯坦、查德维克·博斯曼、安东尼·麦凯联合主演。它在中国上映仅十天，票房就成功突破十亿元人民币，在全球范围内更是两周积累近七亿美元的票房。

该片根据漫威 2006 年出版的漫画大事件《内战》改编，背景故事承接于《复仇者联盟 2：奥创纪元》所述事件，讲述了奥创事件后引发的一系列政治问题导致复仇者之间内部矛盾激化的故事。该片于 2016 年 5 月 6 日以 3D、IMAX 3D 在美国、中国大陆同步上映。

（资料来源：《浅析<美国队长 3>的新媒体营销》，本科生毕业论文.）

该介绍把电影的出品方、性质、地位、导演、演员、票房、内容、上映时间、方式全部进行了说明。而影片的部分演员、放映方式和新媒体营销并没有直接相关性，应当省略不予说明。

（二）常与议论、叙述结合使用

通过说明的方式介绍写作对象的相关情况，可为叙述、议论起到铺垫的作用。如“董金凤，××××级法学专业 2 区队学生，赴北川灾区重建警务援助队队员”，这些是对奖励对象基本情况的说明，进而在此基础上叙述其救人事迹，议论其救人精神。

三、实用文中的议论

议论，就是对某事、某个问题或某种现象进行分析判断，得出观点。实用文往往需要对人或事进行判断、评价，阐明处理事务的政策原则、立场观点等。

议论文中的议论常从多个角度，运用各种事实、理论材料，旁征博引，反复论证，形成气势。实用文的议论有如下几个特点。

（一）抓住要点，点到为止

实用文的议论从客观事实、数据出发，就事论事，选择立论角度，抓住直接相关的要点论证。如“学习总结”中，不论证“学习贵在理解”的含义、本质、意义、方法，而是在陈述具体学习实践的基础上，直接点明学习贵在理解。

（二）常与说明、叙述结合使用

实用文中的议论针对具体的人事，需要在背景说明、事实叙述、人物介绍的基础上进行议论。如：

董金凤同学在人民群众生命受到严重威胁的危急关头，不怕牺牲、挺身而出的先进事迹，充分体现了中华民族临危不惧、见义勇为的传统美德，在高校和社会各界引起热烈反响。她用实际行动展示了当代大学生高度的社会责任感和良好的精神风貌，是当代大学生的优秀代表，是践行社会主义核心价值的典范。为表彰董金凤同学的先进事迹，教育部决定授予董金凤同学“全国见义勇为优秀大学生”荣誉称号。

（资料来源：邹璐. 大学实用写作，北京：高等教育出版社，2013.）

董金凤同学救人事迹的性质议论紧承救人事迹的叙述，为下文提出学习要求的说明做了铺垫。

读写实训

一、请分析并修改以下句子中表述不准确的地方。

1. 汉代刘向在他著的《战国策》里是这样写的:“田肥美，民殷富……。”

2. 康有为等人联合 18 省举人签名上书，向清廷提出强烈要求。这就是长达18000 字的《公车上书》。

3. 爱因斯坦把睡觉的时间用来发明，鲁迅把别人喝茶的时间用来写作。

4. 教大学公共基础课，在许多人眼里，非常不容易出成果。

5. 洲者，水中之陆地也。扬州者，扬子江中之陆地也。

二、以下文段出自套餐饭“闽清全番饭”的介绍，但在说明顺序和材料剪裁上有较大优化空间，请使用合理的顺序、材料进行修改。

“八珍药膳”闽清民间流传年代久远，在《梅溪医话》(1967 年合订本)中记载“闽清民间几十年以来都有吃八珍鸡、八珍鸭、八珍猪脚的习惯”，在《积梅留香》中说明八珍番鸭是“闽清农家风味菜”。

“八珍”：熟地、当归、党参、甘草、白术、川芎、白芍、茯苓(此方子本地各药店、干杂店均可买到，配好成一小袋一小袋的，一只鸭子用一袋)。

番鸭：本地讲的全番。

“八珍”用清水泡开备用。番鸭洗净切块，在大炒锅中放茶油若干，放入切好的番鸭翻炒，加点自酿红酒亦可，炒香加水烧开放入“八珍”后移入盆或钵炖。此菜，大补。

三、以下文段为王强、朱刚同学智斗歹徒的细节性叙述，请改写成梗概版叙述。

2012 年 5 月 12 日下午 5 点多钟，王强、朱刚同学外出购买宣传用品，当他们走到批发市场南侧时，突然听到一女子的喊声:“有人抢包了!”两位同学顿时一惊，只见一个二十几岁的男子手里抓着一黑色女包狂奔而至，后面跟着一追赶的女子。王强同学紧追上去，高喊:“有警察!”歹徒一愣，脚步放缓，随即，又朝前狂奔而去。两位同学紧追上去，王强同学猛然把手中刚买的宣传用品砸向歹徒，歹徒绊了个趔趄，两位同学就势扑了上去，把歹徒擒住。周围群众拨打了 110，大家一起把歹徒送上警车。

四、请你根据以下材料，全面、准确、简洁地概述乡贤的事迹。

在慈利县的一个村庄——象鼻嘴村，退休工程师向亮华，是专注于革除精神荒芜、实现道德教化的新乡贤。

每天六点半，向亮华准时来到村图书馆，打开早已准备好的广播稿，伴着村舍的鸡鸣，全村的喇叭响起《弟子规》《千字文》等，山谷间回音袅袅，农人渐次早起出工，孩子们背着书包走进学校。61 岁的向亮华 4 年前从央企退休，告老还乡。他骑着自行车到附近的村庄转悠后发现，现在的农村，问个路，人家爱理不理；借支笔，满村跑；偶尔搞个文化下乡，无非放个电影，可观众寥寥无几。

随后，在向亮华的组织发动下，借助张家界国学教育研究会的支持，象鼻嘴村举办了几十场以孝道、德育、幸福老年等为主题的传统文化课程，创办了颇具传统文化特色的幼儿园和文化养老院，组建起老年艺术团、腰鼓队、龙舟队，连续几年举办村民自导自演的春节联欢会。

接受传统文化熏陶的象鼻嘴村发生了很多变化，以前学生碰到外人会粗口骂人，但现在都变得很懂礼貌，以往没叫一声爸爸的儿媳妇叫爸爸了，总挑婆婆错的媳妇给婆婆认错了。

五、请阅读借鉴下列二则材料，用文学语言和实用语言各写一篇自我介绍，每篇字数两百字左右。

材料 1:

姓贾，名平凹，无字无号，娘呼“平娃”，理想于通顺，我写“平凹”，正视于崎岖，一字之改，音同形异，两代人心境可见也。生于 1952 年 2 月 21 日。孕胎期娘并未梦星月入怀，生产时亦没有祥云罩屋。幼年外祖母从不讲甚神话，少年更不得家庭艺术熏陶，祖宗三代平民百姓，我辈哪能显贵发达？原籍陕西丹凤，实为深谷野洼；五谷都长而不丰，山高水长却清秀。离家十年，季季归里，因无衣锦还乡之欲，便没“无颜见江东父老”之愧。先读书，后务农，又读书，再弄文学；苦于心实，不能仕途；拙于言辞，难会经济；捉笔涂墨，纯属滥竽充数。若问出版的那几本小书，皆是速朽玩意儿，哪敢在此列出名目呢？如此而已。

材料 2:

贾平凹 (jiǎ píng wā)，本名贾平娃，1952 年 2 月 21 日出生于陕西省商洛市丹凤县棣花镇，中国当代作家，第九届中国作家协会副主席，中国作家协会散文委员会主任，陕西省作家协会主席。1973 年，开始发表作品。1975 年，毕业于西北大学中文系。1982 年起，从事专业创作。主要成就: 1997 年法国费米娜文学奖、第七届茅盾文学奖。代表作品:《商州》《浮躁》《废都》《白夜》《秦腔》《古炉》。

拓展阅读

实用写作中的分类

分类就是按照一定的标准对具有相似性或相关的对象进行种类的划分，归为同一个逻辑范畴。分类的过程就是对无序的事物进行区分并赋予不同类别事物名称，即区分和命名。在实用写作中，尤其篇幅较长的文章的写作，往往需要对丰富的材料进行分类，如总结、调查报告的写作。

分类的过程，实质上是探寻事物和问题本质的过程，对于思维的训练具有重要作用。首先，分类使记忆更有效。大量零散的、个别的材料，通过分类被划分为少量的类别，在更高一个层次抽象概括，简化记忆内容。同时，碎片化的材料之间产生了关联与规律，使记忆有路可循。其次，分类使思考更清晰。分类需要思考材料之间的相似或相关之处，是思维认知分析的过程。

据心理学家对短时记忆能力的研究，人们在短时间内记忆的广度为 5±2 个信息。也就是说，大多数人能短时记住 3 个信息项。所以，在实用写作进行材料分类的时候，应当注意控制传递的分类信息量。在区分、命名、控制数量的基础上，分类还应注意安排各个类别的呈现顺序，使写作条理化、有序化。

对于写作者来说，分类有助于提炼主题，清晰地组织文章；对于阅读者来说，分类有助于快速理解和把握文章内容。

第三章

公务文书

第一节　公文概述

相关知识

一、公文概念

公务文书是党政机关、社会团体、企事业单位及其他社会组织行使法定职权、处理公务时使用的具有行政效力和法定体式的文章的总称。公务文书是传达贯彻方针政策，发布行政法规和规章，施行行政措施，请示和答复问题，指导、布置和商洽工作，沟通交流情况的重要工具。根据2012年4月中共中央办公厅、国务院办公厅发布的《党政机关公文处理工作条例》，公文种类主要有决议、决定、命令(令)、公报、公告、通告、意见、通知、通报、报告、请示、批复、议案、函、纪要15种。

公务文书有广义和狭义之分，广义公文指的是党政机关、社会团体、企事业单位及其他社会组织处理实际工作所使用的文书。本章公文为狭义公文概念，指的是上述文件规定的文种，又称“法定公文”。企事业单位、社会团体经常使用的文种有决定、通告、通知、通报、报告、请示、批复、函、纪要等。

二、公文分类

公文按不同的标准，可以划分成不同的类型。

(一)按行文方向分类

按行文方向，公文可以分为上行文、平行文、下行文、通行文四类。行文指的是公文在机关之间、单位之间的运行。收发文双方的行政关系形成了公文运行的方向。不同行文方向的文种在内容、措辞、格式上有不同的要求。

上行文：是下级机关向上级机关发送的公文，如请示、报告等，体现了本机关请求和接受上级机关的领导和指导。

下行文：是上级机关对下级机关发送的公文，如决定、通知、通报、批复，体现的是上级机关对下级机关工作的领导和指导。

平行文：是平行机关或不相隶属机关之间发送的公文，如函反映的是双方商洽合作的关系。

通行文：是既可以上报，也可以平送、下发的公文，如意见、纪要。

(二)按行文作用分类

按公文的作用，公文一般可分为指挥指导性公文、法规性公文、宣传教育性公文、沟通交流性公文、报请性公文、知照性公文、商洽性公文。公文的作用不同，在内容、措辞，语气把握上有不同的要求。

指挥指导性公文：如指挥性决定、通知、情况通报、批复、纪要等。

法规性公文：如发布性通知、决定等。

宣传教育性公文：如表彰/批评通报、奖惩性决定等。

沟通交流性公文：通报、报告。

报请性公文：如请示、报告等。

知照性公文：如决定、通知、函、纪要等。

商洽性公文：如函。

三、公文特点

(一)作者的法定性

公文的作者是特定的，只有依法成立的，能以自己的名义行使职权和承担责任的单位、组织或其法定代表人，才能在权限范围内制发公文。以领导者个人名义制发的公文，并不是以领导者个人的身份，而是以法定机关的法定负责人的身份，即他是作为职权的代表制发公文的。公文的执笔者并不是公文的作者，他只能表达单位、组织的意志，而不是自身的意图。

(二)内容的权威性

公文的权威性来自公文作者职权的法定性。党政机关、企事业单位和团体组织的建立及其职责和权限，必须经过一定的领导机关正式批准，按照一定的章程、条例、法律法规等合法建立和存在。因此，用于行使其法定职权的公文，就具有相应的权威性，在其所管辖范围内令行禁止。公文的权威性体现了制发机关的意志和职权，受到国家相关法律法规的保护。

(三)体式的规范性

公文在长期的使用过程中，经过总结完善，形成了特定的规范体式，即规范的文体(也称体裁或文种)和格式。具备规范体式，对于公文工作有重要意义：一是维护公文的权威性、严肃性；二是便于公文的撰写与处理，提高公文工作效率；三是维护公文的整齐庄重之美。2012 年 4 月，中共中央办公厅、国务院办公厅发布了《党政机关公文处理工作条例》，对公文文体和格式进行了规范。企事业单位和团体组织公文的使用一般参照该文件规定。

(四)行文的程序性

公文的制发要履行规范的程序，任何一个环节的缺失或不当，都可能危及公文的合法性和权威性。公文的制发程序一般包括以下环节：确定行文必要性——落实执笔者拟稿——责任领导审阅——领导签发——缮印用印——登记发送。

(五)效用的时效性

公文的时效性是指任何一份文件都有一定的时效。时效的产生，除文件中明确规定生效的时间，所有文件都以“成文日期”为生效时间。文件时效的丧失，一般有两种情况：一是明确宣布被某一新的文件所代替，从新的文件产生之日起，原对应旧文件的时效即行停止；二是随着客观形势的变化，有些文件的时效自然被终止。因此，公文的制发和处理应根据实际工作情况，按照时间要求迅速、及时地完成。

四、公文的语言要求

(一)公文语言的庄重性

公文的语言运用，除了应当具备准确、简洁、平实、得体的特点(见第二章)，还应该具有庄重的特点。公文用语必须文雅庄重，这是公文法定性、权威性的要求，应当使用规范的书面语，一般不用口语、俗语、方言。如“资金”“销售”不用口语“钱”“卖”来表述。如“×月×日来函悉”比起“×月×日的来信我单位收到了，信中的事情了解了”显得庄重。

(二)公文语言的惯用性

在长期的使用过程中，公文形成了一套使用频率较高、约定俗成的特定用语。使用特定用语可以更简洁、更严谨地表达公文内容，维护公文的简洁性、庄重性和准确性。为便于查找使用，现整理成表 3-1。

表 3-1　公文常用特定语汇表

分类	公文常用特定语汇
称谓用语	本、我、你、贵、该……
期请用语	请、敬请、谨请、恳请、务请、烦请、提请、报请、拟请、希、望、希望、尚望、以……为盼、渴盼、切盼……
征询用语	当否、可否、妥否、是否可行、是否妥当、是否同意、如有不当、如无不当、如有不妥……
表态用语	明确表态用语：同意、不同意、准予、特予可行、批准、照办、遵照执行…… 模糊表态用语：原则同意、原则批准、拟同意、参照执行、供参考、可借鉴、酌情处理……
感谢用语	承蒙、不胜感激、惠允、鼎力、深表谢意、谨致谢忱……
诫令用语	宜、应、理应、确应、本应、着令、勒令、责令、责成、切勿、不得、以……为要……
报查用语	呈报、报请、提请、送达、径报、附上、审核、审定、审议、核准、核发、核拨、追查、查对、查收、备查……
时态用语	兹、现、顷、即、届时、值此、亟待、定期、按期、先期、近期、日前、同时、适当时候……

续表

分类	公文常用特定语汇
条件用语	在……情况下、在……基础上、符合一定条件……
开端用语	根据、依据、据查、奉、兹、按照、遵照、依照、为了、关于、由于、鉴于、随、随着、收、接、悉、惊悉、欣悉、收悉……
过渡用语	为此、据此、对此、至此、因此、有鉴于此、综上所述、总之、特作答复如下……
结尾用语	“以上请示当否，请批复”“妥否，请批示”“上述意见如果可行，请批准”“以上报告如有不当，请指示”“特此通告”“特此函告”“此复”……

读写实训

一、用简洁的词语表达括号中的意思。

1. 兹送去科技展览入场券60张，请________(清点收下)。

2. 行政经费收支账目，业经________(清查核对)，全部正确。

3. 受洪水影响，我省主要铁路运输曾________(一段时间)中断。

4. 以上请示，________(是不是恰当)，请批复。

5. 你处报来的《关于召开××学院第一次团代会的请示》________(已经收到并了解了)。

6. ________(出于考虑到)他在案发后，能主动坦白交代自己的罪行，并积极退赃，本厅决定对王××免予起诉。

二、辨析选用合适的用词填写到横线上。

1. 各级银行要积极____税款征收部门做好这项工作。(帮助 协助)

2. 所拨款项应____节约的原则，合理使用。(本着 遵循)

3. 经查证，此案____错判，应立即予以纠正。(纯系 确系)

4. 企业领导除将主要精力用于抓生产外，对职工的教育____有足够的关注。(亦须 均须)

5. 最近一个时期，我们单位相继_____了防火、防盗等安全管理制度。(制定 制订)

6. 该人由于不断赌博，不听忠告，_____爱人与其离婚，自己也被开除党籍。(以致 以至)

7. ___此事影响恶劣，建议从重从快处理。(由于 鉴于)

8. 我公司______国务院国资委。(隶属 隶属于)

三、以下文段表达不够简洁，请试着用最简洁的语言重新表述。

1. 刚才接到你公司发来的传真，要求我们工厂把本月生产的全部产品火速发运到广州。对于这个要求，我们厂有以下一些困难，实在难以按照你们的要求办理。(69字)

2. 我们局的这项工作，得到你们公司的大力支持，在这里，我们特向你们表示深深的感谢。(39字)

第二节 公文格式

相关知识

一、公文格式概念

公文法定格式指的是公文各组成要素的编排，以及在排版、用纸、印制上的规范化要求。规范的公文格式不是人们任意强加给公文的，而是其写作结构的一种规律性表现。公文格式的规范化对提高公文处理的效率，维护公文的法定权威性和约束力，保证公文的美观都具有重要意义，是区别公文与一般文书的重要标志。2012 年 6 月，国家标准化管理委员会发布了《党政机关公文格式》，2012 年 7 月 1 日起正式实施。该格式适用于各级党政机关制发的公文，其他机关和单位的公文参照执行。

公文格式有三类，分别是普通格式、特定格式和公布性文件格式。普通格式指的是多数公文文种使用的格式，又可以分为下行文格式和上行文格式。特定格式指的是特定文种使用的格式，如函格式。公布性文件格式指的是通过报纸、广播、电视等媒体形式或张贴方式向群众公开发布的文件格式，如通告、通知。

二、公文格式要素

公文在版面上由版头、主体、版记三大块组成。首页红色分隔线以上的部分为版头；首页红色分隔线以下，末页首条分隔线以上的部分为主体；末页首条分割线以下，末条分隔线以上的部分为版记。三个版块内各包含若干要素，下面分别简介各个要素，并整理成表 3-2。

表 3-2 公文格式要素表

	版头	主体	版记
位置	公文首页红色分隔线以上	置于红色分隔线(不含)以下至末页首条分隔线（不含)以上	末页首条分隔线以下至末条分隔线以上
要素	份号	标题	分隔线
	密级和保密期限	主送机关	抄送机关
	紧急程度	正文	印发机关
	发文机关标志	附件说明	印发日期
	发文字号	发文机关署名	
	签发人	成文日期	
	红色分隔线	印章、附注、附件	

(一)版头

版头包括份号、密级和保密期限、紧急程度、发文机关标志、发文字号、签发人、红色分隔线。

1．份号

份号是公文印制份数的顺序号，即同一文稿印刷若干份时每份公文的顺序编号。涉密公文需要标注份号，以便公文的保密和查找清退。

2．密级和保密期限

密级是秘密等级的简称，分为秘密、机密、绝密三种。密级的标注是为了保护国家的安全和利益。保密期限是对公文密级时效的规定。

3．紧急程度

紧急程度是对公文送达和办理的时限要求，用于维护公文的时效性。紧急程度可分为特急、加急两种。

4．发文机关标志

发文机关标志表明公文的作者，一般由发文机关名称或规范化简称后加“文件”组成。联合行文时，如需同时标注发文机关名称，一般将主办机关名称排列在前，“文件”二字置于发文机关名称右侧，上下居中排列。

5．发文字号

发文字号是发文机关按照发文顺序编排的文号，由发文机关及其部门代字、年份和顺序号组成。发文字号的编制是为了方便对文件的查询、引用、统计、保管等工作。年份和顺序号应用阿拉伯数字标识；年份标全称，写在六角括号“〔〕”内；序号不编虚号(即 1 不编为 01)，不加“第”字。

6．签发人

签发人是批准签发上行公文的领导人姓名，有利于增强公文签发者的责任感。如有多个签发人，主办单位签发人姓名置于第一行，其他签发人姓名从第二行起在主办单位签发人姓名之下按发文机关顺序依次顺排。红色分割线下移，使发文字号与最后一个签发人姓名处在同一行。

7．红色分隔线

红色分隔线是用于分隔版块，与版心等宽的线。

(二)主体

主体包括标题、主送机关、正文、附件说明、发文机关署名、成文日期、印章、附注、附件。

1．标题

标题是对公文内容的概括。结构完整、主题鲜明的公文标题可以使人对公文作者、主要内容和文种一目了然。完整的公文标题由发文机关、事由、文种三部分组成，三个要素之间用“关于”和“的”连接，如《中共中央办公厅 国务院办公厅关于印发<党政机关公文处理工作条例>的通知》。

实际使用中，公文标题常有省略的情况。一是省略发文机关。文件版头中已有发文机关的名称，所以标题中可以略去，但在登记和引用时，仍需加上发文机关，如《关于设立××分公司的请示》。二是省略发文机关和事由，只写文种，如《通告》《通知》。

标题如果只有文种，两个字之间一般空3～5字为宜。标题字数如果不多，则居中排成一行。标题字数较多时，需要排列成多行，排成上短下长的梯形，或上长下短的倒梯形，或上下长中间短，或上下短中间长的菱形。回行时应注意词汇、词组意义的相对完整性，不可分置两行之中。

2. 主送机关

主送机关是负有办理或答复公文责任的机关。下行文的主送机关一般用同类型机关统称，或分别列出。主送机关按照其性质、级别和惯例依次排列，中间用顿号或逗号分隔，最后一个名称后标上冒号。请示、报告、批复的主送机关一般只写一个，名称后标上冒号。知照性公文如通告、公告可不列出主送机关。

3. 正文

正文是公文的具体内容，一般由缘由、事项和要求构成。具体写法因文种、内容的不同而有所区别，将在具体文种写作中介绍。

4. 附件说明

附件说明对附件的顺序和名称进行说明。顺序号用阿拉伯数字标注，附件名称后不加标点符号。

5. 发文机关署名

发文机关署名，署发文机关全称或规范化简称。发文机关是公文的制发者，必须是法定的公文作者，可以根据自己的职权制发公文。体现公文作者的法定性和权威性。联合发文时，主办机关名称排列在前，其他机关名称依次排列。以领导人名义发文时，应当写明职务身份，如“省长×××”。

6. 成文日期

成文日期又称“成文时间”，是公文的生效时间。成文日期一般是领导人签发日期；联合行文以最后签发领导人的签发日期为准；会议通过方能生效的公文，以会议通过日期为准。成文日期和发文机关署名通常合称为“落款”。成文日期要用阿拉伯数字将年、月、日写全，月、日不写虚位(即1不编为01)，如“2012年7月12日”。

7. 印章

印章是公文生效的标志，证实公文的法定效力。单一机关制发的公文，印章端正、居中下压发文单位署名和成文日期。联合行文的公文，印章之间排列整齐、互不相交或相切，每排印章两端不得超过版心。当公文排版后所剩空白处不能容下印章位置时，应当采用调整行距、字距的措施加以解决。

8. 附注

附注用于说明公文传阅范围，用圆括号括起来。如“(此件主动公开)”。

9. 附件

附件是公文正文的说明、补充或参考材料，是公文的重要组成部分。常见的附件有两类：一类是补充性的图表、照片、文字材料等；一类是发布、批转、转发的文件。后者在形式上是附件，其实是主要内容，可以不做附件说明，直接附于正文后。

(三)版记

版记包括分隔线、抄送机关、印发机关和印发日期。

1. 分隔线

首条分隔线和末条分隔线用粗线，中间的分隔线用细线。首条分隔线位于版记中第一个要素之上。

2. 抄送机关

抄送机关是除主送机关外需要执行或了解公文的其他机关，是公文的次要受文者。抄送机关按照其性质、级别和惯例依次排列，中间用逗号分隔，最后一个抄送机关后标上句号。

3. 印发机关和印发日期

印发机关和印发日期是公文主管部门和付印时间。

三、公文版式示意图

(一)下行文版式

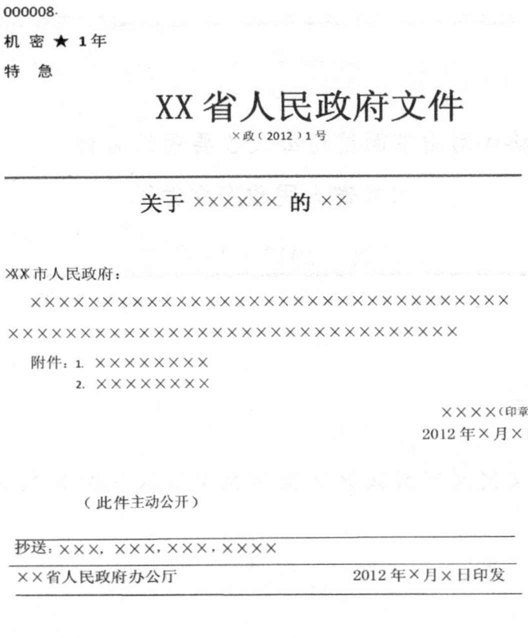

000008

机 密 ★ 1年

特 急

XX省人民政府文件

×政(2012)1号

关于 ×××××× 的 ××

XX市人民政府：

××××××××××××××××××××××××××××××××××

××××××××××××××××××××××××××××××××

附件：1. ××××××××

2. ××××××××

××××(印章)

2012年×月×日

(此件主动公开)

抄送：×××，×××，×××，××××

××省人民政府办公厅　　2012年×月×日印发

（二）上行文版式

××市人民政府文件

×政（2012）1号　　　　签发人：

关于××××的××

××省人民政府：

××。

附件：1. ××××××××××

2. ××××××××××

××××（印章）

2012年×月×日

抄送：×××，×××，×××，××××。

××市人民政府办公室　　　　2012年×月×日印发

（三）函格式

××市人民政府

×政（2012）1号

关于××××××××的通知

××××××：

××。

附件：1. ××××××××××××

2. ××××××××××××

××××（印章）

2012年×月×日

读写实训

一、请按现行公文格式写出下面这份公文各要素的名称。

××省人民政府文件①

×政（2012）34号②

×××关于×××××××××的××③

××××市人民政府：④

××××××××××××××××××××××××××××××××××××××。⑤

××⑥：1. ××××××××××××××

　　　2. ××××××××××××××

××××××⑦

××××年×月×日⑧

（此件主动公开）⑨

抄送：××××，××××。⑩

××省人民政府办公厅　　　　　　　　××××年××月××日印发

二、根据所给情境拟写公文的完整式标题。

1. ××学院向各系、部传达 2015—2016 学年上学期学生评教情况。（适用文种：通报）

2. ××省旅游局告知所属下级做好防御“海棠”台风工作。（适用文种：通知）

3. ××大学向××省教育厅汇报在学生中开展经典诵读活动的情况。（适用文种：报告）

4. ××文化传播公司发文给××大学计算机科学与技术学院，希望其代开办公自动化培训班。（适用文种：函）

三、判断以下说法的正误。

1. 公文落款包括发文机关和印发日期。（ ）

2. 上行公文应标注签发人姓名。（ ）

3. 公文标题由主送机关、事由、文种三个要素构成。（ ）

4. 附注一般标注公文传阅的范围。（ ）

5. 印发日期就是公文生效的时间。（ ）

第三节　通知、通告

通　知

相关知识

一、适用情况

《党政机关公文处理工作条例》（以下简称“《条例》”）第八条规定：通知适用于发布、

传达要求下级机关和有关单位周知或者执行的事项，批转、转发公文。

通知是党政机关、企事业单位、团体组织在公务活动中最常用的公文文种，具有多种作用，可用于发布文件、规定；批转下级机关的公文；转发上级机关和不相隶属机关的公文；传达要求下级机关办理和需要有关单位周知或者执行的事项；任免人员；召开会议等。具体来说，有以下五种情况。

（一）发布性通知

用于发布一般性的规章、条例、规定、办法等行政法规性文件，完成其制发生效程序。如《关于印发<××××学院 2023 年工作要点>的通知》《关于印发<××××公司中层以下领导竞聘上岗实施办法>的通知》。

（二）批转性通知

用于上级机关批转下级机关的请示、报告等文件。如《××市教育局批转××区教育局<关于我区中小学经典诵读活动的报告>的通知》。

（三）转发性通知

用于转发上级机关和不相隶属机关的公文。如《××省教育厅办公室转发教育部关于印发<高等学校体育工作基本标准>的通知》。

（四）事项性通知

用于传达要求下级机关办理和需要有关单位共同执行或周知的事项，亦用于告知和布置重要会议。如《××省教育厅关于切实加强学校电梯安全管理开展电梯安全隐患排查整治工作的通知》《××省民政厅关于召开 2023 年全省民政工作会议的通知》。

（五）知照性通知

用于将有关事项告知下级或平级机关，一般没有执行要求，只起知照作用，包括告知加入组织，机构设立、调整、撤销，启用作废公章，调整工作程序，人员任免等。如《××房地产有限公司关于成立营销分公司的通知》《关于开通××省学生资助信息服务平台的通知》。

二、写作内容与方法

通知是指导、布置工作开展的常用公文，一般写明通知缘由、事项、要求三个部分。行文要迅速及时，以便下级单位理解执行，必要时可在标题中标注“紧急通知”字样。写作时，通知缘由要清楚，事项周全明确，要求具体细致。

通知在结构上一般由标题、主送机关、正文、落款四部分组成。各类通知在写法上有所区别，具体如下。

(一)标题写法

1. 发布性通知标题写法

经常使用“印发”一词，所发布文件一般用书名号“《》”括起来。结构为：《发文机关名称+关于印发《……》+的通知》。发文机关名称依据情况可以省略，如《关于印发<××××公司中层以下领导竞聘上岗实施办法>的通知》。

2. 批转性通知标题写法

写明发文机关名称、所批转或转发文件的名称及其来源，使用“批转”或“转发”一词。结构为“发文机关名称+批转(转发)+文件来源+文件标题+的通知”，如《××市教育局批转××区教育局<关于我区中小学经典诵读活动的报告>的通知》。

3. 其他通知标题写法

参看本章第二节公文格式之二、公文格式要素的(二)主体中“1.标题”部分。

(二)主送机关写法

参看本章第二节公文格式之二、公文格式要素的(二)主体中“2.主送机关”部分。

(三)正文写法

1. 发布性、批转/转发性通知写法

正文一般写明文件的由来、名称和执行要求三部分，一般采用篇段合一的形式。所发布、批转/转发的文件作为附件一并发给有关单位执行。有时会进一步说明对文件的态度和转发目的，甚至根据情况阐明工作重要性，提出贯彻要求，以便受文者更好地贯彻落实所批转/转发文件的精神。

2. 事项性通知写法

正文内容一般比较多，篇幅一般较长，多采用分条列项的形式。内容主要包括：通知的目的、依据、背景，工作的重要性、必要性，具体事项，执行要求和注意事项等。以会议通知为例，应当写明会议目的、会议名称、主要议题、到会人员、会议及报到时间、地点、准备事项等要素。写作时，常用“现将有关事项通知如下”从通知缘由过渡到通知事项，用“特此通知”结束全文内容。

3. 知照性通知写法

正文只需将有关事项交代清楚即可，内容相对简单。如任免通知写明任免的时间、机关、会议或依据文件，以及被任免、聘用人员的姓名和职务即可。

(四)落款写法

参看本章第二节公文格式之二、公文格式要素的(二)主体中“5.发文机关署名”“6.成文日期”的写法。

例文简析

例文 1

××省旅游发展委员会关于印发

《××省朱子文化旅游发展规划（2018—2022 年）》的通知

相关设区市旅发委：

为深入挖掘朱子理学文化内涵，促进朱子文化和旅游产业融合发展，在全省规划开发一批朱子文化主题旅游产品，培育朱子文化旅游精品线路，我委编制了《××省朱子文化旅游发展规划（2018—2022 年）》。现下发给你们，请认真组织实施。

××省旅游发展委员会

2018 年 3 月×日

《××省朱子文化旅游发展规划（2018—2022 年）》（略）

（资料来源：福建省文化和旅游厅网站.）

简析：该例文为发布性通知，发布了××省朱子文化旅游发展规划，采用篇段合一形式，交代了制定规划的目的、单位，最后提出实施要求。其中，“现下发给你们”“请认真……”为固定用语。

例文 2

××市人民政府批转市规划和自然资源局关于《××市五城区及高新区 2020 年度国有建设用地供应计划》的通知

××高新区管委会，锦江区、青羊区、金牛区、武侯区、成华区政府，市政府有关部门，有关单位：

市规划和自然资源局牵头编制的《××市五城区及高新区 2020 年度国有建设用地供应计划》已经市政府同意，现批转你们，请认真执行。

××市人民政府

2020 年 3 月 30 日

××市五城区及高新区 2020 年度国有建设用地供应计划（略）

（资料来源：成都市人民政府网站.）

简析：该例文为批转性通知，所批转文件为《××市五城区及高新区 2020 年度国有建设用地供应计划》，采用篇段合一形式，交代了文件来源是“市规划和自然资源局牵头编制”。其中，“批转”“执行”为固定用语。

例文 3

××省人民政府办公厅
关于转发农业农村厅《“天府粮仓·百县千片”建设行动方案（2024—2026 年）》的通知

各市(州)、县(市、区)人民政府，省政府有关部门、有关直属机构，有关单位：

农业农村厅《“天府粮仓·百县千片”建设行动方案(2024—2026 年)》已经省政府同意，现转发给你们，请认真贯彻落实。

××省人民政府办公厅

2024 年 4 月 11 日

“天府粮仓·百县千片”建设行动方案(2024—2026 年)(略)

(资料来源：四川省人民政府网站.)

简析：本通知为转发性通知，所转文件为《“天府粮仓·百县千片”建设行动方案(2024—2026 年)》，采用篇段合一形式，使用固定用语“转发”“贯彻落实”。

例文 4

关于开展 2017 年集团级金融专业领军人才选拔工作的通知

为加快推进邮政企业高层次人才队伍建设，培养和造就一批精通业务、善于经营、勇于开拓、具有战略思维的高素质、创新型金融专业领军人才，根据《中国邮政集团公司集团级专业领军人才管理暂行办法》(中国邮政党组〔2015〕56 号)规定，集团公司党组决定开展 2017 年集团级金融专业领军人才(以下简称“金融领军人才”)选拔工作。现就有关事项通知如下：

一、选拔工作组织领导

(一)领导小组

(略)

(二)工作小组

领导小组下设工作小组，由集团公司战略规划部、市场协同部、邮政业务局、党组组织部和相关控股子公司的相关人员组成，负责金融领军人才选拔工作的具体实施。

二、选拔的数量、范围

(一)选拔数量

2017 年金融领军人才选拔数量为 20 人。

(二)选拔范围

金融领军人才原则上从各级邮政企业从事金融业务的人员中选拔产生。

三、选拔条件

(一)基本条件

金融领军人才应热爱邮政事业，遵纪守法，恪守职业道德，具备金融、经济、管理、计算机等相关专业大学本科及以上学历和行业从业资格，副高级及以上专业技术职称或金融专业领域高级专业职业资格证书，年龄一般在45周岁以下(1972年1月1日以后出生)，从事金融专业领域经营管理工作5年及以上，工作表现优秀、业绩突出。近5年牵头或作为主要成员参与省级及以上邮政企业、省级及以上行业协会的金融专业领域重大课题研究或项目开发，并取得显著效果或良好经济效益。同时，具备以下能力素质：

1. 前瞻思维。结合邮政发展战略，洞察金融领域发展趋势，运用前瞻思维，准确把握金融发展方向，识别关键业务问题，引领金融领域实践问题研究。

2. 持续创新。思维活跃，善于提出、采纳和实践创新性的金融领域解决方案，勇于承担压力和风险，在实践中检验创新思路和方案，推动创新成果转化。

3. 分析决策。采用系统化的思维方法，对金融领域多方信息进行整合分析，把握问题本质和关键，在综合考虑收益与风险的基础上，形成科学决策。

4. 风险管理。能够有效识别、衡量、分析与评价金融及相关领域可能的风险，制定风险防范策略，采取有效的方法进行防范控制和应对处理。

5. 引领团队。工作中率先垂范，以突出的工作能力树立威信，营造积极氛围，有效影响、吸引和带动团队成员，达成卓越绩效。

6. 组织协调。从邮政全局、长远利益出发考虑问题，以共赢思维协调各方面关系，合理统筹、高效配置各种资源，促进整体利益最大化，实现多方共赢。

(二)破格条件

具备以下条件的金融业务从业人员可破格推荐：

1. 专业能力、业绩贡献特别突出的人员，可适当放宽年龄、学历、职称、专业工作经历条件限制；

2. 个人或其所在团队荣获省部级及以上称号，以及获得注册金融分析师、精算师等高端职业资格证书的人员。

四、选拔程序

金融领军人才选拔按照“竞争择优、客观公正”的原则，采取“推荐、测评、评审”相结合的方式开展选拔。

(一)个人申报(略)

(二)单位推荐(略)

(三)资格审查(略)

(四)笔试和能力素质测评(略)

(五)专家评审(略)

(六)结果审定(略)

五、相关要求

(一) 高度重视选拔工作

集团级专业领军人才队伍建设是落实人才强邮战略、促进企业创新转型发展的重要举措，各单位要从战略和全局的高度来认识此项工作，认真学习、精准把握相关文件精神，按照集团公司部署安排，做好领军人才选拔相关工作。

(二) 广泛开展宣传动员

各单位要围绕金融领军人才选拔、使用、管理等相关制度政策，精心组织、广泛宣传，确保金融从业人员知晓率达到 100%。要鼓励符合条件人员积极进行申报，为本单位推荐人选参加考试测评提供支持，努力营造人才工作良好氛围。

(三) 认真做好选拔推荐

各单位要对基层单位推荐人选的资格条件进行严格把关，认真审核相关申报材料，确保评审表及佐证材料的真实性、一致性和完整性。各单位应于 2017 年 7 月 24 日前将推荐人选申报材料的纸质版和电子版报送集团公司党组组织部。

集团公司党组组织部联系人：

×××：010-6885××××

附件：1. 中国邮政集团级金融专业领军人才评审表

2. 中国邮政集团级金融专业领军人才报送材料清单

中国邮政集团公司党组办公室

2017 年 7 月 3 日

（资料来源：中国邮政网.）

简析：该例文为事项性通知，部署 2017 年集团级金融专业领军人才选拔工作。开头介绍了目的、依据，用“现就有关事项通知如下”过渡到具体工作安排，分别为选拔工作组织领导，选拔的范围和数量，选拔条件，选拔程序，相关要求。例文采用分条列项形式，一目了然，层级序号使用规范。选入时做了部分删节。

例文 5

关于启用“国家税务总局政务公开专用章”的通知

各省、自治区、直辖市和计划单列市国家税务局、地方税务局，国家税务总局驻各地特派员办事处，局内各单位：

根据《国家税务总局关于调整税务总局政务公开领导小组的通知》(税总函〔2017〕162 号) 要求和政务公开工作需要，按照印章使用管理的有关规定，自即日起启用“国家税务总局政务公开专用章”。

特此通知。

附件：印章印模（略）

国家税务总局办公厅

2018 年 3 月 8 日

（资料来源：中国政府网站.）

简析：该例文为知照性通知，知照启用“国家税务总局政务公开专用章”这一信息。事务集中单一，内容简洁明晰。最后以固定用语“特此通知”作为结语。

病例文简析

关于“重阳节”活动的通知

尊敬的业主：

金秋十月，丹桂飘香，一年一度的重阳佳节即将到来，为了弘扬中华民族尊老、敬老、爱老、助老的传统美德，让老年人度过一个愉快、祥和的节日，物业服务中心将为每个参加活动的老人分发重阳节礼品(线面和鸭蛋 1 份)，体现尊老敬老的节日氛围。活动礼品有限，先到先得，发完即止。

一、活动主题：“美好邻距离，浓情暖重阳”

二、活动时间： 2020 年 10 月 25 日上午 9：00～12：00

三、活动地点： A20 栋前中心水池旁

四、便民活动

站点一：基础义诊站点；

站点二：便民公益活动——公益剪发。

五、活动要求

(略)

××物业服务中心

2020 年 10 月 20 日

简析：该例文为事项性通知，采用分条列项形式，一目了然。存在的主要问题是：内容条理性不足，分发礼品是活动内容之一，应放到活动介绍中，不可放在活动缘由介绍中；内容缺乏关联，“美好邻距离，浓情暖重阳”的活动主题未充分落实到活动中，老人之间缺乏实际互动。用词不当，“体现尊老敬老的节日氛围”中的“体现”应改为“营造”。

通　　告

相关知识

一、适用情况

《条例》第八条规定：通告适用于在一定范围内公布应当遵守或者周知的事项。

根据内容和作用的不同，通告可分为知照性通告、规定性通告、事项性通告三种。

知照性通告是指需要人们周知的事项的通告，如《停电通告》。规定性通告是指针对某一问题公布有关政策、规定、规范意见，要求人们遵守或执行的通告，如《关于加强液化石油气钢瓶管理的通告》。事项性通告是指需要人们办理相关事项的通告，如《关于用户实名制补登记的通告》。

二、写作内容与方法

通告的结构一般由标题、正文、落款构成。因为通告面对的是一定范围内的社会公众，所以一般不用写主送机关。为了使公众更好地理解和执行，通告的写作应通俗易懂，尽量少用专业术语，必要时应对专业术语进行解释。

(一)标题写法

通告的标题一般由发文机关、事由、文种组成，如《××公司关于暂停×项服务项目的通告》。也可以省略发文机关，如《关于××古街道路改造的通告》当通告内容简单、篇幅短小时，也可直接以文种为标题，如《通告》。

(二)正文写法

正文一般包括缘由、事项和结语。

缘由，是发布通告的目的、原因、根据，说明为什么发布此通告。法规性通告必须写明规定所依据的法律法规。缘由之后常用承启语“通告如下”“特作如下通告”转到事项的说明。

通告事项内容单一、篇幅短小的，常采用篇段合一的形式；内容较多、篇幅较长的，应采用分条列项的形式写作。法规性通告应写明允许做什么、不允许做什么以及相应的处理措施、施行的时间。总之，事项的写作要便于有关方面周知、遵守或办理。

结语，常用“特此通告”等用语，用以强调。有的通告则省略结语。

(三)落款写法

落款包括发文机关署名和成文日期。参看本书第二节公文格式之二、公文格式要素的(二)主体中“5.发文机关署名”“6.成文日期”的写法。

例文简析

例文 1

××市人民政府关于城区新建道路命名、部分道路调整起止点或更名的通告

为适应城市管理和人民群众生活需要，决定对城区新建道路予以命名，部分道路予以调整起止点或更名。现通告如下：

一、新建道路命名（92条）

（一）黄岛区（43条）

1. 安海路：东起海西一路，西止玉泉路。

2. 帽儿山路：东起沈海高速，西止风河。

3. 连海路：东起滨海大道，西止海帆路。

（略）

（二）城阳区（49条）

1. 兴桃路：南起桃林小学东门口，北止兴阳路。

2. 彰德路：东起靖城路，西止209省道，北临正德路。

3. 正德路：东起靖城路，西止209省道，南临彰德路。

（略）

二、调整起止点道路（12条）

（一）黄岛区（6条）

1. 海西一路：起点由东岳西路向南调整至灵山湾路，止点不变。

2. 海西三路：起点由玉泉路向西南调整至铁橛山路，止点不变。

（略）

（二）城阳区（6条）

1. 滨海路：起点不变，止点由××星河湾西侧海岸向西北折东北调整至星悦路。

2. 白沙湾路：起点由白沙河路向南调整至青兰高速，止点不变。

（略）

三、更名道路（1条）

黄岛区（1条）

漳河路更名为漳江河路。

各有关部门和单位要按职责分工，尽快设置道路标志，编排楼、门牌并规范钉挂。

××市人民政府

2021年1月6日

（资料来源：青岛市人民政府网站.）

简析：该例文为知照性通告，采用分条列项形式，一目了然。通告对新建道路命名、部分道路调整起止点或更名的目的、具体信息变动知照广大群众，表达简明易懂。

例文2

××县人民政府关于禁止在全县海域采捕销售贻贝的通告

根据近期省市有关部门检测结果，我县部分海域存在含有对人体有害毒素的贻贝。为维护人民群众生命财产安全，现就有关事项通告如下：

一、即日起严禁在我县海域范围内采捕、销售贻贝。

二、海洋渔业、生态环境等部门要加强有关海域贝类检测及水质监测；市场监管局要加强市场流通监管，严禁销售贻贝；各乡镇场要落实属地管理责任，加强巡查管控，做好宣传引导工作。广大人民群众要遵守通告规定，不信谣，不传谣，共同维护正常生产生活秩序。

三、凡违反本通告擅自采捕、销售贻贝的，将依照《中华人民共和国农产品质量安全法》等相关法律法规，依法追究其法律责任。

特此通告。

××县人民政府

2019年6月10日

（资料来源：漳浦县人民政府网站.）

简析：该例文为规定性通告，禁止群众采捕、销售贻贝。相关背景、目的、要求及违反规定的后果交代清楚，采用分条列项形式，一目了然，便于群众理解执行。

例文3

关于全市扶贫小额信贷工作进展情况的通报

各县（区）脱贫攻坚领导小组，市金融办、人民银行××中支、××银保监分局：

按照省脱贫攻坚领导小组办公室《关于全省2019年三季度扶贫小额信贷工作情况的通报》以及全国扶贫开发信息系统监测数据和监管部门掌握的情况，现将全市小额信贷工作情况通报如下。

一、工作进展情况

截止10月底，全市累计向22 442户建档立卡户发放扶贫小额信贷87 225万元，当年累计发放扶贫小额信贷1487户5615万元，贷款余额62 082万元，逾期70户181万元，逾期率0.29%。

二、逾期风险提示

我市到期贷款呈现逐月增加态势，已逐步进入还款高峰期，催收任务越来越重，逾期率严格控制在0.5%以内形势严峻。11月底全市将有676户2381万元贷款到期，其中到期户数较多的县区有：延川县231户888万元、宝塔区171户690万元、宜川县127户393万元、洛川县82户142万元。12月底全市将有900户3180万元贷款到期，其中到期户数较多的县区有：延川县426户1556万元、宝塔区232户806万元、子长县79户316万元、洛川县46户120万元、甘泉县35户111万元、宜川县35户108万元（详见附件2）。

三、存在问题

（一）逾期贷款清欠工作进展缓慢。截止10月底，逾期率高的县区是子长县0.55%、宜川县0.54%（详见附件1）。全市小额信贷逾期70户181万元，其中不良贷款有18户51.89万元。延长县8户16.94万元，洛川县3户12.82万元，宝塔区3户7.27万元，子长县 3 户 9.86 万元，安塞区 1 户 5 万元(详见附件 3)。

(二)报送数据不及时、不准确。9 月份子长县邮储银行向子长县扶贫局迟报 14 户还款信息，连续 3 个月给县扶贫局报送的数据有误；××农商行和宝塔区扶贫局上报市上的月报数据连续 4 个月与国扶办系统数据不符；宜川县信合将 3 户贫困户在未还款的情况下错报为已还款，将 4 户 11 万元逾期 1 个月贷款错报为不良贷款；延川县扶贫局月报工作迟缓。

(三)贷款用途监督不力。各县区普遍存在轻贷后管理的问题，对贫困户使用贷款用途没有进行有效的监督管理，存在贫困户将扶贫小额信贷用于非生产发展现象。

(四)承贷银行代偿不到位。宜川县政府启动风险补偿基金为×××、×××代偿了 70%的贷款后，宜川农行未按协议规定代偿 30%的贷款。宝塔区政府启动风险补偿基金为×××代偿了 70%的贷款后，未按协议规定代偿 30%的贷款。

四、下一步工作要求

(一)要继续做好逾期风险防范。各县区要高度重视逾期贷款的清收工作，采取有效措施切实做好到期贷款的清收工作。要进一步落实乡镇和承贷银行清收到期扶贫小额信贷责任，加大逾期贷款清收力度。对于即将到期的贷款要实时了解贷款户生产经营情况，提前做好即将到期贷款的回收准备工作，及时发现问题，分类采取措施，降低逾期风险。对于已经逾期的 70 户 181 万元，特别是 18 户 51.89 万元不良贷款，要调查分析逾期原因，区分情况，分别采取催收、展期、续贷、法律手段及启用风险补偿金等方式，扎实做好贷款收回及贷款逾期的清收整改工作。

(二)要进一步提高扶贫小额信贷数据报送质量。各承贷银行要承担数据报送质量的主体责任，指定专人负责数据采集和报送工作，严禁人为修改数据信息，确保数据真实、有效。县区扶贫局要主动和承贷银行对接，于每月 5 日前完成数据核对、导入、上报工作。

(三)要加强贷后管理。近期各县区要组织扶贫局、承贷银行和乡镇对贷款用途进行再次排查，建立贷款台账，及时准确掌握贷款使用情况。对已经改变贷款用途的贫困户，要督促其制订还款计划，提前还款。请各县区于 11 月 26 日前将排查结果以正式文件报市扶贫局。

(四)要尽快完成项目库录入工作。要将贫困户使用扶贫小额信贷发展项目纳入县级脱贫攻坚项目库管理，加强跟踪指导和技能培训，进一步提高扶贫小额信贷资金使用效益。

(五)是落实逾期代偿责任。人民银行××中支、××银保监分局要督促承宜川农行、××农商行尽快落实×××、×××、×××3 户贫困户 30%的代偿款。

××市脱贫攻坚领导小组办公室

2019 年 11 月 13 日

(资料来源：延安市人民政府网站.)

简析：该例文为情况性通报，对全市扶贫小额信贷工作进展情况进行了通报。全文采用撮要标题式写法，分为四大部分，概述工作进展情况、提示逾期风险、指出存在问题、部署下一步工作，条分缕析，全面细致。

病例文简析

小区进出管理通告

尊敬的小区居民：

为了维护小区的安全和秩序，保障居民的生活质量，我们将对小区的进出管理进行规范和加强。此举旨在应对小区人员复杂、车辆乱停放等问题，确保小区居民能够在安全、舒适的环境中生活。

一、进出管理背景

近年来，随着小区居民数量的不断增加，人员和车辆出入小区的问题逐渐凸显。部分外来人员随意进入小区，给小区的安全带来了潜在隐患。同时，车辆乱停放现象也影响了小区居民的正常生活和出行。因此，有必要对小区的进出管理进行规范和加强。

二、进出管理制度

为了确保小区的安全和秩序，我们将实行以下进出管理制度：

进出人员管理：所有进出小区的人员均需进行身份认证和登记，确保没有外来人员随意进入。如有特殊情况需进入小区的，需提前到物业服务中心办理相关手续。

进出车辆管理：小区内的车辆需进行备案登记，并按照指定的区域和时间停放。禁止在消防通道等重要区域停放车辆，以确保小区的交通畅通和消防安全。

限时限区域停放：为了满足小区居民的停车需求，我们将对停车位进行合理规划，并实行限时限区域停放制度。居民需按照规定的时间和区域停放车辆，避免出现乱停放现象。

三、合作与提醒

我们希望广大居民能够积极支持和配合小区的进出管理工作，共同维护小区的秩序和安全。同时，也提醒大家要认真遵守进出管理制度，确保自身和他人的安全。

如发现有违反进出管理制度的行为，请及时向物业服务中心举报。我们将对违规行为进行处理，并感谢大家的支持和配合。

四、监督方式

如有关于小区进出管理的建议或意见，请联系物业服务中心或向相关部门举报。监督电话：×××-×××-××××。

五、结语

感谢各位居民对小区进出管理工作的理解和支持，希望大家能够积极配合并参与到管理中来。让我们共同努力，为小区的安全和和谐作出贡献！特此通告！

物业管理处

××××年××月××日

简析：该病例文为生成式 AI 写成，存在多处问题。主要问题是：主送对象错误，该通告进出人员包括居民和非居民；内容重复，“合作与提醒”与“结语”内容中重复了请广大居民理解支持的内容，开头与“进出管理制度”重复了为了确保小区的安全和秩序的内容；内容条理性不足，“进出管理背景”应放在第一段开头；词语使用错误，“请联系物业服务中心或向相关部门举报”中的“举报”与前文的“建议或意见”语义不搭。

读写实训

一、根据下面提供的材料，拟写一份会议通知。

××省教育厅准备于 2016 年 4 月 16 日至 19 日，在××市××大学学术交流中心报告厅召开全省高校校(院)长办公室工作会议。4 月 15 日持本通知到学术交流中心接待室报到。参加会议人员有本省各高校校(院)长办公室主任(或副主任)，每校 1～2 人。本次会议的目的是进一步加强高校校(院)长办公室工作，促进全省各高校校(院)长办公室工作的协作与交流。联系电话：×××—×××××××××。联系人：××大学校长办公室×××老师。传真：×××—×××××××××。邮编：××××××。

会议的注意事项有四点：请参加会议人员将到达时间、车次、返程时间及车次提前电告会务组，以便安排接待和代办购票；请填写所附与会表，加盖单位公章，于 4 月 5 日前邮寄给会务组(设在××大学校长办公室)，以便统计与会人数，安排住宿；请各校将拟提交的会议交流的经验材料自行打印 80 份，在报到时交会务组；往返路费和住宿费自理，回单位报销。会议伙食标准每天 50 元。

二、以下通知存在多处问题，请指出并写出完整修改稿。

××学院关于转发《关于开展春季绿化种树活动的计划》的通知

各系、处：

学院第七次院长办公会议讨论了院绿委会、宣传部、卫生处提出的《关于开展春季绿化种树活动的计划》，院长办公会议对此做了认真的研究，基本上同意所提的主要要求，望动员、组织全体师生员工逐条贯彻、严格落实。

绿化植树是一件于国于民都十分有益的大好事情，是精神文明建设的一项重要内容，既体现了自己的精神美德，又造福于子孙后代，希望引起各级领导同志的重视，指定一位同志专抓此项工作。为了使全体师生员工都能充分重视这一活动，行动前要把此件原原本本向大家进行传达，并组织讨论，让大家充分发表意见，以利统一思想、统一行动、统一意志。

附件：《关于开展春季绿化种树活动的计划》

××学院

××××年××月××日

三、根据以下材料，撰写征集会徽的通知。

克莱登大学将要在 12 月 8～9 日隆重举办第三届趣味运动会。为了加强运动会宣传效果，提高大家的热情，使大家乐于健身，有更好的精气神上课读书，学校想向全校师生征集会徽，通过会徽的具体形象，让大家感受趣味运动会的氛围。征集上来的作品将通过校运会组委会的评议，筛选出入围作品，发给设计者荣誉证书并给 1 000 元奖励。设计要主题鲜明、色彩鲜亮、形象生动有趣，体现出趣味和体育特点；作品应当是未公开发表使用过的原创设计，适合用于会标、徽章、证书、宣传特刊、海报的制作；会徽的中文用规范汉字，并附文字说明，简述构思的寓意。以个人和团体名义提交作品都是可以的，提交 jpg 格式文件、彩色数码打印稿(数码打印稿不小于 A4 纸张)、简要的设计说明各一份。作品最迟在 10 月 15 日提交，交到综合楼 309 办公室，投稿邮箱是 8371×××× @qq.com，可以和方××老师联系，电话是 8068××××。

四、以下通告存在不足之处，请指出并写出完整修改稿。

通　　告

我公司经市政局、交通局批准，定在本月末改建××公路桥。为确保车辆行人安全，改建期间，这里不准行走，来往行人车辆，请绕路而去。

特此通告。

××公司

××××年××月××日

五、三间大学校内有一个花园，不同季节栽种了不同的花种。鲜花开放时节，常有校外人员进校赏花。这对校园安全、资源利用等方面造成了一定的影响。请你根据情境，拟写一则通告，以便有序、有效地加强对赏花游客的管理。

六、请分析口头通知、社交软件通知、纸质公文通知的区别和适用性。

第四节　通报、报告

通　　报

相关知识

一、适用情况

《条例》第八条规定：通报适用于表彰先进、批评错误、传达重要精神和告知重要情况。

通报是党政机关、企事业单位和社团组织把工作情况、经验教训等具有教育、指导、普遍意义的事件向下级或公众发布的周知性公文，用于教育引导单位成员、沟通情况及指导工作。

根据目的和内容，通报可以分为表彰性通报、批评性通报、情况通报三种。表彰性通报用于表彰个人或单位的先进事迹和好人好事，树立榜样，激发积极性。批评性通报用于批评个人或单位的典型错误行为、不良倾向或通报违章事故，提出警戒，避免重蹈覆辙。情况通报用于传达重要精神或情况给下级，告知公众重要重大情况，沟通信息，指导工作。

二、写作内容与方法

通报的目的在于树立典型或沟通情况，进而指导工作。情况概述与分析是基础，最终要落到工作要求上。撰写时应客观分析，提出切合实际的要求。通报一般由标题、主送机关、正文、落款构成。

(一)标题写法

通报标题一般由发文机关、事由、文种组成，如《××公司关于××车间发生重大安全事故的通报》。单位内部行文时，标题可以省略发文机关，如《关于表彰××奖获奖人员的通报》。向社会公众告知重大重要情况的通报，可直接以文种为标题，如《通报》。

(二)主送机关写法

一般应写明主送机关，可以是下级机关，也可以是平级机关。登报、张贴等形式发布的通报，可不写主送机关。

(三)正文写法

正文一般包括缘由、事项和要求。各类通报写法有所区别，具体如下。

1. 表彰性通报写法

正文首先概述被表彰对象的基本信息和先进事迹、工作情况，然后评论先进事迹或工作情况的性质、意义，进而说明发文机关的态度和给予何种表彰，最后提出希望和要求。概述应交代清楚时间、地点、人物、主要情节和结果等要素；评论应简洁精要，不能过于拔高。

2. 批评性通报写法

正文首先概述被批评对象的基本信息和错误事实，然后分析错误原因和性质，进而说明给予何种批评和处理，最后提出警戒和防范措施方法。概述错误事实和性质分析应当实事求是，不能过于贬低。

3. 情况通报写法

正文首先说明发布通报的背景、目的、原因等，然后具体分析存在的问题及其原因，最后针对存在的问题对有关单位提出希望和要求。具体分析部分通常内容较多，需要梳理归类，有条理地分析说明。

（四）落款写法

落款包括发文机关署名和成文日期。参看本章第二节公文格式之二、公文格式要素的（二）主体中“5.发文机关署名”“6.成文日期”的写法。

例文简析

例文 1

关于表彰 2022 年度先进集体和先进个人的通报

××分局、开发区分局、各处（室）局、直属各单位：

2022 年，全局上下在省自然资源厅和市委、市政府的坚强领导下，认真学习贯彻党的二十大精神，坚毅笃行“××之干”，全面攻坚年度目标任务，为全市跨越式高质量发展提供了坚强保障。在这个过程中，涌现出一大批忠诚履职、无私奉献、担当作为、成绩突出的先进集体和先进个人。为弘扬先进、树立典型，经研究，决定对 2022 年度先进集体和先进个人进行表彰。

希望受表彰的单位和个人珍惜荣誉、戒骄戒躁、再接再厉，充分发挥先锋模范作用，为自然资源事业再创佳绩，再立新功。希望全局干部职工以先进为榜样，以只争朝夕、时不我待的奋斗姿态和“越是艰险越向前”的斗争精神，奋进新征程，展示新风貌，奋力谱写自然资源高质量发展新篇章！

附件：××市自然资源和规划局 2022 年度先进集体和先进个人名单

××市自然资源和规划局

2023 年 2 月 13 日

（资料来源：丽水市自然资源和规划局网站.）

简析：该例文为表彰性通报，表彰年度先进集体和先进个人。开头先概述全年工作背景，然后用“在这个过程中”过渡到对先进集体和先进个人的介绍，点明表彰目的，进而提出要求。先进集体和先进个人名单处理成附件，主次清晰。全文逻辑贯通，条理清晰。

例文 2

关于对部分单位违反会议纪律情况的通报

2012 年 3 月 22 日上午 8：30 分，市委、市政府在市财政局会议室召开全市社区建设会议，主要任务是对市直有关单位帮扶社区建设工作进行再动员再部署，要求各乡镇和市直有关单位主要负责人参加。市委、市政府对社区建设工作高度重视，市委书记×××出席会议并作重要讲话，提出了具体要求。市委、市政府、市政协有关领导出席会议，会议由市委副书记×××主持。

此次会议是我市社区建设进入关键时期的一次重要会议，对于进一步提升社区建设重要性的认识、明晰有关单位职责、推动和促进社区建设健康快速发展具有十分重要的指导意义。会议的召开非常及时、主题非常突出、内容非常重要。绝大多数参会单位均能认识到此次会议的重要性，按照会议通知要求准时参会，但仍有个别单位无视市委、市政府关于严肃会议纪律的有关规定，迟迟不能到场参加会议，致使会议推迟召开 15 分钟。

会风体现作风，端正会风就是端正作风。作风转变首先要会风转变。切实改进会风，事关干部作风转变，事关党政机关自身形象，事关我市经济社会发展大局。市委、市政府多次强调会风会纪问题，明确要求必须严格按照会议通知要求准时参会。为进一步严肃会议纪律，现对迟迟不能到会的市检察院、市司法局、市文化广电局三家单位提出通报批评，并要以书面形式将迟到原因于 2012 年 3 月 23 日前报市委、市政府督查局。希望受到通报批评的单位深刻进行反思，严格遵守会议纪律，坚决杜绝类似问题再次发生。也希望全市各单位引以为戒，切实增强大局意识、责任意识，对市委、市政府提出的各项纪律要求做到有令必行、有禁必止，以实际行动不折不扣地落实好市委、市政府的决策部署。

一、认识要加强。当前，我市正处于全面落实“两集中四推进”“构建和完善三大保障体系”，实现“五大攻坚战”重大突破的关键时期，各方面工作能不能更加富有成效，能不能按照既定计划全面完成，能不能加速推动“实现城乡一体、打造中原明珠”进程，关键取决于全市各单位和广大党员干部的不懈努力。因此，全市党员干部要清醒认识当前时期的关键性和重要性，充分发扬敬业奉献、顽强拼搏、求真务实的良好作风，一步一个脚印、一个环节一个环节地抓好落实，把每项工作做细、做实、做好。

二、作风要转变。良好的作风是完成工作的前提和保障。全市各单位和广大党员干部一定要把作风建设放在突出位置，体现在行动中，绝不能喊口号、做样子，特别是党员领导干部，一定要身先士卒、率先垂范，要求别人做到的，自己首先做到，禁止别人不做的，自己首先不做，真正地把作风建设的要求转化为积极响应市委、市政府号召上来，转化到落实市委、市政府决策部署上来，转化到研究问题、克服困难、推动工作上来，以雷厉风行的作风和实效实绩彰显共产党员的优良品格和政治本色。

三、纪律要强化。市委、市政府决策部署的落实需要以铁的纪律、铁的手腕来保证。全市各单位要切实增强纪律意识，做到令行禁止，确保政令畅通。市委、市政府督查局将进一步加大督查力度，对违反工作纪律、会议纪律等有关纪律要求的单位，坚决依照相关规定，该通报批评的通报批评，该实施诫勉谈话的进行诫勉谈话，坚决维护纪律的严肃性。

2012 年 3 月 22 日

（资料来源：舞钢市人民政府网站.）

简析：该例文为批评性通报，对部分单位违反会议纪律的情况进行批评。交代被批评对象的犯错事实，充分剖析错误实质，具体提出后续处理，并对全市各单位提出认识上、作风上、纪律上的要求。全文逻辑贯通，便于理解落实要求。

例文 3

关于对部分省份中小学幼儿园安全防范工作督导检查情况的通报

为认真贯彻落实中央领导同志重要批示指示精神，进一步加强校园安全防范工作，近期教育部基础教育一司和公安部治安管理局对××、天津、河北、山西、内蒙古、辽宁、上海、山东、湖南、××、四川、陕西、青海等13个省(区、市)168所中小学幼儿园的安全防范工作进行了明察暗访。

总体来看，各地教育部门行动迅速、措施有力，校园安全防范情况良好。但是，检查中仍然发现了一些问题和薄弱环节。一是人防技防力量配备不到位或防护装备佩戴、安防器材摆放不规范。一些校园没有专职保安员或保安员年龄偏大，安全防护器材缺乏。有些学校的校园门卫、保安员在值守过程中，头盔、防刺服、橡胶棍等防护装备有的不佩戴，有的佩戴不全，钢叉、盾牌等安防器械没有拿在手中而是放置在门卫室内。二是保安员、教师安全防范意识不强，防范制度不落实。有些学校在上课和上下学时段虽然有教师和保安员值守，但外来人员仍可不登记或不验证、随便登记后进入校园。三是校园周边安全存在隐患。一些学校上下学高峰时段校园周边无警车巡逻或民警执勤，学生进出校园存在秩序混乱，社会车辆停放较多影响人员疏散及日常交通通行安全等。

对此，各级教育行政部门要密切与公安机关沟通和配合，针对检查发现的问题要整改到位，举一反三，查缺补漏，进一步完善校园安全制度，落实校园安全防范工作措施，杜绝校园安全事故，确保校园安全稳定。

附：存在有关问题的校园名单

2014年6月13日

(资料来源：教育部网站.)

简析：该例文为情况通报，通报部分省份中小学幼儿园安全防范工作督导检查情况。先交代检查工作整体情况，再归类分析具体问题，分别是力量配备不到位，器械使用不规范；安全防范意识薄弱，防范制度未落实；周边环境存在安全隐患。在此基础上水到渠成地提出工作要求。全文采用总分总结构，分析具体，条理清晰。

病例文简析

关于连续发生火灾事故的通报

今春以来，在市委和各级党委的领导下，全市人民积极贯彻省人民政府〔2018〕2

号文件精神，开展安全防火工作收到了一定的效果。但是由于一些单位领导对防火工作仍不重视，思想麻痹，安全无制度，防火无措施，对广大职工和群众不进行安全防火教育，致使今春以来火灾事故连续发生，给国家和集体财产造成重大损失。截至四月份，全市共发生火灾事故十余起，损失十万余元。与去年同期相比，事故发生数上升百分之五十，损失上升百分之一百一十五，教训十分深刻。

元月二十一日凌晨，基建公司五处汽车修理工王××睡觉前未封好炉火，使火苗蹿出，燃着房门上的胶质简门帘，引燃屋顶，蔓延到毗邻汽车修理间，造成大火。

四月五日晚，市第四中学教师马××，无视安全规定，长期用电炉取暖、烧水。四日晚接上电后，五日早外出一天未归，当晚又去××俱乐部看电影，房中无人，造成火灾。

(其余略)

今春以来，火灾连续发生， 必须引起各级领导和有关部门的足够重视。

一要建立健全防火制度，狠抓措施落实。

二要继续认真贯彻国务院关于抓好防火工作的紧急通知和省人民政府〔2018〕2 号文件精神，大力抓好安全防火工作。

××市人民政府

××××年××月××日

简析：该病例文为情况通报，存在的主要问题是：事故概述不简明，“去××俱乐部看电影”不必交代，而重要内容如火灾过火面积、造成的损失却没有交代；内容条理性不足，最后的两点要求，应当先写认真贯彻上级文件精神，再写健全制度；表述不够清楚，“截至四月份”是四月初还是四月底。

报　告

相关知识

一、适用情况

《条例》第八条规定：报告①适用于向上级机关汇报工作、反映情况，回复上级机关的询问。

报告是下级机关向上级机关或重要会议汇报工作、反映工作、答复询问的一种陈述性公文，目的是让上级机关或领导及时了解工作进展情况，以获得其关注和指导。同时，对于上级机关来说，报告则可以使其及时了解基层工作情况，收集必要的信息，有利于决策和指导工作。

① 有些专业部门使用的报告文书，如调查报告、咨询报告、评估报告、立案报告、审计报告等，虽然标题也有“报告”二字，但性质、写作内容与一般意义上的报告不一样。此类报告旨在反映事物的本质，对事物发展情况作出判断，通常写明是什么，然后提出建议。

根据内容，报告可以分为工作报告和情况报告两大类。工作报告汇报的是常规性的工作，内容相对稳定。情况报告反映的是重要的突发异常情况，内容多不确定，如《××服装厂关于第二生产车间重大火灾事故的报告》。

根据内容涉及面的广狭，报告可以分为综合性报告和专题性报告。综合性报告涉及面广，内容多，篇幅长，全面反映一个单位、地区或系统方方面面的工作情况，如《××市教育局关于2012年工作总结的报告》。专题性报告集中反映某一方面工作、某一事项或问题，内容专一，针对性强，使用频率较高，如《××学院关于在学生中开展读书活动的报告》。专题性报告还有答复报告和递送报告之分。答复报告用于答复上级机关所询问问题。递送报告用于向上级机关报送文件物品等材料。

二、写作内容与方法

“居其位，谋其政”，撰写报告，就是汇报自身在岗位上贯彻方针、政策、指示，开展工作，履行职责的情况。换言之，就是陈述做了什么工作，怎样做，做得怎么样。行文中，要注意相关材料、数据的准确性，做好动笔前的调查研究工作。报告由标题、主送机关、正文、落款构成。

(一)标题写法

参照本章第二节公文格式之二、公文格式要素的(二)主体中“1.标题”。

(二)主送机关写法

报告是上行文，主送机关一般只有一个。如果报告内容需要其他领导部门了解，可用抄送形式报送。上级有两种情况，一种是领导关系的上级，一种是业务指导关系的上级。写作中要根据工作性质，明确主送哪一个上级。

(三)正文写法

不同类型的报告，正文内容侧重点不同，写法不同，下面分类介绍。

1. 综合性报告写法

综合性报告涉及工作的方方面面，侧重汇报做了什么和结果。如《××省人民政府2014年工作报告》涉及结构调整、改革开放、民生、生态、自身建设等多方面。写法上，既可以按照基本情况、成绩、经验或问题、今后打算来组织结构，也可以按照工作方面组织，每个方面写一个板块。行文中，要点面结合，材料观点结合，繁简得当。最后，常另起一行以惯用语“特此报告”结束全文。

2. 专题性报告写法

(1)专题性工作报告所涉及的工作有特定范围，汇报时侧重怎么做、做得怎样、为什么这样做，突出新特点、新方法。常另起一行以惯用语“特此报告”结束全文。

(2)情况报告侧重汇报重要动向、突发情况以及自身应对工作。写作中，按照是什么情况，情况出现原因及问题，应对措施的思路组织内容。交代清楚时间、地点、人员、事件、原因、措施等内容后，常另起一行以惯用语“特此报告”结束全文。

(3)答复报告针对上级询问的问题作答，不能答非所问。写作中，首先，引述来文，重申所询问的问题；其次，针对性回答问题，说明自身的应对措施；最后，另起一行以惯用语“专此报告”结束。

(4)递送报告一般用一两句话交代报送材料的名称、数量及报送目的和依据。

(四)落款写法

参照本章第二节公文格式之二、公文格式要素的(二)主体中“5.发文机关署名”“6.成文日期”。

例文简析

例文 1

关于遭受台风“海葵”灾害及救灾情况的报告

县政府：

受今年第 11 号台风“海葵”影响，我乡 8 月 10 日遭遇大风、强降雨天气。根据县委、县政府及县防汛办的统一部署，我乡高度重视，迅速应对，全力以赴做好抢险救灾工作。现将有关情况汇报如下：

一、受灾情况

全乡共降雨 497.0 毫米，受灾人口 9 640 人，转移群众 2 400 人。全乡估算损失 3 640 万元。其中××村、××村、××村受灾较为严重，受灾人口占全乡的××%，转移群众占全乡的××%，因灾损失占全乡的××%。具体如下：

(一)基础设施

1. 水利设施。一是水渠毁坏 1 538 米，受损 1 000 米；二是拦河坝损毁 944 米；三是水沟塌方 7 600 余米。估算损失 169 万元。

2. 道路。冲毁道路 2 900 米，堵塞 3 处共 100 余米，受损道路 3 200 米。估算损失 361 万元。

3. 桥梁、机耕道及其他。冲毁大小桥梁 20 座，冲毁机耕道 3 000 多米，加上其他基础设施被毁情况，估算损失 626 万元。

(二)房屋

倒塌 9 户 25 间，严重损坏 11 户 20 间。估算损失 58 万元。

(三)农作物

二级稻受灾 9 405 亩，一级稻绝收 2 190 亩；冲毁蔬菜 1 549 亩，棉花成灾 350 亩，浸毁西瓜 200 亩，其他农作物成灾 555 亩。估算损失 1 628 万元。

（四）家庭养殖

倒塌猪舍 2 栋，冲走鸡鸭等 1 000 只；水淹鱼塘 299 亩，游走鲜鱼 6 万余斤。估算损失 172 万元。

（五）其他

乡粮站 336 库被淹，335 库、334 库后墙体倒塌，损失粮食 5 万公斤；越溪门楼里村、坪上村村内全部被淹，家庭财产估算损失 831 万元；工矿企业估算损失 25 万元；冲毁车辆 2 辆，估算损失 5 万元。

二、救灾情况

灾情发生后，乡党委、政府针对灾情，立即启动应急预案，采取措施，组织抗洪抢险，及时进行抗灾自救。

（一）加强组织领导。成立了由乡党委书记为组长的抗洪抢险领导小组，全体班子成员、各村支部书记为成员，有序组织抢险救灾，努力把损失降到最低。

（二）积极筹措资金和救灾物资，保障灾民生活……（略）

（三）组建队伍，加强监测，做好宣传稳定工作。一是各村成立了应急队伍，对发生的灾害险情采取了有效措施，进行抢救排险。二是对重点地质灾害隐患，安排人员进行 24 小时监测，一旦发生险情，立即组织人员安全撤离，并立即上报，统一安排抢险避险。三是做好宣传稳定工作，确保社会稳定。

（四）全力恢复生产。各受灾村充分发挥基层党组织的战斗堡垒作用，号召广大党员带头，发动群众及时投身到抗灾自救和恢复生产活动中去。目前，全乡恢复了供电，生产自救工作也在有序开展。

特此报告。

××乡政府

2012 年 8 月 16 日

（资料来源：《办公室业务》2013，（10）：8-10.）

简析：该例文为情况报告。该文先报告了整体损失，再从基础设施、房屋、农作物、家庭养殖、其他五个方面细致分析受损情况，然后汇报了抗灾自救的作为，含组织领导、筹措资金物资、加强监测宣传、恢复生产四个方面的工作。全文条理清晰、要言不烦，以常用语“特此报告”结束。

例文 2

关于监察建议的回复报告

××市嘉定区监察委员会：

贵委送达的《监察建议书》（嘉监委〔2020〕29 号）已收到。现将我委学习落实情况汇报如下：

一、对标对表深刻查摆，迅速动员部署

我委高度重视《监察建议书》所反馈的意见，主要领导第一时间召开相关负责同志会议，就《监察建议书》反馈的问题进行专题研究，对标对表《关于进一步加强本区建筑垃圾（工程渣土）规范处置管理工作的通知》（嘉绿容〔2022〕10号）指导意见和相关工作要求，认真梳理我委在建筑垃圾（工程渣土）管理方面的工作职责，全面查找行业监管短板，并深入谋划进一步改进和强化监管工作的思路举措，研究制定下一步整改措施，旨在切实提升对建筑垃圾（工程渣土）的监管成效。与会人员充分认识到建筑垃圾（工程渣土）管控的重要性，其不仅是提高城市管理水平、改善城市形象、提升城市品位的迫切要求，也是巩固和提升我区全国文明城市创建成果、落实中央和市级环保督察问题整改的重要内容。

二、切实强化监管举措，从严规范监管

此前，为进一步做好建筑垃圾（工程渣土）管理，我委党政主要领导坚持深入基层抓落实、深入一线察实情。今年初以来，我委主要领导、分管领导结合二、三级巡查，主动下沉带队，对建筑工地开展多次一线调研指导工作。主要领导在三级巡查中指出，没发现问题并不代表没有问题、现在没有问题并不代表今后没有问题，反复强调自身硬才是硬、整体强才是强、群众反映好才是好。

下一步，我委将持续强化工地建筑垃圾（工程渣土）源头管理，严格开展日常监管执法，将建筑垃圾（工程渣土）管理纳入日常监管范围，全面压实企业主体责任，促进我区建筑垃圾（工程渣土）规范处理。

一是完善告知程序。在工程首次监督交底时向参建各方告知其应申领渣土处置证、出口设置称重等事项，明确工作要求，并经参建各方签字确认后，发放完整的工程监督告知书（见附件1）。

二是加强事中监管。严监管、重实效，在日常监督过程中，加大对工地渣土管理情况检查力度，重点检查工地渣土处置证、合同备案等的落实情况，并要求建筑工地做好“两不挖、两不进、两不出”。同时，我委已要求各监督组加强日常监管，结合嘉定区建筑垃圾（工程渣土）处置管理及扬尘污染防治检查表（见附件2），对在建项目形成全方位、全过程监管，在发现违法违规行为时，及时采取开具整改单、约谈或移交相关部门处理等措施。

三是推进智慧监管。持续推进“嘉定区建筑工地智慧管理平台”落地，探索配合区绿化市容局建立“全生命周期”式的工程渣土智能监管系统，加强数据对接，提升大数据监管能力，切实提升我区建筑领域环保工作管理水平。

三、建立完善联动体系，进一步健全长效机制

一是牵头建立建筑工地监管联席会议机制。牵头公安嘉定分局、区生态环境局、区交通委、区水务局、区绿化市容局、区城管执法局等相关委办局和各街镇相关部门，探索建立建设行业管理联席会议制度，健全信息互通机制，定期召开联席会议研究解决建筑工地渣土管理、生态环保、文明施工的难点、焦点和堵点问题，推动渣土等领域监管规范化运行，现已起草完成《嘉定区建设行业管理联席会议制度（初稿）》。

二是协同开展建设工地联合巡查。联合区绿化市容局、区城管执法局等部门及各属地街镇，定期或适时开展联合执法检查，齐抓共管，进一步完善我区工程渣土全程管理体系。截至目前，我委已牵头区绿化市容局、区城管执法局开展3次联合二级巡查，重点对建筑工地渣土、文明施工等方面进行强化监管。

四、持续推进作风锤炼，不断强化队伍建设

一是切实加强组织领导。成立建筑垃圾（工程渣土）专项整治领导小组，完善组织管理机制，压实工作责任。始终坚持目标引领和问题导向，紧紧围绕建筑领域特点和实际，将直属单位纳入机关科室一体并行，真正形成“上下一盘棋、全委一体化”的齐抓共管格局。

二是持续强化队伍建设。组织全体监督执法人员认真学习《××市建筑垃圾处理管理规定》等文件精神，并适时联合区绿化市容局开展建筑垃圾（工程渣土）监管知识培训工作，全面提升队伍整治素养、监管水平、执法能力和服务质量，做到建筑垃圾（工程渣土）监管职责清、任务明、措施实，切实提高我区建筑垃圾（工程渣土）监管水平。

特此汇报。

附件：1. ××市嘉定区建设工程安全监督告知书

2. 嘉定区建筑垃圾（工程渣土）处置管理及扬尘污染防治检查表

嘉定区建设和管理委员会

2022年11月25日

（资料来源：上海市嘉定区人民政府网站.）

简析：该例文为回复性报告，略有改动。该文先引述对方的来文，然后介绍针对主管部门的监察建议所展开的工作，从对标动员、加强监管、完善联动机制、强化队伍建设四个方面进行报告。条理清晰，行文简洁。

例文3

关于低保工作的报告

×局长，各位领导：

现将我县低保核查和优抚对象慰问工作情况汇报如下：

2017年，我县严格按照省、市民政部门的要求和部署，扎实开展城乡低保工作。从1月份起，将我县城镇居民低保补贴水平从2016年的人均月418元提高到457元，农村居民低保补贴水平从人均月190元提高到206元。低保实行动态管理，截至7月份，全县享受低保救助10 488户25 827人，其中城镇低保户1 289户3 026人，农村低保户9 199户22 801人。

一、规范审核审批程序，确保低保认定的精准率

我县严格执行户主申请→家庭经济状况核对→上门调查核实→民主评议→张榜公示→审核上报→入户抽查→严格审批的工作流程。由政府组成核查组逐村逐户逐人进行核查，局核对中心再抽30%进行再次核查。实行“谁复核、谁签字，谁签字、谁负责”。

规范审核审批程序，低保认定的精准率自评 100%。为更好地规范我县低保工作，2 月 16 日我局组织全县 27 名核查员到东源县柳城镇参观学习，进一步提高了我县低保核查能力。

二、坚持社会化发放低保金

我县从 2008 年以来，一直坚持低保金直接从银行按月发放到低保户个人存折账户，确保低保金及时、足额发放到户。同时要求低保金存折必须由低保家庭成员自己保管，村干部一律不得代为保管，更不得统一收回进行二次分配。

三、坚决按户施保，严禁保人不保户

我局严格贯彻执行国务院《社会救助暂行办法》和民政部《最低生活保障审核审批办法(试行)》，以家庭人均月收入为依据，以派出所户籍证明为基础，落实按户施保政策，符合低保条件的家庭，其家庭成员全部纳入低保范围，杜绝只有低保人没有低保户现象，实现应保尽保。同时，按照××省人民政府《关于加快推进残疾人小康进程的实施意见》(×府〔2015〕121 号)要求，印发了《××县民政局关于进一步加强重度残疾人员最低生活保障工作的通知》，对生活困难、靠家庭供养且无法单独立户的成年无业重度残疾人，经个人申请，可按照单人户纳入最低生活保障范围。到目前为止，符合条件的无业重度残疾人纳入低保的有 7 481 人。

四、低保实行动态管理

我县严格按照低保的三个基本原则之一实行动态管理，要求各镇每月 15 日将低保新增、核减名单上报县民政局。同时定期对低保对象进行核查，通过入户调查走访，核查低保对象家庭收入情况，对符合条件的继续保留，不符合条件的坚决清出，对走访中新掌握的家庭困难户，符合条件的及时纳入低保，实现了低保有进有出、应保尽保、应退尽退的动态管理。

五、坚持公示制度，接受社会监督

我县认真执行河源市民政局《关于进一步做好低保对象信息公开工作的通知》(河民〔2011〕117 号)和《河源市低保家庭公示制度》(河民〔2015〕138 号)规定，严格落实“两榜三公示”制度，在村(居)委会、乡镇分别进行低保审核公示，同时在乡镇、县民政局进行审批公示、长期公示，接受群众的监督，确保低保公开、公平、公正。

××县民政局

2017 年 8 月 11 日

(资料来源：河源市人民政府网站.)

简析：该例文为工作性报告，汇报县民政局城乡低保工作情况。首先概述 2017 年城镇和农村居民低保补贴水平和户数、人数整体情况，然后陈述具体工作方式方法，包括严格审批、社会化发放、按户施保、动态管理、公示受监督。逻辑结构上为总分式，方式方法的陈述为纵向式，呈现结构为撮要标题式。全文简明扼要，逻辑清晰。

读写实训

一、下面通报划线的用词不当，请将正确的词语填在括号内。

元月初以来，××市××医药总店每天派出两名职工，推着流动售货车，佩戴××市工商行政管理局此前发给这个(　　)店的零售营业执照，在城郊人口密集处卖人参蜂乳精、阿胶、参类、龟苓膏等二十多种不能用公费报销的高级(　　)滋补药物。他们竟然(　　)违反省卫生厅、省财政厅2010年12月30日转发的卫生部《关于滋补、营养、饮料等保健类药品不准公费报销的通知》的意思(　　)，搞假名堂(　　)，给购买者均开具发票，上面写的却是普通中草药或西药。这种行为严重妨碍(　　)了国家利益，败坏了社会风气。市工商行政管理局发现这一情况后已暂时拿走(　　)了他们的营业执照，市医药公司也叫(　　)他们做出了检讨。

二、阅读下面一则材料，概括蒋××和陈××打架事件。

2012年8月21日，蒋××未经领导同意，从工地拿回材料，在陈××的宿舍的窗子附近搭起煮小锅、小灶的棚子。烧火后烟进入陈××屋内。陈××趁蒋××不在时，就用钳子把捆棚子的铁线剪了，铁线剪了后，棚子就垮了。当晚蒋××见棚子被人拆垮就破口大骂，在骂的同时就往陈××的窗口走去。这时陈××也把窗子推开搭腔说："是我剪的！"蒋××问："你为啥子给我剪了？你有劲为啥子做活装死，劳动不积极？你拆明天我还搭起。"陈××说："你明天搭起我还给你拆了。"蒋××说："你敢！"他说的同时，就用拳头砸陈××的箱子。这时陈××就用力推了蒋××一下，蒋××顺手把挂在墙上的筷筒向陈××砸去，当即打在陈××的手上。就这样两人扭抱在一起厮打起来。在扭打过程中，在场的罗××等人进行了劝阻，两人都不听。罗××怕事态扩大，产生严重后果，上前劝阻。陈××不听劝阻，反而用拳头狠狠打罗××的头部、胸部等处，当即就打得罗××出血不止且呕吐。经卫生所急救止血处理后，罗××基本脱离危险。

三、撰写一份班级同学入学以来参加青年志愿者活动情况的报告，班委审阅后报送给辅导员。

第五节　请示、批复

请　　示

相关知识

一、请示的适用情况

《条例》第八条规定：请示适用于向上级机关请求指示、批准。

凡是下级机关自身无权或无能力解决某一问题、开展某项工作，都必须向上级机关行文请求指示、批准。按照请示目的不同，请示可以分为请示性请示和请批性请示两大类。

(一)请示性请示

对某项方针政策或上级指示不十分清楚，请求给予明确指示；对某项无章可循、无法可依的新情况、新问题，请求给予明确指示；对工作意见有分歧，难以开展工作的问题，请求给予裁决。如《××省财政厅关于<会计人员职权条例>中“总会计师”是行政职务还是技术职称的请示》。

(二)请批性请示

对情况特殊难以执行统一规定，需做变通的问题，请求予以批准；对规章制度规定必须请示批准才能办理的事项，请求予以批准；对所制订工作方案、法规、规章，请求予以审核批准；对人、财、物等不能解决的问题，请求批准。如《关于召开××学院第一次团代会的请示》。

二、请示的写作内容与方法

请示的写作应当遵守“一文一事”的原则，客观充分地说明理由，明确、有条理地说明请示内容，以便上级机关及时做出批复。行文语气应当平实、恳切，不可生硬逼迫，也不可低声下气。请示由标题、主送机关、正文、落款构成。

(一)标题写法

参照本章第二节公文格式之二、公文格式要素的(二)主体中“1.标题”。

(二)主送机关写法

请示是上行文，主送机关只有一个上级机关。上级机关有两种情况：一种是领导关系的上级机关，一种是业务指导关系的上级机关。写作中要根据工作性质，明确主送哪一个上级机关。如果请示内容需要其他领导部门了解，可用抄送形式反映。

(三)正文写法

正文由请示缘由、事项、结语三部分组成。

请示缘由交代了“为什么请示”，应写明存在的问题及其背景、解决问题的意义等。缘由要客观、具体、充分，使问题引起上级领导的关注和决断。请示事项即“请示什么”，应符合方针政策、明确具体、切实可行。如有几种方案或意见，应标明倾向性，以供上级领导参考。结语是请求语，用语比较固定，常见的有“妥否，请批示”“当否，请批示”“以上请示如无不妥，请批准”“以上请示如无不妥，请批转有关单位执行”等。

（四）落款写法

参照本章第二节公文格式之二、公文格式要素的（二）主体中“5.发文机关署名”“6.成文日期”。

例文简析

例文 1

××省知识产权局关于推荐“浦城大米”申报地理标志产品保护的请示

国家知识产权局：

按照《地理标志产品保护规定》（原国家质检总局 2005 年第 78 号令）、《地理标志产品保护工作细则》等规定，我省××市浦城县人民政府申请将该县的浦城大米批准为地理标志保护产品，保护范围为浦城县县辖行政区域。经核查浦城县人民政府报送的相关材料，我局认为该产品符合地理标志产品所具有的质量特色和地域特征，现将申报文件及相关材料（见附件）予以转报，请予审核。

妥否，请示复。

附件：浦城大米地理标志产品保护申请书

××省知识产权局

2020 年 7 月 1 日

（资料来源：福建省人民政府网站.）

简析：该例文为请批性请示，请求将浦城大米批准为地理标志保护产品。对请求的事项交代了相应的文件依据与省级的审核意见，有利上级理解批准。全文语气得体适宜。

例文 2

关于增加办公用房的请示

××市机关事务服务中心：

根据省人社厅、市直工委、市总工会的要求，我局需设立××市人人持证技能社会办公室、××市农民工根治欠薪工作领导小组办公室、机关党员活动室、机关职工活动室。因现有用房紧张，相关工作活动难以开展，故申请国投财经中心 D 座 1006 室、1007 室、1008 室和库房一间。

特此请示。

××市人力资源和社会保障局

2022 年 1 月 19 日

（资料来源：吕梁市人民政府网站.）

简析：该例文为请批性请示，请求批准增加四间办公用房。例文在简要介绍背景和问题的基础上自然地提出请示事项，请示事项的说明具体到每个房间位置，十分清楚，有利于上级做出批复。

例文 3

关于将轿车置换为商务车的请示

××市政府：

××环境安全应急中心为我局下属事业单位，承担全市环境应急管理，组织、协调各类突发环境事件的应急救援、处置等工作。自 2012 年独立运行以来，累计处置各类突发环境事件 100 余起，平均每年 10 起左右。

为快速有效应对各类突发环境事件，于 2013 年 4 月购买一辆帕萨特轿车（×H36939）用于赶赴事故现场处置突发环境事件。目前，该车已行驶 22.2 万公里，且车况较差，已影响第一时间赶赴突发事件现场。同时，省厅配载突发环境事件应急卫星传输系统，由于该车车身小，无法安装。为有效应对各类突环境事件，急需购一辆商务车。现特申请将现帕萨特轿车（×H36939）置换成商务车，商务车报价 27.7 万元左右（以实际购车为准，其中车款 24.99 万元、税 2.21 万元、保险约 0.5 万元）。

特具请示，请批复。

××市生态环境局

2022 年 4 月 3 日

（资料来源：淮安市人民政府网站.）

简析：该例文为请批性请示，请求将轿车置换为商务车。该文先介绍用车单位淮安环境安全应急中心的背景信息，然后交代目前轿车不能适应当前工作的问题，进而水到渠成地提出购买商务车的请求。选入时略有改动。

病例文简析

关于购买校车的请示

尊敬的教育局领导：

您好！我是××中学的校长，首先感谢您在百忙之中阅读这份请示。

随着学校的发展和学生人数的增加，现有的交通方式已经无法满足我校师生的出行需求。目前，我校的交通工具比较紧张，教师上下班和组织学生外出活动的交通问题较为突出。为了解决这一问题，提高学校的教学和管理效率，我们计划购买一辆校车，用于接送师生。

经过市场调查和预算，购买一辆符合标准的校车需要约××万元。这笔费用主要用于车辆购置、手续办理以及后续的维护保养等。我们将严格按照学校财务管理规定使用这笔经费，确保专款专用。

购买校车的意义不仅在于解决交通问题，更是提高学校形象和教学质量的重要举措。校车的购置将极大地方便师生的出行，提高学校的管理效率，同时也有助于提升我校的社会形象。我们相信，教育局一直以来都十分关心和支持各学校的发展，也一定会理解并支持我们的这一需求。

在此，我们恳请教育局能够给予一定的经费支持，帮助我们解决购买校车的经费问题。我们承诺将充分利用好这笔经费，为学校的发展做出积极的贡献。

再次感谢教育局领导的关心与支持！

此致

敬礼！

××中学校长：×××

××××年××月××日

简析：该病例文为生成式 AI 所写的请示，用于购买校车。该文存在的主要问题是：内容私务化，主送机关“教育局领导”应改为“××教育局”，“我们”应改为“我校”，“此致敬礼”应删去；内容存在套话，“首先感谢您在百忙之中阅读这份请示”“再次感谢教育局领导的关心与支持”为冗余内容；内容条理性不足，“购买校车的意义”应放在“市场调查和预算”之前，交代完缘由后再说明请示事项；未使用结束语“妥否，请批复”。

批　　复

相关知识

一、批复的适用情况

《条例》第八条规定：批复适用于答复下级机关请示事项。

批复是针对下级机关的请示做出回复的公文，是被动行文，代表了上级领导机关的决策和意图，下级机关必须遵守执行。

二、批复的写作内容与方法

批复是上级机关对下级机关指示批准的答复性公文，撰写时应慎重及时。写作时应做好行文前的准备，核实请示内容的真实性，掌握有关情况，准确把握相关政策法规，认真研究审核，及时给予答复，做到态度明朗，便于下级机关理解和执行。批复由标题、主送机关、正文、落款构成。

（一）标题写法

标题由发文机关、事由、文种三个要素组成。如果对请示事项的意见是完全同意，一般在事由前写上“同意”或“批准”等表态词，如《××省教育厅关于同意设立××省高校人文社会科学研究基地的批复》。

（二）主送机关写法

主送机关即批复对象，也就是请示单位。

（三）正文写法

批复正文的写作比较程式化，一般由引述来文、答复意见和执行要求、结语三个部分构成。

引述来文有四种方法，分别是引述请示的日期、标题、发文字号、内容，常用的是标题加发文字号的引述方式，然后用承启语“现批复如下”转到意见部分。

意见有三种情况，即同意、不同意、不完全同意。如果同意，可用“同意”或“原则同意”表明态度；如果不同意，必须说明理由，依据什么政策、规章；如果不完全同意，则先说明同意部分，再说明不同意部分及原因。执行要求根据情况采用不同写法，或针对工作指明意见，或原则性地提出希望。

结语为“此复”或“专此批复”。

（四）落款写法

参照本章第二节公文格式之二、公文格式要素的（二）主体中“5.发文机关署名”“6.成文日期”。

例文简析

例文 1

国务院关于同意将××省××市列为国家历史文化名城的批复

××省人民政府：

你省关于申报××市为国家历史文化名城的请示收悉。现批复如下：

一、同意将××市列为国家历史文化名城。××市历史悠久、文化厚重，历史文化遗存丰富，传统格局和历史风貌保存较好，地域文化特色鲜明，具有重要的历史文化价值。

二、你省及××市人民政府要以习近平新时代中国特色社会主义思想为指导，全面贯彻党的二十大精神，按照党中央、国务院决策部署，落实《中华人民共和国文物保护法》《历史文化名城名镇名村保护条例》要求，深入研究发掘历史文化资源的内涵与价值，明确保护的原则和重点，强化历史文化资源的保护利用，传承弘扬中华优秀传统文化，讲好中国故事。编制实施好××市历史文化名城保护规划和文物保护等专项规划，制定并严格实施保护管理规定，明确各类保护对象的清单以及保护内容、要求和责任。正确处理城市建设与历史文化资源保护的关系，加强地下文物保护，制定“先考古、后出让”配套政策，重视保护城市格局和风貌管控，加强整体性保护、系统性保护；保护修复历史文化街区，补足配套基础设施和公共服务设施短板，不断提升人居环境品质；加强不可移动文物和历史建筑修缮保护，推动文物保护单位开放利用，充分发挥不可移动文物和历史建筑的使用价值。不得改变与名城相互依存的自然景观和环境，不得进行任何与名城环境和风貌不相协调的建设活动，不得损坏或者擅自迁移、拆除不可移动文物和历史建筑。进一步强化责任落实，对不履职尽责、保护不力，造成名城历史文化价值受到严重影响的行为，依法依规加大监督问责力度。

三、你省与住房城乡建设部、国家文物局要加强对××市国家历史文化名城保护工作的指导、监督和检查。

国务院

2023 年 9 月 30 日

（资料来源：国务院网站.）

简析：该例文为针对请批性请示的批复，首先引述下级申请事由，然后说明意见并肯定该城市的历史文化价值，最后对相关工作给出指示。全文简明有序。

例文 2

××省教育厅关于同意××职业学院章程部分条款修改的批复

××职业学院：

你校《××职业学院关于申请章程修正案核准的请示》（×职院〔2024〕19 号）收悉。经审核，该章程修正案符合《中华人民共和国高等教育法》《中华人民共和国民办教育促进法》《中华人民共和国民办教育促进法实施条例》《高等学校章程制定暂行办法》等规定，现予核准。

请你校重新印发新修订的章程，向本校和社会公布，并于公布之日起 30 日内，将电子文本和正式文本（一式两份）报我厅备案。

××省教育厅

2024 年 4 月 24 日

（资料来源：福建省教育厅网站.）

简析：该例文为针对请批性请示的批复，首先引述下级的来文以说明批复缘由，然后交代程序和意见，最后提出具体要求，内容完备清楚。

读写实训

一、下面的材料是淮海市培智学校的有关情况。请你参考材料，代学校向市教育局写一份请示，请求划拨经费，购置一辆大巴车，用于接送教职工。

培智学校是淮海市内一所特殊学校，承担着越秀区西片智障儿童的义务教育，包括体疗康复、缺陷补偿等任务。学校现有教职工 250 多人、学生 198 人，学生均为中重度智障或有严重行为问题的智障孩子。学校只有 1 400 多平方米，但就在这个学校，中重度智障的学生不但可感受到社会的关爱，更可以通过老师的教育和自身的努力，得到不同程度的发展。学校的环境呈现了人本关怀的氛围。各场室、设备从不同方面为智障学生提供一定的学习、训练条件。

淮海市培智学校原来在市区一条老街的巷子里，交通不便，面积只有 1 400 多平方米，设施不全，影响学校正常工作的开展。在市政府的高度重视下，依靠社会各界支持，市教育部门在市南郊大学城附近选址重建学校。新学校占地 20 亩，建筑面积 20 000 平方米，教学楼、行政楼、康复楼、生活中心等建筑宽敞明亮，教学设施一应俱全，按国家最新标准配置。2016 年学校师生完成搬迁，学校教学质量和形象改观，社会各界对此予以高度评价。

市公交 12 路车经过培智学校附近，但没有专门的站点。学校希望教育局协调，给 12 路车在培智学校门前设公交站点。学校原有一辆慈善机构捐赠的校车，用于接送学生。由于新校区在郊区，教职员工上下班不方便，纷纷要求学校配置一辆大巴车，邻近不少单位都配置了大巴车。学校领导很重视，觉得配备一辆大巴车很有必要，决定向教育局申请经费，购置大巴车。据初步市场调查，经费 40 万元左右。

二、请代××部门撰写向公司申请购买一套投影仪设备的请示。

三、请根据读写实训部分第一题所撰写的请示，代教育局拟写一份同意拨款的批复。

四、以下报告存在多处问题，请指出问题并写出完整的修改稿。

××社区关于便民早餐店等若干问题的报告

××街道办事处、谭大林主任:

根据×政发 2007 年 67 号文件《××区人民政府关于推动社区“早餐工程”建设的决定》精神，为了加快解决社区居民早餐难的问题，我们打算在社区活动中心附近兴建便民早餐店(已经规划部门批准)，力争在二〇〇八年三月一日开业，产权归××社区所有，聘请社区内的下岗职工承包经营。便民早餐店预算建设资金共计一百二十五万元，现已筹集资金八十五万元，还有四十万元资金没有着落。为此，要求街道办事处给予支持解决。

另外，社区活动中心室外健身场的健身器械严重不足，难以满足居民的健身需要，居民意见很大，故请顺便追加拨款十五万元用于购置健身器械。

此事关系到社区居民的切身利益，务必批准。

××社区

2007.9.1

第六节 函、纪要

函

相关知识

一、适用情况

《条例》第八条规定：函适用于不相隶属机关之间商洽工作、询问和答复问题、请求批准和答复审批事项。

函的使用范围广泛，主要用于不相隶属单位之间商洽工作、询问问题、知照情况，或者向有关主管部门请求批准事项，还可用于上级机关对下级机关询问问题、催办一般性事务。“不相隶属单位”有两种情况，一种是指收发文双方属不同组织系统，没有管辖与被管辖的隶属关系，如市公安局与学校；第二种情况是指同一组织系统同层级的单位，如市政府各局、委、办之间，一个企业的各部门之间。

按照行文方向，函可分为发函和复函：发函是本单位主动向对方去函；复函是针对来文做出回答的函。

按处理事务的不同，函可以分为商洽函、问答函、请批函、知照函等类型。

（一）商洽函

发函方有某项具体事务，需要收函方协助、支持、合作时，使用商洽函，如商调人员、共同举办活动、委托业务性事务、帮助支援协助、发调用工作人员等。如《关于商洽委托代培涉外秘书的函》。

（二）问答函

问答函包括询问函和答复函，用于单位之间互相询问和答复问题。上级机关对于下级机关一般性问题的请示，或者带有参考性质的上级机关意见，也可以使用函回复。

（三）请批函

请批函用于向有关主管部门请求批准事项。这里的“有关主管部门”是指主管某项业务的不相隶属机关。如市交通局要对公交线路的票价重新定价，需经主管部门即市物价局批准，市交通局应行文市物价局《市交通局关于公交线路票价重新定价的函》。

（四）知照函

知照函用于就本单位业务事宜向有关单位告知，如《××省物价局关于取消电子口岸科技服务收费的函》。

二、写作内容与方法

函的写作应遵循一函一事的原则，主旨鲜明集中，避免不必要的客套，开门见山说明具体问题，简洁明快，便于收函方准确理解、及时回复。行文语气要谦和诚恳、平实得体，既不可用命令式语气，又不可用客套寒暄。函由标题、主送机关、正文、落款构成。

（一）标题写法

参照本章第二节公文格式之二、公文格式要素的（二）主体中“1.标题”。

（二）主送机关写法

主送机关即对函负有办理或答复责任的机关。

（三）正文写法

函由缘由、事项和要求、结语三个部分构成。

函的缘由一般概括交代商洽、请求、询问或告知事项的目的、依据、背景、原因等；复函的缘由则首先引述来函，如“××××年××月××日《关于……的函》收悉”，接着简要复述对方提出的问题和要求，然后用“现将有关问题说明如下”或“现将有关事项函复如下”等承启语转入函的事项。

函的事项如果单一，可采用篇段合一的写法；如果事项复杂，则需要分条列项、有条理地说明。写明对收函方的要求是希望对方协助解决某一问题，或给予合作，或提供支持，或给予批准等。

不同类型的函通常有相应类型的结语，如要对方回复，一般用“特此函询，请函复”“敬请大力支持为盼”；如无须对方回复，一般用“特此函达”“特此函告”等。复函的结束语一般用“此复”“特此函复”等。

（四）落款写法

参照本章第二节公文格式之二、公文格式要素的（二）主体中“5.发文机关署名”“6. 成文日期”。

例文简析

例文 1

××市人民政府关于××市广播电视大学申请更名为××开放大学的函

××省教育厅：

××市广播电视大学自 1961 年创办以来，在补偿学历教育、推进高等教育大众化、构建××终身教育体系和学习型城市建设中作出积极贡献。近年来，该校不断落实新发展理念，积极开展转型探索，在学历教育、社会培训、老年教育等方面开创了开放办学新局面，在服务城乡融合、乡村振兴、学有优教、老有颐养等方面功能日益彰显，在推动××构建服务全民终身学习的教育体系方面发挥了重要作用。

今年8月，教育部印发《国家开放大学综合改革方案》(教职成〔2020〕6号)，要求推进现有广播电视大学转型为地方开放大学，推动包括副省级城市人民政府在内的地方政府将所属的39所省级广播电视大学统一更名为××(省域名或城市名)开放大学。10月，教育部办公厅印发《教育部办公厅关于做好地方广播电视大学更名工作的通知》(教发厅函〔2020〕50号)，明确上述省级广播电视大学更名程序：由省级教育行政部门负责审核，经省级人民政府批准后，于2020年12月底前报教育部备案。

综上，××市广播电视大学拟更名为××开放大学，更名后，××开放大学作为××市属高校，隶属关系、管理体制以及原有的学历、非学历教育办学权等保持不变。根据上级有关文件要求，现商请你厅对××市广播电视大学更名事宜进行审核，并提请省人民政府批准，于今年底前报教育部备案。

专此函达，请予大力支持。

附件：1. ××市广播电视大学关于更名为××开放大学的论证报告

2. ××市广播电视大学关于××开放大学的建设方案

××市人民政府

2020年12月18日

(资料来源：广州市人民政府网站.)

简析：该例文为商洽函，请求主管部门协助完成××市广播电视大学更名为××开放大学事宜。开头介绍××市广播电视大学相关背景，然后交代更名的原因与程序，说明拟更名相关事宜，最后提出审核、提请人民政府批准，报教育部备案的要求。

例文2

关于对《庐山松门别墅展陈大纲》征求意见的复函

市委宣传部：

贵单位发来的《关于对<庐山松门别墅展陈大纲>征求意见的函》我局已获悉。经研究,我局无意见,请××市按专家评审意见进行修改完善。

××市文化广电新闻出版旅游局

2023年12月22日

(资料来源：九江市人民政府网站.)

简析：该例文为问答函，是对征求意见的回复函。首先交代复函的缘由，然后说明本单位的意见。选入时略有改动。

例文 3

××省人民政府办公厅关于同意设立省级濂溪产业园的函

省发展改革委：

你委《关于恳请批准设立省级濂溪产业园的请示》（×发改开发区〔2020〕189 号）收悉。经省政府研究，现函复如下：

一、同意在濂溪区设立省级产业园，定名为濂溪产业园，实行现行省级开发区政策。

二、濂溪产业园规划面积为 343.14 公顷，具体四至范围及拐点坐标由省自然资源厅落实。

三、濂溪区要以“共抓大保护、不搞大开发”为导向，严格执行《长江经济带发展负面清单指南(试行)》，进一步强化空间管控和项目、企业监管，加强污染物治理和生态环境保护，重点引进科技含量高、投资强度高、质量效益高、产业关联度高的项目，加快推动产业转型升级。

四、濂溪产业园建设要牢固树立和自觉践行新发展理念，认真贯彻落实《中共××省委××省人民政府关于促进开发区改革和创新发展的实施意见》（×发〔2017〕30 号）精神，按照布局集中、项目集聚、产业集群、资源集约、政策集成的要求，进一步完善综合承载功能，加快重大项目建设，着力深化改革创新，做大做强首位产业和主攻产业，努力成为区域经济发展的重要增长极。

五、××市、濂溪区政府要切实加强组织领导，合理安排开发时序，扎实稳妥推进省级产业园建设。规划建设必须符合土地利用总体规划、城乡规划、环境保护规划、水资源综合规划等相关专项规划的要求。要依法依规做好土地、林地征收征用和失地农民补偿搬迁工作，认真落实各项环境保护、安全生产和风险防范措施，严格保护耕地和基本农田，切实保护和节约水资源。

六、省发展改革委要会同有关部门加强对省级产业园的指导服务和监督管理，及时发现解决存在问题，促进濂溪产业园持续健康较快发展。

××省人民政府办公厅

2020 年 3 月 25 日

（资料来源：江西省人民政府.）

简析：该例文为批答函，以省人民政府办公厅的名义回复省发展改革委的请示，同意设立省级濂溪产业园。开头引述来文标题、发文字号以说明函复的缘由，然后表明意见，最后对相关方面提出要求。全文条理层次清晰。

例文 4

关于公布 2023 年度乡村振兴重点工作进展情况的函

各县区人民政府：

为贯彻落实市委农村工作会议精神，加快推进县域商业设施改造提升，促进农村消费和农民增收，全面助力推进乡村振兴，4月24日至5月10日，市商务局对2023年度全市乡村振兴部分重点工作进展情况进行了专项检查。现将有关情况函告如下：

一、目标任务

根据《关于印发《2023年度乡村振兴重点工作目标任务分解方案》的通知》（×委农办发〔2023〕1号）精神，县域商业体系建设主要是推进8个乡镇商贸中心、14个乡镇农贸市场建设改造，其中，清江浦区乡镇商贸中心1个；淮安区乡镇商贸中心1个、农贸市场各1个；淮阴区乡镇商贸中心1个、农贸市场各1个；洪泽区乡镇商贸中心1个、农贸市场1个；涟水县乡镇商贸中心1个、农贸市场各4个；金湖县乡镇商贸中心1个、农贸市场2个；盱眙县乡镇商贸中心2个、农贸市场5个。

二、进展情况

总体看，各县区能够认真贯彻落实市委农村工作会议精神，坚持以“三级先导”区域为重点，突出县域商业短板弱项，统筹推进农村基础设施提档升级，取得了阶段性成效。截至5月10日，全市共完成改造升级且投入使用乡镇商贸中心1个、乡镇农贸市场5个；改造完成处于招商阶段的乡镇商贸中心1个，完工率达31.8%。从存在的问题看，一是项目进展不平衡。各县区推进县域商业升级改造项目力度不大，进展缓慢。目前，淮安区施河镇乡镇商贸中心及农贸市场；淮阴区南陈集镇乡镇商贸中心；涟水县梁岔镇农贸市场、盱眙县黄花塘镇乡镇商贸中心；盱眙县马坝镇东阳社区农贸市场升级改造还没有启动。二是建设标准不统一。多数县区没有对照《县域商业建设指南》标准加强乡镇商贸中心升级改造，设施功能不完善，业态布局不齐全，不能满足城乡居民消费升级需求。

三、有关要求

(一)强化责任落实。推动乡村振兴，既是时代要求，也是发展必然，更是人民期盼。各地要进一步提高站位，全面贯彻落实市委农村工作会议精神，把县域商业体系建设作为最大的民心工程和乡村振兴的主要抓手，自觉把思想和行动统一到市委乡村振兴决策部署上来，采取有效措施，进一步落实主体责任，确保各项建设任务顺利完成。

(二)加快项目建设。加强县域商业体系建设、促进农村消费，是实施乡村建设行动的重要内容，是提高人民生活品质的重要举措。各地要坚持人民至上，对照乡镇商贸中心及农贸市场建设规范，加快项目建设进度，真正把县域商业项目建好办实，让人民群众真心感受到乡村振兴带来的实惠。

(三)强化督查推动。各地要将县域商业体系建设摆上重要议事日程，坚持常抓常议，并抽调专人负责，跟踪项目进展情况。抓紧完善“一月一推进、一月一督查、一月一通报，一月一考核”乡村振兴推进机制，确保年内完成县域商业体系建设任务。

附件：2023年度乡村振兴重点工作目标任务及进展情况统计表

中共××市委农村工作领导小组办公室

××市商务局

2023年5月15日

（资料来源：淮安市人民政府网站.）

简析：该例文为知照函，知照 2023 年度全市乡村振兴部分重点工作进展情况，先介绍工作目标，进而概述取得的成效与存在的问题，最后提出工作要求。选入时略有改动。

例文 5

××市科学技术局××市财政局关于报送 2023 年度××市中央引导地方科技发展资金绩效自评报告的函

科技部政策法规与创新体系建设司、财政部科教和文化司：

根据《财政部科技部关于印发〈中央引导地方科技发展资金管理办法〉的通知》（财教〔2023〕276 号）要求，××市科技局、××市财政局组织开展了 2023 年度中央引导地方科技发展资金绩效自评工作，编制完成了《202 年度××市中央引导地方科技发展资金绩效自评报告》。

特此函达。

附件：2024 年度××市中央引导地方科技发展资金绩效自评报告.pdf

××市科学技术局

××市财政局

2024 年 1 月 31 日

（资料来源：青岛市人民政府网站.）

简析：该例文为报送材料函，先引述文件交代报送材料的缘由，然后说明所报送文件名称，最后以常用语“特此函达”结束全文。

病例文简析

参观函

××市博物馆：

兹有我单位学生×××、×××等 22 人到你处参观，请接洽并予以协助安排参观。参观时间： 2021. 3.26，参观人数： 22 人，参观负责人×××。联系电话：××××××××。

是否概允，恳请函复为盼。

××大学××学院

2021 年 3 月 15 日

简析：该病例文为商洽函，与博物馆商洽参观学习事宜。存在的问题主要是：开头缺乏基本的情况介绍，未介绍本单位需求、为何选择对方商洽参观；语气较生硬，“你处”应改为“贵处”；商洽的具体要求不明确，未指明“安排参观”是配备讲解员还是简要介绍馆藏布局；表达简慢，“2021. 3.26”应写为“2021 年 3 月 26 日××点”。

纪 要

相关知识

一、纪要的适用情况

纪要是“适用于记载、传达会议情况和议定事项”的公文，目的在于巩固会议成果，知照有关单位和部门，作为开展、检查指导工作的依据，或上呈有关领导机关，汇报会议情况。此外，纪要还是解决工作纠纷的凭证，具有档案作用。因此，纪要既可以下行，也可以平行或上行，是通行文。

纪要是会议文件的一种。根据会议内容和性质的不同，纪要可以分为办公会议纪要和专项会议纪要。办公会议纪要是党政机关、企事业单位、社会团体定期或不定期召开会议，处理日常工作，议决事项所形成的纪要。专项会议纪要是为研究专项问题、某一方面工作而召开的会议所形成的纪要。

纪要与会议记录同为会议文书，但二者的性质和作用不同。

会议记录如实记录会议全过程，对发言内容逐一记载，是普通公文，作为资料存档。纪要则在会议记录的基础上，加工提炼主要精神、主要事项，择要概括反映，是法定公文，具有指示工作的作用，一经下发，对有关单位和部门就产生行政约束力。

二、纪要的写作内容与方法

纪要的写作应实事求是，在整理提炼时保持意义完整，如实反映会议实际情况；抓住重点，厘清条理层次，使其一目了然，便于有关方面了解、贯彻执行。纪要一般由标题、正文、成文日期构成。

(一)标题写法

纪要的标题，有两种写法：一是“会议名称+纪要”，如《2012 届毕业生就业专题会议纪要》；二是公文式标题，如《省经贸委关于企业扭亏纪要》。

(二)正文写法

正文内容由会议基本情况、议定事项和结尾组成，写作时常用“会议认为”“会议指出”“会议强调”“会议决定”“会议要求”“会议希望”等固定用语。

会议基本情况用于介绍会议的名称、指导思想、目的、时间、地点、组织者、主持人、出席列席人员、议程、进展情况和评价等，让阅读者对会议总体情况有整体了解。办公会议纪要经常采用分条列项的写法，专项会议纪要采用段落式叙述写法。

会议议定事项是纪要的中心内容，反映会议的主要精神、讨论意见、决定的事项等。这部分内容，大致有以下三种写法，应根据会议性质和内容灵活选用。

1．概述法

概述法，是把与会人员的意见、议定的办法措施和要求等内容用概括叙述的写法进行整体性的反映。该写法适用于会议内容集中单一、意见比较统一的小型会议。如果议定事项较多，则采用分条列项的形式。

2．分述法

分述法，是把会议内容归纳整理成几个大块，标上小标题，分类叙述的写法。该写法适用于对工作横向全面分析，透彻阐明问题的会议，常常包括目的、意义、背景、现状分析、目标任务、政策措施等。

3．发言提要法

发言提要法，是按照与会者的发言顺序，抓住发言要点，把主要观点反映出来的写法。该写法适用于学术性或需要了解与会者意见的会议。

结尾有两种写法，一是秃尾形式，即议定事项写完就自然结束；二是对会议进行评价或交代下次会议时间，或提出希望、号召。

（三）成文日期写法

成文日期既可以写在标题正下方，也可以写在正文右下方。

例文简析

例文 1

××市住房和城乡建设局2023年第1次局长办公会议纪要

2023年1月17日下午，××局长主持召开市住房城乡建设局2023年第1次局长办公会议。出席会议的有：胡××、刘××、陈××、季××、丁××、蒲××。驻局纪检监察组副组长××，局总经济师，局机关各处室、属各单位主要负责同志列席了会议。

一、局办公室主任××传达学习了全国住房和城乡建设部工作会议精神。

会议指出，本次全国住房和城乡建设工作会议对2022年住房和城乡建设工作与新时代10年住房和城乡建设事业发展成就的总结回顾鼓舞人心，对新征程上面临的形势和任务分析透彻，对今后一个时期和2023年重点工作部署清晰明确。

会议强调，全局上下要深入学习领会，对照会议提出的十二个方面的重点工作要求进一步完善2023年工作思路，以新的精神状态和奋斗姿态，踔厉奋发、开拓创新，为开创××住房和城乡建设事业高质量发展新局面作出新的更大贡献。

会议确定，一是局办公室要组织做好全市住建工作会议筹备工作；二是房地产事业发展中心要坚持“房住不炒”定位，有针对性地提出激发市场活力等工作举措。

二、局办公室主任××传达学习了市十七届人大二次会议及市政协十四届二次会议精神，汇报了我局建议提案办理情况。

会议指出，市十七届人大二次会议审议通过的市政府工作报告，为全市2023年各项工作指明了方向、提供了有力指引。要认真学习领会，研究工作思路，梳理工作重点，谋划工作举措，确保会议各项安排部署落地见效。

会议强调，对代表委员提出的意见建议要及时分解细化，明确办理责任，提高办理质量。各有关部门要认真研究吸纳，并举一反三，主动发现问题，不断改进工作，解决好制约经济社会发展的突出问题和群众关心的热点难点问题。

三、局办公室主任××传达学习了中央、省、市委经济工作会议暨全市深化新旧动能转换、推动绿色低碳高质量发展工作推进会议精神。

会议指出，2023年是全面贯彻落实党的二十大精神的开局之年。深入落实中央、省委、市委经济工作会议部署要求，做好全年各项工作，具有特殊的重要意义。要把学习贯彻中央、省委、市委经济工作会议作为一项重要任务，深刻领会核心要义和重点任务，全力以赴抓推进、抓落实、抓见效。

会议强调，一是要统一思想抓落实，切实把思想和行动统一到中央、省委、市委经济工作会议精神上来，特别是认真贯彻落实××书记提出的全市经济工作的总要求和预期目标，锚定“走在前、开新局”，保持“事争一流、唯旗是夺”的精神状态，推动全局各项工作争先进位、走在前列。

二是要细化措施抓落实，各处室、单位要将2023年工作任务目标全部分解落实到位，结合实际，逐项研究、逐条细化，把握进度和时限要求，加快制订具体实施计划，既要有“时间表”，又要有“路线图”，要责任明确到人。

三是要攻坚克难抓落实。当前经济发展面临的困难挑战很多，经济工作千头万绪。要做好今年各项工作，必须把困难问题估计得更充分、把应对措施考虑得更周全、把工作做得更扎实。要按照职责定位，积极对接上级部门，在城市更新和城市建设、营商环境、乡村振兴、绿色城市、智慧建造等方面提前谋划、精心部署、狠抓落实，坚定不移地推动各项部署要求落地落实。

四、局长××强调了春节假期廉洁纪律、应急值班、安全生产、信访维稳等工作。

会议强调，一是要强化纪律观念，严格遵守廉洁自律各项规定，坚决杜绝“节日腐败”，严禁公车私用，严禁节日期间酒驾、醉驾。二是要提高政治站位，高度重视节日期间值班工作，严肃值班纪律，确保节日期间信息联络畅通、紧急事项及时处理、政务值班各项工作正常运转。三是要严把安全生产关，严格落实冬季施工现场安全措施，春节期间不停工项目要加强监督检查，确保安全管理体系正常运转、安全管理人员到岗履职。四是要密切关注信访舆情风险，结合岁末年初特点，密切关注“保交楼”、农民工工资拖欠、重大项目开工等问题，提前制定工作预案，落细防范措施，把问题隐患消灭在萌芽状态。

（五至九略）

会议强调，以上事项各有关单位应当依法依规办理。

（资料来源：青岛市人民政府网站.）

简析：该例文为办公会议纪要，对 2023 年第 1 次局长办公会议议定事项和主要内容进行记载传达。该文首先概述会议总体情况，然后分述会议内容。由于内容较多，采用分条列项的写法，一目了然。选入时有所改动。

例文 2

开办“一窗式”综合服务窗口工作座谈会会议纪要

2018 年 12 月 29 日，在县政务服务中心接待室召开开办“一窗式”综合服务窗口工作座谈会。县公安局、税务局、政务服务中心、市场局分管负责人和注册局负责同志参加会议，会议由市场局曹××同志主持。

会议学习了《关于加快推进压缩企业开办时间改革工作的通知》（池工质明电〔2018〕69 号）及《关于印发××县进一步压缩开办时间实施方案的通知》（石政办秘〔2018〕100 号）。

会议认为：压缩企业开办时间改革是党中央、国务院做出的重要决策部署，是深化“放管服”改革的重要内容。各相关部门要进一步提高政治站位，强化政治担当，对照改革的目标和要求，细化工作举措，全面落实市政府关于压缩企业开办时间的要求。

会议要求：县公安局将刻制公章的单位名称、联系方式及刻制公章所需材料等信息，制作提示牌放在注册局登记窗口。县市场监管局印制企业开办“一窗受理、并行办理”信息采集表及服务指南；要加强与公安局、税务局、政务服务中心协调配合，尽快建立线上线下“一站式”综合服务窗口；县政务服务中心在市场监管注册窗口设置企业开办主体提示牌，提供办公设施(配备电脑、打印机、扫描仪)等设备。县税务局在中心原有人员基础上增加发票申领业务，减少企业重复提交材料。各相关部门相互协作，实现市场监管，公安、税务部门集中进驻，实现企业登记信息“一次采集、一档管理、共享共用”，企业和群众办事只进一个门，只提交一次材料，就地办结企业开办所需全部事项。

2019 年 1 月 15 日

（资料来源：石台县人民政府网站.）

简析：该例文为专项会议纪要，记载传达开办“一窗式”综合服务窗口工作座谈会的主要议定内容，采用集中概述的写法，使用“会议学习”“会议认为”“会议要求”等常用语，层次清晰。

读写实训

一、以下商洽函存在不足之处，请指出并写出完整修改稿。

关于商洽委托代培涉外秘书的函

××大学文学院：

听闻你院将于今年9月开办涉外秘书培训班，系统讲授涉外秘书业务、公关礼仪、实用文书写作等课程。为能尽快提高我公司涉外秘书的从业素质，我们拟委托你院对我公司在岗秘书进行培训。培训费用另议。

祝合作愉快！

中原文化传播公司

××××年7月20日

二、以下商洽函存在不足之处，请指出并写出完整修改稿。

关于联系教师进修的函

××大学××处长：

首先让我们以××市公关学校的名义，向贵处表示衷心的感谢，贵处过去为我校办学给予了很大的帮助。目前我校又面临一个很难解决的问题。

原来事情是这样的：我校开办不久，师资力量较差，决定选派××位年轻教师到贵校旁听进修一年。我校与有关部门多次商量，但××位教师进修住宿问题，至今也没有得到解决。提高教学质量的关键是师资。为提高我校教育质量，恳请贵处设法在贵校给解决住宿问题。但不知贵处是否有什么困难。如果需要我校给贵处办什么事情，请尽管提出，我校会竭力去办。再说一句，贵处如能解决我校进修教师住宿问题，我们以我校领导的名义向贵校领导深深地表示谢意。

恳请函复。

此致

敬礼

××市公关学校(公章)

二〇一六年四月十五日

三、请根据以下材料，整理撰写每个人的主要观点，以形成纪要。

刘××：这次会议关系到员工的切身利益，我首先宣读《企业奖惩条例》，希望大家认真听，积极参与讨论。(宣读《企业奖惩条例》略。)

丁××：国务院颁发的《企业奖惩条例》，规定得很具体，给我们指明了目标，应该干什么，不该干什么，说得清楚，能够调动大家的工作积极性，促进工作和生产。

秦××：实行《企业奖惩条例》很有必要。国有国法，厂有厂规，赏罚严明，有利于改变不良的社会风气，使好人好事受到表彰，歪风邪气受到抵制。这对企业的整顿、职工队伍的建设，都有重要的作用。

赵××：老秦说得对，确实是这样，就拿我厂来说吧，大多数的职工能够很好地遵守劳动纪律，但总有一部分人仍然是非不清，不以干好工作为荣，反把消极怠工看作本事，随便迟到，无故旷工，谁也管不了。以前我们也讲奖惩，实际上奖好说，惩难办，怕得罪人。现在有了明文规定，统一了思想，腰板也更硬了。

魏××：条例虽好，贯彻不了也是一纸空文，关键在于怎么执行。奖要拿出个样子来，比如晋级，经过考核，就晋他两个，给大家树立榜样。对违反规章的，就要严格处理，再也不能那么软了。

张××：在贯彻中要一碗水端平，条例面前人人平等，执法要公平。

刘××：今天，大家讲的意见都很好，希望大家做好宣传工作，把《企业奖惩条例》迅速地贯彻下去。对大家提的意见，我们认真考虑，在贯彻中努力做到。散会。

拓展阅读

《党政机关公文处理工作条例》选读之行文规则、公文拟制、公文办理

第四章　行文规则

第十三条　行文应当确有必要，讲求实效，注重针对性和可操作性。

第十四条　行文关系根据隶属关系和职权范围确定。一般不得越级行文，特殊情况需要越级行文的，应当同时抄送被越过的机关。

第十五条　向上级机关行文，应当遵循以下规则：

（一）原则上主送一个上级机关，根据需要同时抄送相关上级机关和同级机关，不抄送下级机关。

（二）党委、政府的部门向上级主管部门请示、报告重大事项，应当经本级党委、政府同意或者授权；属于部门职权范围内的事项应当直接报送上级主管部门。

（三）下级机关的请示事项，如需以本机关名义向上级机关请示，应当提出倾向性意见后上报，不得原文转报上级机关。

（四）请示应当一文一事。不得在报告等非请示性公文中夹带请示事项。

（五）除上级机关负责人直接交办事项外，不得以本机关名义向上级机关负责人报送公文，不得以本机关负责人名义向上级机关报送公文。

（六）受双重领导的机关向一个上级机关行文，必要时抄送另一个上级机关。

第十六条　向下级机关行文，应当遵循以下规则：

（一）主送受理机关，根据需要抄送相关机关。重要行文应当同时抄送发文机关的直接上级机关。

（二）党委、政府的办公厅（室）根据本级党委、政府授权，可以向下级党委、政府行文，其他部门和单位不得向下级党委、政府发布指令性公文或者在公文中向下级党委、政府提出指令性要求。需经政府审批的具体事项，经政府同意后可以由政府职能部门行文，文中须注明已经政府同意。

（三）党委、政府的部门在各自职权范围内可以向下级党委、政府的相关部门行文。

（四）涉及多个部门职权范围内的事务，部门之间未协商一致的，不得向下行文；擅

自行文的，上级机关应当责令其纠正或者撤销。

(五)上级机关向受双重领导的下级机关行文，必要时抄送该下级机关的另一个上级机关。

第十七条　同级党政机关、党政机关与其他同级机关必要时可以联合行文。属于党委、政府各自职权范围内的工作，不得联合行文。

党委、政府的部门依据职权可以相互行文。

部门内设机构除办公厅(室)外不得对外正式行文。

第五章　公文拟制

第十八条　公文拟制包括公文的起草、审核、签发等程序。

第十九条　公文起草应当做到:

(一)符合党的理论路线方针政策和国家法律法规，完整准确体现发文机关意图，并同现行有关公文相衔接。

(二)一切从实际出发，分析问题实事求是，所提政策措施和办法切实可行。

(三)内容简洁，主题突出，观点鲜明，结构严谨，表述准确，文字精练。

(四)文种正确，格式规范。

(五)深入调查研究，充分进行论证，广泛听取意见。

(六)公文涉及其他地区或者部门职权范围内的事项，起草单位必须征求相关地区或者部门意见，力求达成一致。

(七)机关负责人应当主持、指导重要公文起草工作。

第二十条　公文文稿签发前，应当由发文机关办公厅(室)进行审核。审核的重点是:

(一)行文理由是否充分，行文依据是否准确。

(二)内容是否符合党的理论路线方针政策和国家法律法规；是否完整准确体现发文机关意图；是否同现行有关公文相衔接；所提政策措施和办法是否切实可行。

(三)涉及有关地区或者部门职权范围内的事项是否经过充分协商并达成一致意见。

(四)文种是否正确，格式是否规范；人名、地名、时间、数字、段落顺序、引文等是否准确；文字、数字、计量单位和标点符号等用法是否规范。

(五)其他内容是否符合公文起草的有关要求。

需要发文机关审议的重要公文文稿，审议前由发文机关办公厅(室)进行初核。

第二十一条　经审核不宜发文的公文文稿，应当退回起草单位并说明理由；符合发文条件但内容需作进一步研究和修改的，由起草单位修改后重新报送。

第二十二条　公文应当经本机关负责人审批签发。重要公文和上行文由机关主要负责人签发。党委、政府的办公厅(室)根据党委、政府授权制发的公文，由受权机关主要负责人签发或者按照有关规定签发。签发人签发公文，应当签署意见、姓名和完整日期；圈阅或者签名的，视为同意。联合发文由所有联署机关的负责人会签。

第六章　公文办理

第二十三条　公文办理包括收文办理、发文办理和整理归档。

第二十四条　收文办理主要程序是：

（一）签收。对收到的公文应当逐件清点，核对无误后签字或者盖章，并注明签收时间。

（二）登记。对公文的主要信息和办理情况应当详细记载。

（三）初审。对收到的公文应当进行初审。初审的重点是：是否应当由本机关办理，是否符合行文规则，文种、格式是否符合要求，涉及其他地区或者部门职权范围内的事项是否已经协商、会签，是否符合公文起草的其他要求。经初审不符合规定的公文，应当及时退回来文单位并说明理由。

（四）承办。阅知性公文应当根据公文内容、要求和工作需要确定范围后分送。批办性公文应当提出拟办意见报本机关负责人批示或者转有关部门办理；需要两个以上部门办理的，应当明确主办部门。紧急公文应当明确办理时限。承办部门对交办的公文应当及时办理，有明确办理时限要求的应当在规定时限内办理完毕。

（五）传阅。根据领导批示和工作需要将公文及时送传阅对象阅知或者批示。办理公文传阅应当随时掌握公文去向，不得漏传、误传、延误。

（六）催办。及时了解掌握公文的办理进展情况，督促承办部门按期办结。紧急公文或者重要公文应当由专人负责催办。

（七）答复。公文的办理结果应当及时答复来文单位，并根据需要告知相关单位。

第二十五条　发文办理主要程序是：

（一）复核。已经发文机关负责人签批的公文，印发前应当对公文的审批手续、内容、文种、格式等进行复核；需作实质性修改的，应当报原签批人复审。

（二）登记。对复核后的公文，应当确定发文字号、分送范围和印制份数并详细记载。

（三）印制。公文印制必须确保质量和时效。涉密公文应当在符合保密要求的场所印制。

（四）核发。公文印制完毕，应当对公文的文字、格式和印刷质量进行检查后分发。

第二十六条　涉密公文应当通过机要交通、邮政机要通信、城市机要文件交换站或者收发件机关机要收发人员进行传递，通过密码电报或者符合国家保密规定的计算机信息系统进行传输。

第二十七条　需要归档的公文及有关材料，应当根据有关档案法律法规以及机关档案管理规定，及时收集齐全、整理归档。两个以上机关联合办理的公文，原件由主办机关归档，相关机关保存复制件。机关负责人兼任其他机关职务的，在履行所兼职务过程中形成的公文，由其兼职机关归档。

第四章

事务文书 «‹

事务文书是各类机关、企事业单位、社会团体组织等为管理工作、沟通信息、处理日常事务而制作的法定公文之外的事务性文书的统称。事务文书使用范围广、频率高，一切单位乃至个人都可以使用；制作程序相比法定公文简单，无严格的格式规范，遵循约定俗成的格式，所以又称“普通公文”。

事务文书种类较多，有十几种，常用的有计划、总结、调查报告、简报、大事记、公示等。

第一节 计　划

相关知识

一、计划的概念

计划，是党政机关、企事业单位、团体组织(或个人)为实现一定时期内某个目标，对工作的任务、步骤措施、要求等进行制定的一种事务文书。

计划是对工作目标、步骤措施、要求的具体化，对整个工作有着重要的作用。计划是单位行动的指南，明确的目标和任务才能统一思想和行动，凝聚力量，指导实现人、财、物的有效配置。计划是管理者推动工作的抓手，有了具体的步骤措施和要求才能有序开展工作，步步为营。计划是管理者检查监督工作的依据，是保证目标实现的一种工具。

计划，既是计划类文书的统称，也是一个具体的文种。由于时间长短、范围大小、内容不同，计划类文书有不同的文种，包括规划/纲要、要点、计划、方案、安排、策划等，具体见表 4-1。

表 4-1　计划类文种特点及举例

文种	时间、范围、内容特点	例子
规划/纲要	时间长(三五年以上)、范围广、内容较概括	《××市 2010—2019 年经济发展十年规划》
要点	内容比较概括，只提出主要工作内容	《经管系 2010 年第三季度工作要点》

续表

文种	时间、范围、内容特点	例子
计划	对规划、要点的实施具体化，对目标、步骤措施、要求三个要素做比较具体的制定	《全省旅游产业发展 2014 年行动计划》
方案	对某项具体工作或活动的目的、要求、方法措施和进度等方面做出全面而详细的安排	《国贸专业卡拉 OK PK 大赛活动方案》
安排	内容较集中单一	《国庆期间值班安排》
策划	侧重说明活动、工作的意义，也具体说明实施过程，供决策者选择	《暑期三下乡活动策划》

二、写作内容与方法

计划的目的是保障目标的实现，有利于指导和约束、监督工作，从而提高工作效率，保障工作任务顺利有序完成。撰写计划时，应注意以下事项：首先，应学习相关路线、政策、法规，对标上级工作计划，使计划具有明确的指导依据。其次，应查阅以往的总结，研究实际工作的基础和条件，预测可能出现的问题，使计划贴合实际。最后，应广泛调研，听取群众、专家、同行意见，集思广益，使计划更加合理周全。

（一）标题写作

标题写法有公文式、完整式、省略式三种，需根据情况选用合宜的形式。

公文式：由单位+事由+文种构成，如《××局关于水产养殖的计划》。

完整式：由单位+时间+内容+文种构成，共 4 个要素，时间应放在单位后，如《教育部 2012 年工作要点》。

省略式：由单位+内容+文种构成，省略了时间要素，一般用于专项计划，如《福华街道办事处专项整治“脏乱差”计划》。

（二）正文写作

正文在结构上一般分为前言、主体、结语三部分。

1. 前言写法

前言，又称导语，用于说明制订计划的缘由，即为什么制订这个计划，以便统一认识和行动。内容包括指导思想、依据、背景、形势、目的、意义等，根据工作性质选择侧重说明的内容。常规性工作计划导语一般概述工作的原则、理念、内容；开创性工作计划一般需要点明意义、背景；落实性工作计划需要点明政策、会议精神、上级部署等理论依据；延续性工作计划需要简要说明上一阶段工作概况。

2. 主体写法

主体，用于说明计划的具体内容，即目标任务、步骤措施、要求三要素。目标任务是计划的基本要素，即工作要产生的最终结果和阶段结果，是工作的方向。步骤措施是产生结果的具体程序和行动，特别是对重要阶段、重要任务的安排，是工作可操作遵循的路径，应当写得详细、具体、周密。要求是工作人员、质量、数量、时间的规定，是工作管理落实的保证，应当明确、具体。

3. 结语写法

结语有两种写法：一是秃尾形式，即主体写完则自然结束；二是说明需要补充的内容或提出希望、号召等，鼓舞士气。

（三）落款写法

在正文右下方写明总结的单位（或个人姓名）和时间。

例文简析

例文 1

“和谐语言 盛世之美”推广普通话活动策划书

一、活动背景：为了更好地构建和谐校园，9 月 11 日至 17 日是全国第八届推广普通话宣传周。为了积极响应教育部及语委办的号召，××师范学院推广普通话协会决定举办以“和谐语言，盛世之美”为主题的各项活动。通过开展多种形式的宣传活动，积极引导同学们树立合理的语言观，提高语言文字规范与说话用语适当的意识。

二、活动目的及意义：开展此次活动的目的在于为广大师生营造一个良好的语言交流环境，方便交流沟通，彰显本师范学院人员的风采。活动的开展有利于普通话的推广，让广大师生克服语言隔阂，增进交流，营造文明校园氛围，因而对社会主义经济、政治、文化建设具有重要意义。

三、活动主题：和谐语言，盛世之美。

四、活动内容：

（一）晚会主要以语言类节目为主，比如小品、相声、诗歌朗诵、舞台剧等，中间适当穿插歌舞类节目；

（二）活动经费主要由赞助商赞助及语委办支持。

五、活动时间及地点：九月（具体时间待定），江东大礼堂。

六、主办单位：推广普通话协会。

七、活动安排：活动部负责场地申请及布置；文艺部负责本次节目选拔及安排；秘书部负责后勤事宜及活动所需物品采购；宣传部提前做好晚会宣传；其他部门负责协助各部门工作及维护现场次序（具体安排，各部门可做调整）。

八、宣传策划：

（一）海报：宣传部在开学之初（4 至 5 号）将本次宣传海报制作完成并张贴在校内显眼的张贴栏处；

（二）横幅：秘书部负责在 4 号之前将本次晚会的横幅挂在校园显眼处。

（三）永久性宣传栏：外联部与主办方协商制作永久性宣传栏，张贴在教学楼及宿舍楼转角处；

（四）晚会现场宣传：晚会采取抽奖的方式向在场观众征集推广普通话宣传语（各部门

6至8号轮流在学校设点征集推广普通话宣传语）。

（五）校园广播宣传：外联部负责与校广播站人员交涉。

九、经费预算：幕布800元、场地150元、横幅150元、车费800元、小礼物200元、场地布置200元、服装费400元、后勤杂费300元，共计3 000元。

十、活动注意事项：

（一）在晚会开展过程中各部门工作人员应注意安全。

（二）各推普部门没有安排工作的干部干事应主动维护现场次序。

（三）晚会开展过程中如遇安全问题，要及时与学生安全保卫处及安管会取得联系。

（资料来源：瑞文网.）

简析：该例文为校园活动策划方案，首先分析了活动背景、目的、意义；其次交代活动主题、内容、时间、地点、主办单位及各部门工作安排、经费预算等；最后提出活动注意事项。内容详细具体，符合策划方案的写法。

例文2

××××年××省旅游人才工作计划

按照中共中央《关于深化人才发展体制机制改革的意见》要求，贯彻落实省委省政府《关于加快旅游产业发展的若干意见》和《××省“十三五”旅游业发展专项规划》，结合我省旅游行业实际情况，围绕“清新××”主题品牌，加快构建××旅游人才体系，实施人才兴业战略，注重借脑、借力、借人，创新旅游人才培养模式，全面提升××旅游管理和服务水平，为我省旅游业发展提供智力支撑和人才保障。现将××××年人才工作计划安排如下：

一、务实开展教育培训工作

1. 持续推进“百千万旅游人才培训工程”。继续培育“清新××大讲堂”品牌，完善旅游行政管理人员、旅游师资及旅游企业管理人员培训体系，推动旅游人才队伍建设。

2. 举办“清新××”旅游产业发展专题研修班。与省委组织部、省人社厅合作，依托北京大学、浙江大学、南开大学等高等学府的师资力量，举办全域旅游示范点党政领导，设区市、县（区）旅游局领导研修班，启迪旅游新思维，更新旅游新理念。

3. 扩大旅游从业人员远程教育覆盖面。创新培训方式，强化网络学习，依托海峡旅游人才网推行全省旅游人才远程教育培训计划，提高学习受众面，不断提升旅游从业人员服务能力和管理水平。

4. 开展送教上门活动。实施辅导与培训相结合的模式，有针对性地组织专家学者深入有需求的设区市开展送教服务。××××年拟对平潭等地进行试点推广，重点帮助旅游服务从业人员提升技能和素质。

5. 培育一批旅游行业培训机构。（略）

6. 完善清新××旅游智库建设。（略）

二、完善旅游人才网络体系

1. 创新旅游人才供需平台。××××年与省人力资源和社会保障厅联合举办第七届全省旅游行业人才专场招聘会暨“校政企”旅游人才供需座谈会。依托海峡旅游人才网，完善旅游人才网上供需对接平台，摆脱旅游企业用工荒困境。

2. 推动旅游教育微信平台建设。××××年依托海峡旅游人才网，全面开发并实施旅游人才教育培训微信发布平台。

3. 完善人才网络运营平台功能。（略）

4. 启动××省旅游人力资源调查统计和管理平台开发工作。（略）

三、强化导游队伍建设

1. 评定、培养和管理好“清新××金牌导游”。评定首批“清新××金牌导游”，选拔一批爱岗敬业、诚实守信、业务精湛、服务规范、执业文明的优秀导游人才，将其培育成为“清新××”旅游形象代言人，打造品质旅游、提供品质服务的生力军。根据国家旅游局工作进展和要求，修改和优化《“清新××金牌导游”考评和管理方案》，适时启动第二批“清新××金牌导游”评定工作。加大常态化管理和退出机制建设。

2. 组织实施我省全国导游资格等级考试考务工作。根据国家旅游局的部署安排，组织 2017 年××省全国导游人员资格考试和中、高级导游员等级考试(11 月份)。同时免费提供××省主要景区景点网上学习平台，进一步完善导游人员资格考试地方辅导教材。

3. 组织参加全国导游大赛。选拔优秀选手参加第三届全国导游大赛，培育并储备一批“名导进课堂”的优秀导游队伍，完善“清新××金牌导游”考评和管理方案。

4. 开展全省导游人员年度远程培训。导游年度培训工作面向全省持证导游员，由远程教育和现场培训组成。其中，远程教育工作由××海峡旅游人才发展中心负责，依托海峡旅游人才网组织实施；现场培训由各设区市旅游局负责。

5. 举办全省导游骨干和景区讲解员培训班。加大导游人员培训力度，提升导游人员、讲解员的综合素质。

6. 完善台湾导游在自贸区执业岗前培训机制。（略）

7. 推进导游管理体制改革。（略）

四、强化人才交流合作机制

1. 加强兄弟省市旅游部门人才交流与合作。联合行业培训机构赴省外开展人才教育培训调研工作，学习借鉴先进工作经验。

2. 加强海峡两岸及港澳地区旅游人才交流。一是通过举办研讨会、座谈会，探索海峡两岸及港澳旅游人才交流与合作空间，形成旅游人才合作共赢的良好局面。二是深化两岸旅游教育联盟合作机制。积极探索海峡两岸旅游教育合作办学、师资培训、课程开发和科研攻关等合作项目，以项目带动研究，引领海峡两岸旅游人才教育与培训迈向新的发展阶段。

3. 举办境外旅游精英培训班。（略）

4. 加强与境外旅游人才合作与交流。（略）

五、支援西部人才队伍建设

根据省委省政府关于做好对口单位支援西部人才培养的总体要求，发挥我省旅游人才培训优势资源，调整西部人才培训时间、培训对象，整合师资力量，扩大品牌影响，集中开展宁夏、新疆昌吉州和西藏昌都旅游人才培训工作。

六、创新人才培养机制与政策扶持

1. 建立旅游人才奖励机制。加大对考上中高级导游证书和外语导游证的人员的奖励力度。设立突出贡献奖励基金，定期对推动××旅游发展、树立××旅游形象做出重大贡献的旅游企业高层经营管理人才以及一线工作人员进行奖励。

2. 落实人才培养扶持政策。（略）

3. 探索建立旅游人才引进机制。（略）

（资料来源：福建省旅游发展委员会网站.）

简析：该例文为年度专项人才工作计划，导语简洁交代制订计划的依据、目的、主要内容，然后用过渡语“现将××××年人才工作计划安排如下”转入六个方面的具体工作计划，结构严谨，条理清晰。

例文 3

社会信用体系建设规划纲要

（2014—2020 年）

社会信用体系是社会主义市场经济体制和社会治理体制的重要组成部分。它以法律、法规、标准和契约为依据，以健全覆盖社会成员的信用记录和信用基础设施网络为基础，以信用信息合规应用和信用服务体系为支撑，以树立诚信文化理念、弘扬诚信传统美德为内在要求，以守信激励和失信约束为奖惩机制，目的是提高全社会的诚信意识和信用水平。

加快社会信用体系建设是全面落实科学发展观、构建社会主义和谐社会的重要基础，是完善社会主义市场经济体制、加强和创新社会治理的重要手段，对增强社会成员诚信意识，营造优良信用环境，提升国家整体竞争力，促进社会发展与文明进步具有重要意义。

根据党的十八大提出的“加强政务诚信、商务诚信、社会诚信和司法公信建设”，党的十八届三中全会提出的“建立健全社会征信体系，褒扬诚信，惩戒失信”，《中共中央 国务院关于加强和创新社会管理的意见》提出的“建立健全社会诚信制度”，以及《中华人民共和国国民经济和社会发展第十二个五年规划纲要》（以下简称“十二五”规划纲要）提出的“加快社会信用体系建设”的总体要求，制定本规划纲要。规划期为2014—2020 年。

一、社会信用体系建设总体思路

（一）发展现状。（略）

（二）形势和要求。（略）

（三）指导思想和目标原则。（略）

二、推进重点领域诚信建设

(一)加快推进政务诚信建设。(略)

(二)深入推进商务诚信建设。(略)

(三)全面推进社会诚信建设。(略)

(四)大力推进司法公信建设。(略)

三、加强诚信教育与诚信文化建设

诚信教育与诚信文化建设是引领社会成员诚信自律、提升社会成员道德素养的重要途径，是社会主义核心价值体系建设的重要内容。

(一)普及诚信教育。(略)

(二)加强诚信文化建设。(略)

(三)加快信用专业人才培养。(略)

四、加快推进信用信息系统建设和应用

健全社会成员信用记录是社会信用体系建设的基本要求。发挥行业、地方、市场的力量和作用，加快推进信用信息系统建设，完善信用信息的记录、整合和应用，是形成守信激励和失信惩戒机制的基础和前提。

(一)行业信用信息系统建设。(略)

(二)地方信用信息系统建设。(略)

(三)征信系统建设。(略)

(四)金融业统一征信平台建设。(略)

(五)推进信用信息的交换与共享。(略)

五、完善以奖惩制度为重点的社会信用体系运行机制

运行机制是保障社会信用体系各系统协调运行的制度基础。其中，守信激励和失信惩戒机制直接作用于各个社会主体信用行为，是社会信用体系运行的核心机制。

(一)构建守信激励和失信惩戒机制。(略)

(二)建立健全信用法律法规和标准体系。(略)

(三)培育和规范信用服务市场。(略)

(四)保护信用信息主体权益。(略)

(五)强化信用信息安全管理。(略)

六、建立实施支撑体系

(一)强化责任落实。(略)

(二)加大政策支持。(略)

(三)实施专项工程。(略)

(四)推动创新示范。(略)

(五)健全组织保障。(略)

(资料来源：中国政府网.)

简析：该例文为国家社会信用体系建设规划纲要，计划时间为2014—2020年，导语

说明什么是社会信用体系，建设该体系有何意义、目的，制定纲要的依据，使相关阅读者明白工作缘由，然后转入具体六个方面的说明。原文约 17 579 字，选用时做了省略处理。

读写实训

一、请阅读下面一则计划导语，指出其不足之处并写出修改稿。

××学院团委××××年工作计划

时光荏苒，××××年已经过去，在我院领导和校团委的指导和帮助下我院团总支顺利地完成了上学期的工作。然而，在这个过程中，我们认识到我们在工作中表现出的不足，在细节上不够慎重、细心。

在新的学期里，我们任重道远，在总结以前的经验和教训的前提下，不断开拓创新，办出更有特色的活动，使我们团总支的工作能在热情与团结中走上一个新台阶！

新的学期，新的开始，新的期待，新的篇章，我院团总支工作又踏上了新的征程。关于××××年的工作，我院团总支将以创新的思想、发展的眼光、敢为人先的勇气做好本职工作。我们团总支也制订了新的工作计划与目标。我们将一同努力，再创精彩与辉煌！

现将本年度团总支工作计划如下。（略）

二、五四青年节即将到来，你所在的系拟举办庆祝纪念活动。请你策划一个活动，使活动既有意义又有可操作性。

三、以下为某大学生学习计划片段，请指出该计划存在的问题。

新学期学习计划

1. 为了不再出现挂科等现象，要做到如下：

(1)上课认真听讲，不分心。

(2)出勤要满。

(3)课后多了解相关知识以拓宽视野。

2. 为有更多的人生阅历，在学校就近做兼职，可以通过网上查找，或者实地走访寻找工作。

3. 积极参与社团活动，拓宽人际关系网。

4. 生活规律一定要调整、改善。也是当前最先要做的。

四、请分析以下片段交代了计划的哪些内容。

××市园林局公园建设及管理工作计划

公园是追求人与自然健康和活力的城市自然生态系统，为居民创造优美的绿色休憩场所。本市公园的建设发展要服务于首都的地位和功能，按照“科学规划，合理布局，形成网络，改善生态，方便居民”的原则，制定公园发展规划，加大公园建设发展的力度，抓住奥运会和旧城改造的机遇，实现同国际接轨，达到国际一流水平。

第二节 总 结

相关知识

一、总结的概念

总结，是党政机关、企事业单位、团体组织对某个时期所开展工作进行回顾、检查、分析、评价，找出经验教训，得出规律性认识，用以查考和指导今后工作的一种事务文书。总结还适用于个人对生活学习等实践进行客观理性的反思。

通过总结，首先可以使单位成员全面、系统地了解工作情况，既看到成绩，鼓舞士气；又注意到不足，防止自满。其次，通过全面系统的分析，将零散的、浅显的工作认识进行提炼、升华，使其上升为规律性的认识，有助于提高工作者的认识水平和工作能力。最后，总结可以在单位和部门之间交流，有效的经验和深刻的教训对于其他单位和部门具有借鉴意义。

总结按照不同标准，可分为不同类型。按照功能，总结可分为工作性总结、经验性总结。按内容性质，总结可分为综合性总结和专题性总结。按照形式，总结可分为小标题式总结、全文贯通式总结、条文式总结。

二、写作内容与方法

总结的根本目的是掌握工作规律和方法，以便更科学、更轻松地完成今后工作。撰写总结时，应注意以下事项：首先，总结是对本单位或本人实践的反思，应用第一人称。其次，明确具体用途，决定写作侧重点。汇报工作的总结，应全面反映工作情况，侧重做什么和做得怎样；交流经验的总结，应交代做法及其来龙去脉，侧重怎么做；大会报告的总结，应反映成绩和问题，既鼓舞人心又防止自满。再次，理性分析工作规律。回顾工作情况时，应运用辩证眼光，客观分析得与失，现象与本质，主要与次要，归纳出工作的规律性认识。最后，表达朴素简洁。叙述时，应概括陈述，不必具体描写；议论时，点到为止，不必旁征博引。具体写作内容如下。

(一)标题写法

标题有公文式、主旨式、双标题式三种写法，需根据情况选用合宜的形式。

公文式：也称“要素式”，由单位名称+时间+事由+文种组成，一般用于工作性总结，如《××大学工会 2008 年工作总结》。也可由单位+事由+文种组成，如《××大学开展爱国主义教育活动的总结》。

文章式：也称“主旨式”，简练概括总结的主要内容与观点，不用“总结”两个字，一般用于经验性总结；具有措辞新鲜、醒目的特点，如《抓好两个“发挥”深化农村教育综合改革》《实行“三化”提高工作质量》。

双标题式：即主标题揭示主题，用副标题来标明单位、事由、文种等，一般用于与其他部门或单位进行经验交流的总结，如《提高学生综合素质有新路——××学院教学实验改革总结》。

(二)正文写法

正文在结构上一般分为前言、主体、结尾三部分。

1. 前言

前言也称“导语”，目的在于引导读者形成对工作的总体印象。工作性总结的前言一般概括介绍工作的基本情况，即工作的主体、背景、依据、指导思想、时间和内容等，有时也简要说明主要成绩和经验。经验性总结的导语比较灵活，可以采用提问式、结论式等写法以引起阅读兴趣。

2. 主体

主体是总结的核心部分，目的在于分析成绩与经验，问题和教训，以及寻求工作改进方向和措施。常见的结构形式主要有贯通式、小标题式、分条列项式。贯通式适用于内容集中单一、篇幅短小的总结，全文不用外部标志显示层次。小标题式适用于内容范围广、篇幅长的总结，通过概括层次内容的标题，显现层次，一目了然。分条列项式适用于内容细碎、不易归纳的总结，每条内容融做法经验或问题为一体。

成绩与经验的写法一般有两种：一是先陈述做法和成绩，在此基础上再分析提出工作经验，即对工作的认识体会，包括对工作的重点、关键点、规律和科学方法等的认识；二是把做法、成绩、经验融为一体，寓认识体会于工作的做法中，使叙述和议论紧密结合。问题与教训以及改进方向、措施的写法一般做概括性说明，不必详细展开，以指导今后工作计划的制订。

3. 结尾

结尾的目的在于展望未来，鼓舞人心。写作时应注意简洁有力，有所提升。

(三)落款写法

在正文右下方写明总结的单位(或个人姓名)和时间。

例文简析

例文1

“清新××”风景独好

——××旅游产业2013年发展回眸

年终岁首，回眸过去的一年，××省旅游业凝心聚力，全面贯彻落实《旅游法》《国民旅游休闲纲要》和省委、省政府的《关于加快旅游产业发展的若干意见》，紧紧围绕建设我国重要的自然文化旅游中心和国际知名旅游目的地的战略目标，着力推进产业融合、壮大市场主体、打造旅游精品、创新旅游营销、提升服务品质、深化闽台合作，扎实构建“环海峡旅游圈”，旅游产业发展成效显著，旅游综合带动效应凸显。随着“高铁时代”、数字时代的到来，××旅游迎来发展新机遇，旅游资源大省正在向旅游强省扎实迈进。

一、重点推进，加快打造旅游产业“升级版”

在加速培育旅游业成为××省经济社会生态发展战略性先导产业和国民经济战略性支柱产业的过程中，××省依靠重点项目拉动投资、“三维”对接加强招商引资、立体化布局新兴业态，加速推进旅游产业转型升级。

2013 年，××省加大力度开展旅游招商工作，全年招商引资旅游项目 263 个，其中合同项目 187 个。投资额超百亿元的项目增幅明显：世贸集团总投资额 120 亿元的世贸蓝色海湾项目成功落户泉州台商投资区，今年年度计划投资 15 亿元；华侨城集团将投资不低于 100 亿元，在福州仓山区规划建设包括欢乐谷主题公园等九大旅游项目，倾力打造世界级滨江文化旅游目的地。

重点项目建设成效显著。去年，××省重点实施生态旅游示范、滨海旅游开发、文化旅游整合、乡村旅游富民、旅游景区提升、星级饭店提升“六大工程”，223 个重点项目建设前三季度就完成年度项目建设计划。以龙岩志高欢乐园、连江贵安欢乐新天地水世界为代表的主题公园产品，以云霄金汤湾为代表的温泉度假产品，以武夷山自驾游营地等为代表的自驾游产品等一批旅游重点项目建成运营。

越来越多新兴旅游业态被引进。低空直升机观光、游艇帆船巡航、房车营地度假等潮味十足的新玩法出现在××省多地市，吸引大批年轻消费者。第九届旅博会期间，××省签约的旅游项目当中，大多数涉及生态休闲、海洋旅游、文化体验、旅游房车、游艇、直升机等新型业态。滨海自驾游、度假游和海上休闲游等新兴业态开始发力，抢占市场份额，成为××省旅游新增长点。日前，省旅游局又引进“旅行住家”式的中高端度假公寓预订模式，整合分散在景区周边的度假公寓，盘活旅游地不动产，以此为游客提供高品质的度假用房。

二、创新营销着力打响“清新××”品牌

旅游品牌要营销，旅游营销看创意。去年，××省旅游抓住“生态”和“高铁”制造营销热点、创新营销方式，打造××旅游品牌取得显著效果。

塑造“清新××”品牌形象。去年年初，北方多个省份发生严重雾霾，全国上下对空气问题高度关注。根据省委书记××和省长×××关于“打响清新××品牌”的指示精神，××省在全国启动了“清新××”主题营销活动，先后推出“清新××”经典线路和二十大景点，赴多个省市开展“清新××风，欢乐闽台游”系列推介活动，在欣欣旅游网推出“清新××”专题。“清新空气游”成为××旅游的金字招牌。在谷歌网络上，以“清新××”“××空气游”为主题的搜索词条分别超过 7 000 万、2 000 万条，通过百度搜索“清新××”词条达到 1 000 万条。在欣欣旅游网上，领取“清新××”绿叶图标的北方旅行社超过 1 500 家，推出“清新××”专题路线超过 25 000 条。

开拓高铁沿线旅游市场。去年9月、12月，向莆高铁和厦深铁路相继首发。××旅游迎来崭新的“高铁时代”。为了赢取高铁旅游“虹吸效应”，××省举办“高铁时代的××旅游机遇与对策研讨会”，邀请国内知名专家学者把脉××高铁旅游，并分别在广东、江西、湖北、湖南、××等高铁沿线和延伸的上海、浙江、江苏及香港、澳门旅游市场开展“清新××风，欢乐闽台游”“钻石海岸高铁，乐游清新××”高铁系列营销活动，先后在向莆、厦深首发列车上创新性举办“闽台两岸市长带你游”“闽台两岸高铁文化汇”，组织本省高铁沿线县、市和金门、澎湖等县、市的领导，携手推介独具特色的旅游资源。这些活动引起中央电视台、央视网、人民日报、凤凰网等500多家境内外主流媒体大量报道，在珠三角、长三角、华中地区游客中掀起了××旅游热潮。

创新综合网络营销平台。去年，省旅游局还与主流网络媒体全面开展战略合作，建立全省综合性的网络营销平台。在淘宝网开设“清新××”旗舰店，针对高铁营销举办“百城千店淘××”线上线下互动销售活动。××省旅游局官方微博位列全国旅游机构第五，同时进入全国政务微博百强，在省级各厅局单位中排名第一。

三、深化合作，扎实构建“环海峡旅游圈”

（略）

四、积极联动，大力促进产业融合发展

（略）

五、深入贯彻《旅游法》，创新旅游“大行管”机制

（略）

（资料来源：人民网.）

简析：该例文为经验性总结，总结年度省旅游产业发展经验。标题采用双标题式，既点明经验主旨又交代产生经验的来源。正文开头交代全年工作目标、具体工作内容，以及从旅游大省向旅游强省迈进的结果。主体部分详尽说明全年旅游产业发展经验，交代如何做、为什么这样做、效果如何等问题。

例文2

2017年个人工作总结

2017年是本人在教学和科研上都取得平稳进步的一年。具体总结如下：

一、坚持政治思想学习。

加强政治理论学习，不仅是坚定理想信念、同党中央保持高度一致的重要前提，也是保持昂扬向上、与时俱进的精神面貌的动力源泉。同时，由于应用写作是一门时效性、应用性非常强的课程，需要任课教师及时了解国内外的重大时事动态，保证讲课材料的新颖丰富和贴近现实。一年来，本人自觉提高学习积极性，通过系部政治学习、网络、新闻等多种渠道，认真学习、领会中央路线和各项方针政策，不仅及时把思想认识统一到中央的精神上并以此指导个人的行动，而且能够联系工作实际，努力避免在讲授各类文种案例时引用材料的陈腐老化，收到了良好的教学效果。

二、完成了本职岗位的各项工作。

（一）完成了经济应用写作和文学欣赏的教学工作。

进一步探讨经济应用写作课的教学方法，简化教师讲授内容，突出重点，加大学生练习和教师指导、点评比重，切实提高学生的动手能力，教学效果较以前有明显提高；文学欣赏课针对学生基础差、阅读少的现状，以讲座形式重点介绍了几位现当代作家、艺术家，使部分学生形成了阅读经典的意识和习惯。

（二）积极申报课题，撰写论文。

主持完成省社科联课题“经典阅读与大学生社会主义核心价值观的培育”结项并获一等奖，参与完成省社科联课题“××传媒产业创新发展研究”结项并获一等奖；参与完成省哲学社会科学项目“朱素臣传奇研究”；发表论文《彰显社会主义核心价值观的经典文本——解读路遥<平凡的世界>》。

（三）积极参与学校教学比赛。

在准备文稿、课件的过程中，认真研读教材和授课计划，更加明确了经济应用写作这门课程的教学重点和难点。通过观摩比赛实况，认清了与其他教师的差距，进一步厘清了教学思路。

（四）完成系里交付的其他任务。

如举办人文素质讲座、制定影视文学欣赏本科课程标准、参加学校精神文明单位申报及部门考试测评等。

三、存在的不足及改进措施。

一是文学欣赏课需要摸索出一套适合自身特点、针对学生实际、行之有效的教学模式；二是课题立项上需要进一步努力。

（资料来源：康新慧、任秋菊. 应用文写作. 郑州：河南科学技术出版社，2018.）

简析：该例文为工作性总结，选用时有所删节。导语简洁评价 2017 年工作情况，随即转入三个方面进行分析，既总结收获，也分析不足；既说明做了什么，也谈论对工作和自身的认识体会，有益于提升今后工作能力。

病例文简析

例文 1

关于大二下学期的总结

大二的第二学期转眼即逝，经过一个学期的努力，我对本学期的学习和生活有了更多的认识。下面是我对本学期学习的总结：

大二第一学期，我继续了大一的学习生活，在学习上努力适应大学生活。同时，为了弥补自己在理论知识方面的不足，我利用课余时间学习一些计算机网络知识和办公软件。同时积极地参加了一些与自己专业相关的课外活动，例如组织班上同学参加“生物技术协会”。在思想方面，我积极向党组织靠拢，积极地向党组织递交了入党申请书，参加党课培训。在生活中，我遵守校纪校规，尊敬师长，团结同学。在学习方面，我上课认真听讲、做好笔记，积极配合老师、同学开展各种教学活动。在课余时间还积极参加体育锻炼。

政治思想（略）

专业学习（略）

课外活动（略）

生活方面（略）

以上就是我对本学期学习方面的总结，虽然没有取得太大的进步，但是我也收获了很多东西，在学习上也取得了一定的进步。新的一学期开始了，相信我会在今后的学习中更加努力、加倍刻苦，力争做到最好，争取做一名德、智、体全面发展的大学生。

对今后学习的建议

大二的学习任务比大一要繁重，尤其是专业知识方面。首先，我们要明确自己的专业方向，认真学习专业知识，注重专业理论与实践的结合。同时，要学好英语，为今后的英语学习打好基础；其次，要调整好自己的心态，积极面对今后的学习。在学习过程中，遇到自己不懂或不明白的地方时不能不懂装懂。大二第一学期我们要参加学校组织的“生物技术协会”。其次，多与老师、同学交流、沟通，及时反馈自己对知识的掌握情况和存在的问题。最后，建议大家积极参加体育锻炼，如打篮球、踢足球、打羽毛球等。我相信只要我们树立明确的目标并为之付出努力和行动就一定能够实现！

大学二年级，是大学生活中很关键的一年，我们面临着毕业、找工作、考研等一系列问题。这一年里，我们面临着更多的挑战，而最大的挑战则是如何处理好工作与学习的关系。在生活中，我们不能一味地追求所谓的高品质生活，而应该在保证自己学习和工作不受到影响的情况下，合理安排好时间。我认为，大学二年级最重要的是培养自己的学习能力。在课余时间里，除了上课时间外，我们可以参加一些兴趣小组来充实自己。此外，可以多读书来丰富自己的生活经验和专业知识。在工作方面，我们应该学会与人沟通和交流。与老师、同学相处融洽有助于提高自身的交际能力，所以我们要积极适应学校生活，主动地与人交往和沟通。

通过这些活动以及和同学们之间的交流，我不仅学到了如何处理好学习与工作之间的关系，而且学会了如何与人相处。对于未来的发展我没有过高的要求。我只希望能够顺利地毕业并且找到一份满意的工作。另外，希望自己在大学四年能够全面发展自己，争取能够在各方面都有较突出的表现。最后，希望我能在毕业之前积累更多知识和经验，以使自己有更大的进步！

简析：该病例文为 AI 所写的大学生某个阶段学习总结。存在的问题较多，主要是：①总结的阶段范围不明确，标题确定的是“大二下学期”，但正文中第二段却限定为“大二第一学期”，即“大二上学期”。②未能反映出大二下学期学习的阶段特点，与现实不符。如“我继续了大一的学习生活，在学习上努力适应大学生活”，而“适应大学生活”一般发生在大一学年；“我们面临着毕业、找工作、考研等一系列问题”一般发生在大三下学期。③内容逻辑混乱。如“为了弥补自己在理论知识方面的不足，我利用课余时间学习一些计算机网络和办公软件知识。同时积极地参加了一些与自己专业相关的课外活动”，前句为“理论知识”，后面两个分句学习计算机网络知识和办公软件，与参加课外活动为实践性学习；导语和主体的框架不一致，导语框架为“思想方面……在生活中……在学习方面……在课余时间……”，主体框架为政治思想、专业学习、课外活动、生活方面。4.总结的主体性不够鲜明。在对今后学习的建议中，多次出现“我们”，泛泛而谈，而不是针对自己的问题提建议。

例文 2

××公司办公室秘书工作总结

今年对我具有特别的意义，因为这是我成为上班族以来的第一个整年。文秘工作是我从事的第一份工作，是我职业生涯的一个起点，我对此也十分珍惜，尽最大努力去适应这一岗位。通过一年来的不断学习，以及同事、领导的帮忙，我已完全融入了公司这个大家庭中，个人的工作技能也有了明显的提高，虽然工作中还存在这样那样的不足之处，但应该说付出了不少，也收获了很多，我感到逐渐成熟了。现在就××年的工作状况总结如下。

一、以踏实的工作态度，适应办公室工作特点

办公室是公司运转的一个重要枢纽部门，对公司内外的许多工作进行协调、沟通，做到上情下达，这就决定了办公室工作具有繁杂的特点。每一天除了本职工作外，还经常有计划之外的事情需要临时处理，而且通常比较紧急，让我不得不放下手头的工作先去解决，因此这些临时性的事务占用了很多工作时间，经常是忙忙碌碌的一天下来，原本计划要完成的却没有做。但手头的工作也不能耽误，今天欠了账，明天还会有其他工作要去处理，因此，我经常利用休息时间来进行“补课”，把一些文字工作带回家去写。

办公室人手少，工作量大，尤其是公司会务工作较多，这就需要部门员工团结协作。在这一年里，遇到各类活动和会议，我都用心配合做好会务工作，与部门同事心往一处想、劲往一处使，不会计较干得多、干得少，只期望把活动和会议圆满完成。

今年是公司的效益与服务年，而办公室就是个服务性质的部门，我认真做好各项服务工作，以保障工作的正常开展。部门之间遇到其他同事来查阅文件或是调阅电子文档，我都会及时办妥；下属机构遇到相关问题来咨询或者要求帮忙，我都会第一时间解答和解决，以一颗真诚的心去为大家服务。

二、尽心尽责，做好本职工作

一年来，我主要完成了以下工作：

1. 文书工作严要求

(1)公文轮阅归档及时。文件的流转、阅办严格按照公司规章制度及 ISO 标准化流程要求，保证各类文件拟办、传阅的时效性，并及时将上级文件精神传达至各基层机构，确保政令畅通。待文件阅办完毕后，负责文件的归档、保管以及查阅。

(2)下发公文无差错。做好分公司的发文工作，负责文件的套打、修改、附件扫描、红文的分发、寄送，电子邮件的发送，同时协助各部门发文的核稿。公司发文量较大，有时一天有多个文件要下发，我都是仔细逐一去核对原稿，以确保发文质量。同时负责办公室发文的拟稿，以及各类活动会议通知的拟写。

(3)编写办公会议材料，整理会议记录。每个月末对各部门月度计划的执行状况进行核对，催收各部门月度小结、计划，并拟写当月工作回顾，整理办公会议材料汇编成册，供总经理室参考。办公会议结束后，及时整理会议记录，待总经理修改后，送至各部门轮阅。

2. 督办工作强力度

督办是确保公司政令畅通的有效手段。今年以来，作为督办小组的主要执行人员，在修订完善督办工作规程，并以公文的形式将督办工作制度化后，通过口头、书面等多种形式加大督办工作力度。抓好公司领导交办和批办的事项、基层单位对上级公司精神贯彻执行进度落实情况以及领导交办的临时性工作等，并定期向总经理室反馈。

3. 内外宣传讲效果

宣传工作是公司树立系统内外社会形象的一个重要手段和窗口。今年在内部宣传方面，我主要是拟写分公司简报，做好《××报》协办的组稿工作，以及协助板报的编发。外部宣传方面完成了分公司更名广告、司庆祝贺广告、元旦贺新年广告的刊登，同时每月基本做到了有信息登报。

4. 秘书工作讲质量

秘书岗位是一个讲职责心的岗位。各个部门的很多请示、工作报告都是经由我手交给总经理室的，而且有些需要保密，这就需要我在工作中仔细、耐心。一年来，对于各部门、各机构报送总经理室的各类文件都及时递交，对总经理室交办的各类工作都及时办妥，做到对总经理室负责、对相关部门负责。因为这个岗位的特殊性，为了更好地为领导服务，保证各项日常工作的开展，每一天我基本上6点多钟才下班。有时碰到临时性的任务，需要加班加点，我都毫无怨言，认真完成工作。

5. 企业文化活动用心参与

一年来用心参与了司庆拓展训练、员工家属会、全省运动会、中秋爬山活动、比学习竞赛活动等多项活动的策划和组织工作，为公司企业文化建设、凝聚力工程出了一份力。

一年来，无论在思想认识上还是工作潜力上都有了较大的进步，但差距和不足还是存在的，如工作总体思路不清晰，还处于事情来一桩处理一桩的简单应付完成状态，对自己的工作钻研得不够、脑子动得不多，没有想在前、做在先；工作热情和主动性还不够，有些事情领导交代过后，没有用心主动地去投入太多的精力，办事有些惰性，直到领导催了才开始动手，造成了工作上的被动。

新的一年有新的气象，应对新的任务新的压力，我也就应以新的面貌，更加用心主动的态度去迎接新的挑战，在岗位上发挥更大的作用，取得更大的进步。

简析：该病例文存在的主要问题是：逻辑上有矛盾处，小标题“4.秘书工作讲质量”

应当改为“助手工作讲质量”，才能使该部分成为大标题中“秘书工作”下面的一个方面；“各类文件都及时递交”与“办事有些惰性，直到领导催了才开始动手”有矛盾，未交代清楚；语言表达冗余不简明，如开头第一段和“一、以踏实的工作态度，适应办公室工作特点”这个大点。

读写实训

一、请阅读下面两个总结文书的片段，比较人类写作和生成式 AI 写作的不同之处。

片段一：大学生写作

去年一年我推文组致力于撰写及时、高效、优美的推文，为构建学生与校园沟通的平台而不懈努力着。自我 2022 年 11 月任职组长以来，我所带领的推文小组共完成推文 32 篇、H5 推文 1 篇，审核推文 47 篇。我组成员勇于创新，不惧困难，在制作传统内容推文积极融入新元素，在疫情暴发期仍坚持撰写推文。

1. 推文撰写种类众多，争取百花齐放

在我担任小组组长的期间，我们承包了各类推文的撰写，如入学指南、二十四节气、建团百年、学代会及运动会等的推文皆包含其中。历时一年的推文撰写，我们小组的推文制作水平显著提高，撰写的推文得到了同学们的喜爱与认可，阅读点赞量最高的季度达到了 4.2 万。

2. 推文严格审核，保持高质量在线

在 2022 至 2023 学年期间，我组成员审核大量来自各系团体、系共青团支部、院部门制作的推文。虽然大家制作水平不一，但我们都会耐心且严格地对格式、内容进行审核，对推文中存在的不当提出修改，或是对推文细节提出建议，保证质量稳定的推文输出。

片段二：生成式 AI 写作

在 2022 年 11 月任职推文组长后，我们一直秉持着精益求精的工作态度，不断努力提升推文的质量，为彼小星工作室的发展贡献了自己的力量。在过去的一年中，我们完成了 32 篇推文和 1 篇 H5 推文，并审核了 47 篇推文，为彼小星的宣传工作提供了强有力的支持。

我们的努力得到了社交媒体用户的认可和喜爱。在过去一个学年中，我们最高季度点赞阅读量达到了 4.2 万，这是我们不断努力工作和钻研推文创意的结果。我们清楚地知道，这背后需要我们团结一致、持之以恒地践行推文组的核心理念，不断寻找推文创意和更新的方向。

在 2022—2023 学年的工作中，我们将继续勇攀高峰、不断进步，为彼小星工作室提供更好的推文宣传服务。同时，我们也将继续与其他部门密切合作，为彼小星团队的整体发展做出更多的贡献。

二、请回顾你的实践活动，如某类课程学习，某个活动的举办，某项暑假实践，某一比赛培训，某个部门、社团工作，某个兼职岗位工作等，选择一个对象进行总结。

三、以下为某大学生部门的工作总结，请指出问题并写出完整修改稿。

1. 要以认真负责的态度面对每一次任务

策划组是部门的重要组成部分之一，主要负责部门每一次活动的策划。对部门的每一次活动进行协调、沟通，做到上情下达。作为策划组的一员，我不仅要做好本职工作，还要提高工作效率，端正工作态度，认真负责每一次任务，保证部门日后的发展。在每次的任务中，我认真做好每一件事。例如，写策划书、通知其他组员消息等。

2. 尽心尽力，做好本职工作

一年来，我完成多次活动的策划，如熊猫馆志愿活动、三下乡成果展、部门集体春游等。在工作期间，我认真对待每一次的工作。

第三节 公 示

相关知识

一、公示的概念

公示，是伴随干部任前公示制而产生的文种，是党政机关、企事业单位、社会团体等用于向社会或有关单位及人员公布其有权知晓及做出相应反馈的事项，接受民主监督。

公示使用范围广泛，内容不限于干部任前公示，还包括评先评优公示、招投标公示、收费价格公示、结果公示等。公示一般采用书面形式张贴，或者发布在网络、电视、报刊等媒体上。

二、写作内容与方法

公示的目的在于发布拟定事项并征询意见。撰写时应当内容集中单一、客观明确，以便接受民主监督。公示由标题、正文和落款三个部分组成。

（一）标题写法

公示的标题有两种写法，即完整式和省略式。

完整式：由发文单位+事项+“公示”构成，如《××大学2017年拟聘用教师公示》。

省略式：由事项+“公示”或仅写明文种“公示”，如《关于甲级工程造价咨询企业资质延续的公示》。

（二）正文写法

正文在结构上一般由前言、主体和结尾三部分构成。

前言，用于交代发布公示的目的、依据、背景等事项，以引出公示事项。应当完整清楚地说明公示内容所经程序以及合法性，增强公示的可信性和说服力。

主体，用于说明具体事项、公示期限和联系方式。公示期限应明确写出从何月何日起至何月何日，一般为7～15天。联系方式用于接收反馈意见，包括受理部门、联系人、联系电话、邮箱、办公地址等。

结尾，可对公示的相关事项做进一步说明，如对反馈方式进一步规范；也可直接以“特此公示”“现予公示”结束。

（三）落款写法

落款一般包括两项内容：一是发布公示的单位名称，二是公示时间，完整写明年月日。

例文简析

例文 1

关于 2021、2022 年度电动汽车充电基础设施建设补贴资金项目名单的公示

根据《××市发展和改革委、××市财政局关于印发<××市电动汽车充电基础设施建设补贴资金申报发放实施细则>的通知》（×发改能源〔2023〕3号）和《关于开展2021、2022年度电动汽车充电基础设施建设补贴资金申报工作的通知》等文件精神，经充电设施建设运营企业申报、区（县、市）发改局初审、市级发改委复审并通过“××省充电设施智能管理服务平台”核查等程序，现将2021、2022年度电动汽车充电基础设施建设补贴资金项目名单进行公示（详见附件）。

公示期为2023年7月6日到2023年7月13日。若对公示对象有任何问题，请于公示期限内通过来电、来信、来访等形式向××市发展和改革委反映。

联系人：能源科，联系电话：07××-2253×××；地址：××市市民服务中心A栋1536

附件：××市电动汽车充电基础设施建设补贴资金申请项目明细表

充电基础设施补贴资金分配方案表

××市发改委

2023年7月6日

（资料来源：怀化市人民政府网站）

简析：该例文为全市电动汽车充电基础设施建设补贴资金项目名单的公示。该文交代了公示的文件依据、补贴资金项目名单产生的程序、公示期限、反映问题方式，并附相关表格，符合公示写法。选入时略有改动。

例文 2

××县教师进修学校新建学生食堂工程总承包
中标结果公示

××国际工程咨询有限公司受××县教育局的委托，对××县教师进修学校新建学生食堂工程总承包进行国内公开招标。本项目于2023年11月7日9时30分在××市公共资源交易中心进行了开标、评标工作，根据招标文件的规定，经评标委员会评审工作，并在××省招标投标监管网、××市公共资源交易网对中标候选人进行了公示，公示期满后根据招标文件规定对本项目进行了定标程序，现将本项目的中标结果公布如下：

中标单位：××××建设有限公司

中标金额：人民币柒佰零捌万贰仟陆佰柒拾贰元整(¥7082672.00元)

特此公示。

(略招标人和招标代理机构联系信息)

监管部门：××县建筑工程招投标事务中心

联系电话：07××-6629×××

××县教育局

2023年11月20日

(资料来源：桃源县人民政府网站.)

简析：该例文为工程承包中标结果的公示。该文交代了招标的相关信息，开标、评标、定标的程序、中标的结果。选入时略有改动。

第四节　大　事　记

相关知识

一、大事记的概念

大事记是党政机关、企事业单位、社团组织乃至个人对发展过程中的重要重大事件进行简明扼要的记录，以作为史料档案，反映主体发展历程的一种文书。大事记一般由办公室负责记录，随工作的不断开展逐项记录。大事件一般包括如下内容：本单位机构组织重要变动，重要会议、工作、活动，上级重要指导等对单位有影响的事件。

大事记根据性质，可分为综合性大事记和专题性大事记两种。综合性大事记依照时间顺序将本单位各方面工作的要事、大事一一记录下来，如《××电器股份有限公司大事记》。专题性大事记依照时间顺序记录单位某一方面工作或重大系列性活动中的要事、大事，如《××大学百年校庆大事记》。

二、写作内容与方法

大事记作为史料，应当内容全面简明，便于快速查阅。首先，记录事件时应选择要事、大事，既不能遗漏要事、大事，又不能事事都记；其次，应做到言简意赅，重点记述事件发生的时间和主要内容，至于具体地点，大多可不写。具体写作内容包括标题和正文两部分。

(一)标题写法

大事记的标题大致有两种写法，一是由制文单位+时间+“大事记”构成，多用于综合性大事记，如《××公司××××年大事记》《××大学 9 月份大事记》，根据情况也可以省略时间；二是由制文单位+内容+“大事记”，多用于专题性大事记，如《××公司新产品研发大事记》，主体明确的时候可以省略制文单位。

(二)正文写法

大事记的内容一般包括：本单位重要的会议、活动、工作；重要的改革、规章制度变化、决策；重要机构组织、领导人的变动；与本单位相关的重要社会动态；重要成就或事故；其他单位到本单位的视察、检查、交流访问活动。

每条记录一般由时间和事件两部分内容组成，时间和事件之间用空格、逗号或表格形式区隔开。

时间一般采用阿拉伯数字，按年、月、日顺序记录。有些大事的发生时间甚至要求精确到时、分、秒，或者是凌晨、上午、下午、傍晚、深夜等。

事件用简明扼要的语言概述，无须记述事件的来龙去脉，而是重点记录主要内容。如会议应记录会议名称、主要人员、议题和主要决议；重要活动、工作应记录对本单位影响；上级领导的指导应记录领导人、重要指示。

大事记一条记录写一事，同一天发生的其他大事应分开记录，一般在事件前标注“Δ”或写明“同日”以区隔开。

例文简析

例文 1

格力集团 2020 年大事记

12 月 23 日　由格力集团牵头投资建设的兴业快线(北段)合并段左洞实现前后贯通，成为该项目首个贯通的隧道。

12 月 13 日　由珠海市横琴新区管理委员会和澳门特别行政区科学技术发展基金联合主办的第二届中国横琴科技创业大赛总决赛顺利闭幕，芯耀辉科技等 8 家格力集团被投企业斩获本届大赛多个奖项。

12 月 10 日　格力集团与澳门科学技术协进会签署《战略合作框架协议书》，将共同建设运营珠澳产业型科技馆项目。

12 月 9 日　由国新办组织的中外记者脱贫攻坚新闻发布与主题采访云南行活动走进由格力集团捐建、旗下珠海建安集团承建的泸水市格力小学，实地采访教育扶贫情况。

12 月 7 日　根据珠海市国资委批复(珠企干〔2020〕158 号)，×××同志任珠海格力集团有限公司总裁助理。

12 月 7 日　纳思达股份有限公司发布公告，全资子公司珠海艾派克微电子有限公司拟以增资扩股及纳思达转让艾派克微电子股权的方式引入战略投资者，导入资金合计 32 亿元。格力集团旗下的格力金投拟增资 3.5 亿元，持股 1.842%。

12 月 6 日 格力集团旗下格力金投签署创业板上市公司——珠海英搏尔电气股份有限公司股份转让协议，拟受让英搏尔 5%股权，股权受让总额约 1.37 亿元。

11 月 30 日 经市委农办推荐，广东省委农办、省国资委、省工商联审核，格力集团荣获“广东省乡村振兴‘万企帮万村’行动突出贡献爱心企业”称号。

11 月 3 日 国家发展改革委办公厅印发《关于全国“十三五”时期易地扶贫搬迁典型案例的通报》，由格力集团旗下珠海建安集团援建的怒江州泸水市大兴地镇维拉坝易地搬迁安置区（珠海社区），获评全国“十三五”时期美丽搬迁安置区。

10 月 28 日 珠海市全民健身综合体项目举行动工仪式，标志着项目开发建设进程步入新阶段。

9 月 3 日 格力集团与小米集团、中信银行签署战略合作协议，约定在产业基金、金融服务、产业投资、项目合作、资源共享等方面开展深度合作。根据协议，格力集团出资 35.45 亿元参与投资和管理由小米集团发起的小米产业基金，深入对接和引进小米生态链企业，助力珠海加速打造智能制造产业集群。

7 月 9 日 根据珠企干〔2020〕67 号文，×××同志任珠海格力集团有限公司纪委书记；免去×××同志珠海格力集团有限公司党委副书记、纪委书记职务。

6 月 30 日 珠海格力集团有限公司荣获 2019 年度广东扶贫济困红棉杯银杯。同时，格力集团对口帮扶的茂名高州市石龙村和东埇村 2019 年脱贫攻坚成效考核被珠海市扶贫开发领导小组评定等次为“好”。

6 月 19 日 珠海格力集团有限公司与华润资本管理有限公司签署《珠海华润格金投资管理有限公司股东协议》，双方共同发起建设规模为 30 亿元人民币的产业基金平台，聚焦投资大健康、大消费、新材料、微电子、互联网安全及 5G 等领域，助力珠海深化改革和产业升级。

6 月 16 日 长园智能产业科技园在珠海高新区举行开园典礼。该园区是格力集团战略控股企业——长园集团旗下智能产业集群在珠海聚集发展的重要载体，未来将打造成集高端研发、生产制造，具有全球竞争力的智能科技产业中心。

6 月 4 日 经国内权威评估机构——中诚信国际信用评级有限责任公司信用评级委员会评定，格力集团 2020 年度首期公司债券及中期票据债项信用等级为 AAA。

5 月 22 日 苏州开拓药业股份有限公司 Kintor Pharmaceutical Limited 成功在香港主板挂牌上市，股票代码 09939.HK。格力金投公司作为基石投资者之一，持股比例约 10.2%。

5 月 1 日 “横琴—蛇口”航线举行通航仪式，标志着珠海横琴和深圳前海蛇口两大自贸片区之间的直航航线正式开通。

4 月 10 日 根据《珠海市人民政府关于印发珠海市市属国有企业重组整合方案的通知》（珠府〔2020〕20 号）和《关于格力集团重组整合有关事项的通知》（珠国资〔2020〕64 号）文件要求，格力集团与市国资委、交通集团签署无偿划转协议，将格力集团持有的珠海格力市政工程有限公司51%股权无偿划转给珠海交通集团有限公司持有。

3月30日 根据珠海市国资委来文(珠企干〔2020〕28号)，免去×××同志珠海格力集团有限公司党委委员职务。根据珠海市国资委来文(珠企干〔2020〕29号)，免去×××同志珠海格力集团有限公司常务副总裁职务。

3月17日 珠海市人民政府正式印发《珠海市市属国有企业重组整合方案》，根据要求，珠海格力集团有限公司改组为国有资本投资运营平台。

3月2日 珠海三溪科创小镇启动区首期建设项目——“格创·集城”举行项目动工仪式，项目正式步入施工阶段。

2月4日 格力电器发布公告称，格力集团于2月3日取得中国证券登记结算有限责任公司深圳分公司出具的《过户登记确认书》，本次协议转让的股份过户登记手续已完成，过户日期为2020年1月23日。至此，格力电器股转项目正式办结。

(资料来源：格力集团官网.)

简析：该例文为企业的年度大事记，以日系事。该大事记简洁、有序，可以使阅读者快速了解该企业2020年在业务拓展、与其他单位合作、人事变动等重要方面的发展足迹。

例文2

美的集团大事记

2018年，2018年入《财富》世界500强。

2017年，美的与腾讯QQ达成战略合作，基于IP和物联云推出10款智能家电。

2016年，美的完成对全球领先智能自动化解决方案供应商德国库卡集团的要约收购。

2016年，美的完成关于东芝家电业务的交易交割。

2014年，美的集团发出公告称，已与小米科技签署战略合作协议，小米认12.7亿元入股美的集团。

2013年，美的电器在顺德召开股东大会审议整体上市方案。投票结果显示，美的集团整体上市重组方案的各项子议案的通过率均在98%以上，获股东大会通过。

2012年，美的推出中国好空调“一晚一度电”引领空调行业最高顶峰。

2011年，收购开利拉美空调业务，成立美的—开利拉美空调合资公司，加快推进国际化进程。

2010年，美的突破全年销售达1 000亿元人民币的大关，实现十年增长十倍的奇迹。

2010年，美的邯郸工业园正式奠基，标志着美的空调产业布局已初现规模。

2009年，美的电器公开增发1.89亿新股，募集资金近30亿元。

2008年，收购江苏小天鹅，并与荣事达进行全面整合，建立完善的洗衣机产业链。

2007年，美的第一个海外基地在越南建成投产。

2006年，美的集团以顺德美的净水设备工程有限公司为基础，携手韩国净水设备行业一流企业清湖NAIS株式会社共同投资成立“美的清湖净水设备制造有限公司”，致力于打造全球最大的家用净水解决方案提供商和全球最大的净水技术研究、净水设备制造基地。

2006 年，美的电器股改，引入战略投资者，实行期权激励。

2005 年，收购江苏春花；制定美的集团“十一五”战略发展规划，全面描绘未来美的发展的宏伟蓝图。

2004 年，与东芝开利签署合作协议，先后收购荣事达、华凌，制冷产业实力全面提升。

2003 年，相继收购云南、湖南客车企业，正式进军汽车业，进入多元化发展阶段。

2002 年，全面推行战略性结构调整。

2002 年，冰箱公司成立。

2001 年，完成产权改革；磁控管公司、变压器公司成立，形成微波炉产业链。

2001 年，新项目 MDV、微波炉、饮水机、洗碗机、燃气具等相继投产。

2000 年，事业部制公司化改造，管理层融资购法人股（MBO）和中高层骨干持流通股。

1999 年，成立信息技术公司、物流公司、电工材料公司。

1999 年，美的商标被评为“中国驰名商标”。

1998 年，收购东芝万家乐进入空调压缩机领域。

1998 年，成立芜湖制冷公司、工业设计公司，收购压缩机公司。

1997 年，进行事业部制改造。

1993 年，成立电机公司和电饭煲公司。

1993 年，成立美的集团并进行内部股份制改造。

1985 年，开始制造空调。

1981 年，正式注册使用“美的”商标。

1980 年，生产电风扇，进入家电行业。

1968 年，何享健先生带领 23 人集资 5 000 元在顺德北滘创业。

（资料来源：百度百科.）

简析：该例文为美的集团自 1968 年至 2018 年的大事记，以年系事，选入时有所删节。大事记反映集团发展历程，采用时间倒序形式，要言不烦，一目了然。

病例文简析

环境设计景观班 2017—2018 学年

第一学期大事记

2017 年 9 月，开学了没几天，学院就为我们举办了开学典礼以及迎新晚会。

2017 年 10 月，开学了一个月，就迎来了我们大学生涯中的第一个运动会。

2017 年 11 月，学院举办了班班有歌声的活动，大家都在努力地为了班级的荣誉积极地排练。

2017 年 12 月，军事理论这一课程即将结束，老师为我们布置了第一个外出实践活动的作业，这是我们第一次来到林则徐纪念馆参观。

2018 年 1 月，在这个月里我们进行了为期 10 天的军事化训练，期间我们痛并快乐着。

简析：该病例文为班级一个学期的大事记，以月系事。存在的主要问题是：未能全面记录班级大事，遗漏了班委的建设、班规的制定、班级荣誉等方面的内容，只集中记录活动类。表达上不够简明，如“开学了没几天”“开学了一个月”为冗余信息。事件主体不鲜明，未仍按照班级做了什么来表述，如“学院为我们举办了开学典礼以及迎新晚会”应改为“我班参加开学典礼及迎新晚会”。

读写实训

一、请阅读以下一个大事记片段，指出不足之处并写出修改稿。

2017级××班大事记

2017年9月，迎接2017级新生活动在××广场举办。

Δ　第一次班委选举。

2017年10月，应学校要求，我们专业参加了工程技术系班班有歌声活动，这是我们第一次集体参加比赛活动。在训练的过程中，同学们积极配合，让我们感受到了班级的凝聚力。在我们的努力下，我们取得了好成绩。

2018年1月，在××操场，我们进行了为期10天的军训，在此期间，我们领略了军人的风姿，学习了军体拳和站军姿，从中我们受益颇多。军训磨炼了我们的意志，亦是一种自我挑战，每次的坚持到底都会让我们有种超越自己的感受，同时也让我们更加敬佩军人。即使在寒风凛冽的环境下，同学们的互帮互助、团结一致也让我们感受到了温暖。

二、自入学以来，本班同学一起经历过许多要事、大事。请回顾入学至今的实践经历，撰写班级大事记。

三、自入学以来，你可能经历过许多属于自己的要事、大事。请回顾入学至今的实践经历，撰写专属于自己的大学生涯大事记。

第五节　简　　报

相关知识

一、简报的概念

简报，用于反映本单位、本系统在一段时期内各方面工作开展情况和相关动态，总结经验，揭示问题的一种内部刊物，旨在简明扼要地报道。简报只在单位或系统内部传阅，不公开发行，目的是促进内部信息交流、互相启发，是单位或系统成员了解相关情况的重要渠道，具有新闻性和报告性。

简报按性质可划分为综合性简报和专题性简报。综合性简报将一个时期内工作开展、会议、动态多方面内容综合报道，简报名称为单位名称加简报，如“××学院简报”。专题性简报，集中报道某一工作内容，如会议情况、科技情况、动态，简报名称提示专题内容，如“会议简报”“科技简报”“校园动态”。

二、写作内容与方法

简报的价值在于及时反映具有全局意义的事实材料。撰写简报时，应注意时效性，思想敏锐、行动敏捷，对问题反应得快，对材料分析得快，成稿快，发稿快。应注意典型性，站在全局的高度去观察事情、分析问题，反映事物发展的动向性问题。应注意真实性，包括人名、地点、时间、情节、数字、引语、因果关系等，都完全准确无误，依靠事实说话。简报由报头、报核、报尾三个部分构成。

（一）报头写法

报头类似公文的文件头，为红色反隔线以上部分，一般有四个要素，分别是简报的名称、期数、编发机构、印发日期。

简报名称：根据不同性质采用不同写法。综合性简报名称为单位名称加简报，如“××学院简报”。专题性简报为内容加简报，如“会议简报”“科技简报”“校园动态”。简报名称宜用套红大号字体，醒目大方。

期数：位于简报名称正下方，写明第几期。定期简报还要写明总期数。

编发机构：一般位于红色分隔线的左肩上，一般是单位办公室，或大型会议的秘书处。

印发日期：一般位于红色分隔线的右肩上，完整写明年月日。

（二）报核写法

报核也称“报身”，是简报的主体部分。不同性质和内容的简报，报核写法不同。

当有多篇文稿，则需要编排目录，以方便查找。当所报道内容文稿较少，则无须目录。目录一般不需要页码。

报道的写法和消息类似，常见的写法是先概述情况，然后对某一个重要方面展开叙述。如果是综合性简报，则要分门别类，采用小标题分述法；如果是专题性简报，则要抓住工作典型，采用专题综述写法。如果是把有指导参考价值的材料转发出来，则应在转发材料前加编者按语，就所转发材料发表见解引导读者理解。转发材料如果篇幅过长，可在保持完整性前提下作适当删节。

当报道材料不是由编发简报的单位撰写，而是其他单位供稿，应在正文末尾用括号标注供稿者名称，交代材料来源。如供稿者是编发者，则可省略此部分。

（三）报尾写法

简报的尾部称为报尾，一般有两个要素，发送范围和印制份数。发送范围应注意按照上级、平级、下级顺序排列送达单位。

具体版式见图 4-1。

简报名称

第 X 期（总第 X 期）

XXXXXX 编　　　　　　　　　　　　　　　　　　20XX 年 X 月 X 日

目录

1. XXXXXXXXXXXX
2. XXXXXXXXXXXX
3. XXXXXXXXXXXX

……

标题

XXXXXXXXXXXXXXXXXXXXXXXXXXXXXXXXXXXXXXXXXXXXXXXXXXXXXXXXXXXXXXXXXXXXXXXXXXXXXXXXXXXXXXXXXXXX。（XXX 供稿）

标题

XXXXXXXXXXXXXXXXXXXXXXXXXXXXXXXXXXXXXXXXXXXXXXXXXXXXXXXXXXXXXXXXXXXXXXXXXXXXXXXXXXXXXXXXXXXX。（XXX 供稿）

标题

XXXXXXXXXXXXXXXXXXXXXXXXXXXXXXXXXXXXXXXXXXXXXXXXXXXXXXXXXXXXXXXXXXXXXXXXXXXXXXXXXXXXXXXXXXXX。（XXX 供稿）

发送：XXXX，　XXXX，　XXXX，　XXXX X。　　　　　　　　共印 X 份

图 4-1　简报格式图

例文简析

例文 1

××水利简报

2019 年第 6 期

（总第 385 期）

××省水利厅　　　　　　　　　　　　　　　　2019 年 2 月 22 日

【重要活动】

省水利厅与长汀县共商推进长汀水土流失治理

2 月 12 日，省水利厅××厅长会见了长汀县×××县长一行，共同商讨加快推进长汀县水土流失治理，林××总工参会。

××厅长认真听取了长汀县关于加快水土流失治理工作情况的汇报，对长汀县迅速贯彻落实×××书记重要指示精神，以及提出的水土流失治理工作目标任务、思路对策、措施方案给予充分肯定。他强调，长汀县要紧紧围绕“××书记提出的 2020 年水土流失率由目前的 7.95%下降一个百分点以上”这一核心目标，确保森林覆盖率稳定在 79.8%，

国控和省控断面水质Ⅰ～Ⅲ类比例达 100%，县级集中式生活饮用水水源地水质达标率 100%；并要求长汀县进一步细分项目类别，协调分步实施，落实资金保障，着力示范提升。他表示，省水利厅将充分发挥牵头单位作用，在项目对接、资金申报、方案修编、技术支持、沟通协调等方面给予长汀最大支持，不折不扣完成省委省政府的决策部署，确保 2020 年底长汀水土流失治理取得决定性胜利。（厅水保处）

省水利厅与国家开发银行、中国联通公司深化互助合作

2 月 13 日，省水利厅××厅长、游××副厅长、梅××副厅长与到访的国家开发银行××分行曾××行长、郑××副行长一行共商水利投资战略合作。××厅长对国家开发银行××分行长期以来对××水利事业的支持表示感谢，并详细介绍了“十三五”后两年到“十四五”期间××重大水利工程建设的发展态势和预期投资规模，表达了与国家开发银行加大合作的强烈意愿，希望双方加快组建工作小组，就具体合作模式、融资路径进行深度沟通，形成具体方案，推动双方合作思路尽早落地。曾行长高度赞赏××水利近年来的发展速度和成效，对城乡供水一体化、万里安全生态水系建设、流域综合治理、水资源配置工程等表示出浓厚的投资兴趣。她希望国家开发银行方面能提早介入重大水利工程的规划前期，共同探索创新水利投融资模式，在原有基础上，建立更加全面、更加整体的合作机制，为推动我省重大水利项目落地打通资金瓶颈。（厅办公室）

【建设项目】

××市今年计划投资 2.99 亿元建设乡村振兴战略水利设施

一是重点推进木兰溪防洪生态景观工程仙度段、盖尾段、华亭白塘段、城区段左岸口袋公园和仙水溪后坑段、城涵河道、荔城区横塘河、涵江区萩芦溪庄边段等河道综合整治工程，年计划投资 1.6 亿元。二是实施农村饮水安全巩固提升工程，以村网改造为主，在水务已整合的范围内实行一户一表、直接收费到户改造；继续推进城乡供水一体化试点建设，以第三水厂续建和水务整合区规模化水厂管网改造建设为主，年计划投资 1.01 亿元。三是综合治理涵江区江口镇、萩芦镇水土流失，年计划投资 0.38 亿元。（××市水利局 林××）

【基层动态】

××市多举措全面提升水生态安全保障体系

一是加强河湖执法督查，推动水政执法走向“严紧硬”。二是以安全生态水系为载体，统筹水系连通、截污纳管、绿化美化等项目，开展水环境综合治理。三是重点抓好寿宁水土流失治理重点县、15 个水土流失治理重点乡镇、国家水土保持重点工程及中央坡耕地治理项目的实施。四是深化“三条红线”考核、水资源消耗总量和强度双控行动，制定规划水资源论证管理办法、取水许可限批管理办法，健全取水计量和取用水统计制度，狠抓取用水管控。五是按时完成农村水电站生态流量整改任务，确保安装在线监控装置

的可靠性，严格执行生态流量达标率。（××市水利局）

××县“河长制110”指挥中心正式揭牌启用。指挥中心将依托××广电网络集团专业座席团队，对公众通过热线、随手拍举报的河湖问题快速受理；将定期收集举报问题类型、处理完成率报送县河长办，作为各乡镇年度河长制考核的内容之一。（××县河长办）

××市20座水电站已按批复要求或采用临时设施全面落实生态下泄流量，基本解决由水电站引起的河道断流问题。（××市水利局）

近日，××市举行××市东溪罗溪流域灯埔段河道整治工程项目开工仪式暨捐赠仪式。（××市水利局）

发送：××××，××××，××××，××××。

（资料来源：福建省水利厅.）

简析：该例文为省级水利系统的综合性简报，选入时有所删节。简报综合报道2月中旬以来的重要活动、建设项目、基层动态三个方面情况，时效性强，材料典型，表达简要。

例文2

××省商务厅精神文明建设工作

简　报

××省商务厅文明办　　　　　　　　　2018年5月28日

××省商务厅组织干部职工开展“文明交通”活动

为增强市民文明交通意识，维护文明交通秩序，5月23日上午，××省商务厅组织干部职工开展“文明交通”活动。职工们站在烈日下，指挥着来来往往的车辆，积极协助交警引导行人文明出行，疏导上班高峰人群，劝阻不文明行为，进一步提升了市民的文明交通意识，体验了一次交通志愿者的工作。

省商务厅制订了“文明交通行动计划”，广泛开展文明交通行为教育。采取多种形式，开展文明交通知识教育培训，增强“关爱生命、文明出行”意识，明确文明安全出行的基本要求，逐步养成遵章守纪的交通行为习惯，大力营造浓厚氛围。开展多种形式的主题实践活动，广泛开展文明交通志愿服务活动，组织志愿者开展经常性交通违法劝导活动。文明出行重在习惯养成，重在自觉实践。文明行动是一盏明灯，璀璨了自己，也照亮了他人。让我们彼此监督，共同进步，做一个文明出行的好市民！

（资料来源：河南省商务厅.）

简析：该例文为活动简报，简要报道5月23日“文明交通”活动目的、内容、效果等内容，并介绍了文明交通相关工作措施以及文明出行意义，时效性强。

读写实训

一、请阅读下面一篇会议记录，制作成一份格式要素齐全的会议简报。

市场秩序整顿会议记录

时间：4月8日上午。

地点：管委会会议室。

出席者：杨××(管委会副主任)、周××(管委会副主任管城建)、李××(市建委副主任)、肖××(市工商局副局长)、陈××(市建委城建科科长)及建委、工商局有关科室宣传人员，街道居委会负责人。

列席者：管委会全体干部。

主持人：李××(管委会主任)。

记录人：邹××(管委会办公室秘书)。

讨论议题：

1. 如何整顿城市市场秩序？

2. 如何制止违章建筑、维护市容市貌？

杨主任报告城市现状：我区过去在开发区委领导下，各职能单位同心协力、齐抓共管，在创建文明卫生城市方面取得了一定成绩，相应的城市市场秩序有一定进步，市容街貌也较可观。可近几个月来，市场秩序倒退了，街道上小商贩逐渐多起来了，水果摊、菜摊、小百货满街乱摆，一些建筑施工单位沿街违章搭棚，乱堆放材料，搬运的泥土洒落大街……这些情况严重地破坏了市容市貌，使大街变得又乱又脏；社会各界反应很强烈。因此今天请大家来研究：如何整顿市场秩序？如何治理违章建筑、违章作业、维护市容……

讨论发言(按发言顺序记录)

肖××：个体商贩不按规定到指定市场经营，管理不得力、处理不坚决，我们有责任。这件事我们坚决抓落实：重新宣传市场有关规定，坐商归店、小贩归市、农民卖蔬菜副食到专门的农贸市场……工商局全面出动，也希望街道居委会配合。具体行动方案我们再考虑。

罗××(市工商局市管科科长)：市场是到了非整不可的地步了。我们的方针、办法都有了，过去实行过，都是行之有效的。现在的问题是要把有人抓、敢于抓落到实处。只要大家齐心协力，问题是能够解决的。

秦××(居委会主任)：整顿市场纪律，我们居委会也有责任。我们一定发动群众配合好，制止乱摆摊、乱叫卖的现象。

李××(市建委副主任)：去年上半年创建文明卫生城市时，市上出了个7号文件，其中规定施工单位不能乱摆战场；工棚、工场不得临街设置，更不准侵占人行道；沿街面的施工要有安全防护措施……今年有的施工单位不顾市上文件，在人行道上搭工棚、堆器材。这些违章作业严重地影响了街道的整齐、美观，也影响了行人安全。基建取出的泥土，拖斗车装得过多，外运时沿街散落，到处有泥沙，破坏了街道的整洁。希望管委会召集施工单位开一次会，重申市府 7 号文件，要求它们限期改正，否则按文件规定惩处。态度要明确、坚决。

陈××：对犯规者一是教育，二是强硬。“不教而杀谓之虐”，我们先宣传教育，如果施工单位仍我行我素不执行，那时按文件强硬处理，它们也就无话可说。

周××：城市管理我们都有文件、有办法，现在是贵在执行。职能部门是主力军，着重抓，其他部门配合抓。居委会把居民特别是“执勤老人”(退休职工)都发动起来，按 7 号文件办事，我们市区就会文明、清洁，面貌改观……

与会人员经过充分讨论、协商，一致决定：

1. 由工商局牵头，居委会和其他部门配合，第一周宣传，第二周行动，监督实施，做到坐商归店、摊贩归点、农贸归市，彻底改变市场紊乱状况。

2. 由管委会牵头，城建委等单位配合，对全区建筑工地进行一次检查。然后召开一次施工单位会议，对违章建筑、违章工场限期改正。一个月内改变面貌。过时不改者，坚决照章处理。

散会。

主持人(签名)

记录人(签名)

二、以班级为单位编写一份格式要素齐全的简报，报道内容可多篇或一篇。

第六节　调 查 报 告

相关知识

一、调查报告的概念

调查报告，又称“考察报告”“调研报告”，是针对某一情况、事件、经验或问题，进行细致深入的调查研究，对所得资料分析整理，揭示事物本质和规律，提出作者看法和意见的书面报告。调查报告是调查和报告两个概念的组合。没有调查，就没有报告，调查是第一步；调查是报告的基础和依据，报告是调查的反映和结果。

根据调查范围，调查报告可以分为综合性调查报告和专题性调查报告。综合性调查报告依据的是全面性的调查，涉及方面多，情况繁多，篇幅长。专题性调查报告针对某个事件、问题，内容集中单一，篇幅较短。

根据调查目的，调查报告可以分为 3 种。第一种是反映情况类调查报告，反映调查对象的基本现状、出现原因、历史发展、产生影响等，目的是掌握情况，以供决策。第二种是揭露问题类调查报告，反映问题事实真相、问题产生原因、性质和危害、解决途径和建议等，目的是为解决问题提供建议。第三种是介绍经验类调查报告，分析典型案例，总结经验和教训，进行经验推广交流，目的是指导推动工作。

二、写作内容与方法

调查报告以研究为目的，以报告反映研究结果。报告的写作应围绕研究目的选择组织材料，有所取舍，避免材料堆砌无序无重点。调查报告一般由标题、正文、落款三个部分组成。

（一）标题写法

调查报告的标题主要有以下两种写法。

公文式标题写法，由“调查主题+文种”或“调查者+调查主题+文种”组成，写明调查的对象、范围、问题等，如《关于惠农政策落实情况的调查报告》《××××关于留守儿童情况的调查报告》。

文章式标题写法，可以是单标题，也可以是双标题，如《大学生就业为什么选择外企？》《重大事项决定是这样做出的》《提高质量低成本开拓市场——××集团公司业务情况调查》《为了造福子孙后代——××县封山育林调查报告》。

（二）正文写法

正文一般由前言、主体、结尾三部分构成。

1. 前言写法

前言以简洁的文字对整篇调查报告的内容作提示，具体写法灵活多样，应根据情况采用适宜的写法。但不管采用何种写法，都应注意简明扼要，避免和主体重复。常见写法如下。

概述情况式，即写明调查的缘起、时间、地点、对象、方法、经过、人员组成等调查本身的基本情况，给阅读者总体印象。

交代意图式，即介绍调查对象的基本情况和历史背景、主要成绩、突出问题等，为阅读者了解调查报告的主要内容打下基础。

点明主题式，即开门见山，直接概括调查的结果，如指出问题、揭示影响、提出看法或主张，使阅读者快速了解调查结果。

提问式，即先提出问题，然后在主体中进行回答。

2. 主体写法

主体是调查报告的核心，是前言的充分展开，是结论的依据所在。主体主要反映三个方面内容：一是叙述交代调查得来的具体事实材料；二是对事实材料的分析研究；三是说明调查结论，提出对策、建议。这些内容在组织上，可采用不同的结构方式。常见结构方式如下。

横式结构：大型的调查报告往往背景广阔、涉及面较广，需要分析其内在联系，故把调查内容分为几个方面，每个部分加上小标题概括反映。

纵式结构：按照事物、事件的发生、发展、结果的自然顺序或人们的认识过程组织材料，将事情的来龙去脉交代清楚，使阅读者对事情有深入、全面的了解。该结构常用于情况调查报告、揭露问题调查报告。

纵横式结构，即从纵横两方面交错组织材料，一般在叙述和议论发展过程时用纵式结构，分析提炼若干问题时用横式结构，或以纵式为主、横式为辅，或以横式为主、纵式为辅。该结构多用于涉及面广、内容复杂的调查报告。

3. 结尾写法

不同性质的调查报告，结尾的写法各不相同。常用的有：总结主要观点，深化主题；提出解决问题的建议、对策；提出问题，引发思考，展望未来；补充未涉及但又值得重视的情况或问题。

(三)落款

落款包括调查者和调查报告完成时间，写在正文右下方。

例文简析

例文 1

××市“全面二孩”政策实施情况调研报告

“全面二孩”政策是国家继2013年实施的“单独二孩”生育政策后的又一次新的调整。为及时了解××市“全面二孩”政策的实施效果，更好地落实政策，为制定人口发展长期规划提供参考依据，市统计局开展了医院(助产机构)、村(居)委会出生情况问卷调查，现分析如下。

一、调查的基本情况

1. 调查内容。本次调查的指标包括调查对象的基本情况和出生情况两个方面，涉及医院(助产机构)妇产科人员、床位设置，村(居)委会人口规模、人口流动情况，出生人口规模，出生人口分胎次数量等内容。

2. 调查方式。本次调查采取问卷调查和实地座谈相结合的方式。调查对象为全市医院(助产机构)、村(居)委会。

3. 样本抽选。本次调查对象样本为1家市级医院、1家市级专业公共卫生机构(市妇幼保健院)、11家县直医院(当地接生量最大的医院)、8家乡镇卫生院、2家民营医院，市、镇、乡村的村级单位分别为2、7、5个。进行实地走访调研。

二、调查结果及特征

1. 出生总人口小幅增长。“全面二孩”政策放开后，全市调查的13家县级以上医院(助产机构)有11家反映2017年妇产科孕检门诊量较上年同期有所增加，2017年上半年调查医院接生孩子总数为14 994人，较2016年增加957人，增长6.8%。

2. 二孩出生人数占比大幅提高。调查显示，8 家医院能区分接生孩子胎次，2017 年上半年接生孩子中，一胎 3 546 人，二胎 5 740 人，多胎 1 329 人，分别占全部接生孩子总数的 33.4%、54.1%、12.5%。与 2016 年同期相比，一胎、多胎接生孩子人数占比分别下降 6.8、2.98 个百分点，二胎占比提高 9.8 个百分点。

3. 乡镇卫生院接生人数略有下降。调查中了解，国家加强对妇产接生资质评定，要求各级卫生医疗机构必须对每一位孕产妇严格按评分标准打分，实行分级接生。全市目前 241 家乡镇卫生院，只有 30 家乡镇卫生院设有妇产科及妇产医师，其中仅 20 家卫生院继续承接接生业务。在此次调研的继续承接接生业务的 7 家乡镇卫生院中，2017 年上半年共接生孩子 1 163 人，较上年同期减少 147 人，同比下降 11.2%。

4. 城区“全面二孩”政策效应凸显。调研走访中了解，“全面二孩”政策的放开更多的是城镇单位干部职工有生育意愿的育龄妇女的福音，而对于农村而言，政策效应并不明显。调查显示，2017 年上半年，全市 11 个县市区二孩出生人数较上年度增加最多的为北湖、苏仙两区，增加 676 人，占全部增加人数的 45.6%。

三、存在的问题

1. 计生医疗资源利用不均。“全面二孩”政策放开后，短期内全市备孕妈妈和新生儿增加，与此同时也给全市计生医疗带来了较大的压力。调查了解，县级以上医院妇产科医生反映“全面二孩”政策放开后，妇产科孕检门诊量明显增多，住院分娩人数增加，产科人满为患，床位供求紧张，医护人员不够，工作量大且辛苦；而乡镇卫生院、民营医院妇产科医生则表示因基层医疗条件相对落后，生育二孩的高危高龄产妇较多，出生缺陷防控要求评分一般都超过 10 分，按照要求必须要送上级医院就诊，因此“全面二孩”政策对它们影响不大，产科床位富足有余。

2. 孕产妇生育风险提高。二胎时代也是高龄妊娠激增时代，高龄产妇伴随着遗传性疾病、妊娠期代谢性疾病等发病率的增高，还有可能会增加后代的疾病发生率。据卫计委提供的妇女儿童医疗卫生保健情况表中数据显示，2016 年，全市孕产妇死亡率为 19.9/10 万，较 2015 年提高 7.08 个十万分点，其中城市孕产妇死亡率 2015 年为 0，2016 年却猛增到 16.99/10 万。孕产妇剖宫产率也由 2015 年的 21.4%提高到 23.7%，提高 2.29 个百分点。调查中了解，二孩政策放开后，70 后育龄妇女尤其是城市妇女生育意愿最强，而这个年代的育龄妇女年龄段在 35～45 岁的高龄阶段，她们因身体素质而面临着受孕概率较低和产后康复慢等诸多问题，比适龄产妇需承担更多的生育风险。

3. 育龄妇女人数逐年减少。根据人口普查年龄移算表推算，2013 年至 2017 年，全市 15～49 岁育龄妇女人口呈逐年下降趋势，5 年间减少 4.7 万人，平均每年减少将近 1 万人。育龄妇女人数的逐年减少，特别是后期有意愿的 70 后生产完后，将直接影响二孩的出生人数和“全面二孩”政策的实施效果。

4. 80 后、90 后女性生育意愿不强。调研走访中了解，80 后、90 后独生子女家庭目前对二孩的生育意愿并不强烈，主要影响因素除开年龄的相对优势，更多的是考虑生育成本高、经济压力大、时间精力有限、个人职业发展受限等主观因素。

四、几点建议

人口政策是事关国家长远发展和民族前途的大事，"全面二孩"政策放开后，全市人口出生率有一定程度的提高，二孩出生人口有一定的增长，但新生儿总数增长速度依然不快，符合政策条件却选择不生二孩的家庭不在少数。要保障"全面二孩"政策实施效果，建议可以在如下几个方面下功夫。

1. 保障女性生育权利，减轻照料子女压力。生育二孩需要付出大量的时间和精力，而母亲仍然是"负担的承担者"。给予再生育女性精神关怀，减轻育儿经济压力，才能更好地贯彻生育政策。一是营造氛围，加强宣传教育，倡导夫妇共同承担家务，减轻女性家庭精力消耗，关心爱护女性，减轻女性负担，提高其生育意愿。二是完善生育产假和配偶产假制度。探索适合不同行业的职业女性生育"二孩"的孕期假、产假和哺乳假。三是发展托幼事业，消除0～3岁托幼极度缺失的局面，减轻妇女工作与家庭照料之间的矛盾。

2. 完善社会服务供给，降低养育成本。孩子的生养成本主要由分娩、养育、教育三大块组成。一是要对二孩家庭提供政策扶持，给予生育二孩的父母补助金、生育补贴，提高女性在生育期间的生活生育津贴，降低养育成本。在社区开展二孩家庭帮扶活动，缓解经济困难的二孩家庭的压力。对二孩家庭适度减税，降低工薪阶层的税负，间接降低养育成本。二是提高医疗服务供给，着力解决产科、儿科医护人员及能力短缺问题，强化孕产妇与新生儿危急重症救治能力建设，加大出生缺陷防治力度，确保母婴安全，降低生育风险。三是要加强基础教育资源的合理分配，实现不同学区、地区之间教育资源的充分流动，解决好上学难、上学贵的问题。不再让家长为高昂的赞助费、择校费而烦扰，为高价的学区房而烦忧，从而降低家庭的教育成本，提高家庭生育意愿。

3. 保障女性工作权利，解除再生育的后顾之忧。女性从怀孕到产假结束期间职业生涯的间断，不仅使女性自身感受身心压力，更令企业增加用工成本。在求职和晋升方面，企业考虑女性因生育、照料孩子花费精力等问题会影响工作效率，而选择少招或不招女员工，女性的职业选择和发展因此遭遇困境。因此必须要采取相关措施来解除女性生育的后顾之忧。一方面，政府对于因"二胎"而增加用工成本的企业给予政策优惠和奖励；另一方面，企业应该积极响应国家政策，配合国家采取鼓励措施，给备孕女性提供用工安全感，给予二胎夫妇比一胎夫妇更长的带薪休假时间，且休假的工资可以适当上涨。

（资料来源：湖南省统计局网站.）

简析：该例文为反映情况类的调查报告，就全市实施"全面二孩"政策的情况进行调查。选入时略有改动。报告首先交代调查报告的背景、目的、基本情况，然后分析存在的问题，最后提出建议，对于人口发展规划具有决策参考意义。

例文2

关于××高新区水环境污染治理情况的调研报告

根据区人大常委会工作安排，××高新区人大工委近期就水污染治理工作情况组织开展了专题调研，现将调研情况报告如下：

一、基本情况

自开展水环境污染治理以来，园区在区委的坚强领导下，在区人大常委会的监督支持下，紧扣中央环保督察“回头看”工作，以水污染防治和重点河流断面为抓手，以提高水环境质量为核心，全面推进水环境综合治理工作。

(一)组织领导坚强有力。园区高度重视水资源环境保护工作，按照区委、区政府总体部署，印发《2018 年度××高新区“两减六治三提升”专项行动工作实施方案》，成立水环境整治推进办公室、“两减六治三提升”推进办公室、××高新区排水许可工作专班及××高新区入河排污口调查摸底和规范化整治工作专班，有效解决突出环境问题，努力打赢生态环境治理攻坚战。

(二)污水管网排查攻坚。结合排口整治、雨污分流工程，园区进一步完善污水收集管网系统，对雨污混接、错接的管道实施全面整改；对于倒坡、破损、无法疏通的管道，进行修复或翻建。对劣Ⅴ类的河道排水口进行调查，编制“一河一策”整治方案，采取改造排水管道、封堵排水口、敷设截污管道、设置调蓄设施、防倒灌等综合性措施。

(三)“岸源核心”全力推进。按照“问题在水里、根源在岸上、核心在管网、关键在排口”的思路，园区在梳理水体点源、面源和内源污染的基础上，计划新开展 77 家企事业、1 家小区雨污分流改造和 27 家小区雨污分流“回头看”工程。截至目前，园区已完成 20 家企事业单位整改，小区雨污分流改造及“回头看”工程正在开展招投标，计划 6 月进场，年底前完工。

(四)断面水质源头管控。(略)

(五)生态补水加快实施。(略)

二、存在的问题

虽然园区在水环境治理方面做了大量的工作，取得了一定成效，但仍然存在问题，主要表现在：一是城市排水基础设施有待完善，尤其部分老旧小区存在雨污分流不彻底的情况；二是河流环境状况有待提升，河流的水质管理亟待加强，河流的水力资源保障缺位；三是环境监管能力，特别是环境污染预警监控能力和环境监管队伍有待提升；四是长效管理机制需要进一步完善，河道保洁水平还需要进一步提高。

三、几点建议

为进一步强化园区水环境治理，实现园区生态环境稳步提升，建议：

(一)进一步加强领导，高度重视水环境治理工作。按照“河长制”工作责任分工，做到园区每一河段都有一名区管领导包干。抓好水污染防治规划项目的具体落实，以提升水环境质量和加强水污染治理为重点，大力推进长效化管理。加强综合考核，加大督查力度，进一步落实责任，明确职能职责，形成分工协作、纵向到底、横向到边、目标明确、责任落实、齐抓共治的水污染防治工作格局，确保如期完成下达的各项水污染防治目标任务，促进园区水环境质量得到明显提高，全面提升园区环境治理水平。

(二)进一步加大宣传，提升水环境防治责任意识。对于涉水工业企业和其他相关涉水企业、个体工商户等，通过专题培训和以会代训等形式，广泛深入宣传新《环保法》

《水污染防治法》等法律法规，多从法律后果和责任追究的角度，强化企业、商户对于水污染治理的主体责任和社会责任，树立正确的环保意识和发展观，明白达标排放只是环保底线、无污染事故发生是环保红线、无恶意排污行为是环保高压线。对于广大市民，通过普法宣传教育，进一步提高环保意识，切实增强水污染防治方面的监督意识和责任意识。

(三)进一步强化治理，加强水环境综合整治工作。(略)

(四)进一步加快建设，扩大污水管网建设范围。(略)

(资料来源：江宁区人民代表大会网站.)

简析：该例文为反映水污染治理情况的调查报告，选入时有所删节。该报告引言开门见山，交代研究任务的来源，介绍了所采取的五个措施、仍然存在的四个问题，在此基础上提出四个对策。全文逻辑贯通，表达简要。

例文 3

“三安”经验调查报告

——安化、安吉、安溪对中国特色县域现代茶产业发展的启示

浙江省安吉县、福建省安溪县、湖南省安化县(以下简称“三安”)在中国产茶县中是具有标杆意义的代表。江南、华南、西南、江北四大茶区上千个产茶县是中国茶产业的重要基础：是茶资源基地，也是茶产业发展基地；是一二三产交集之地，也是茶农增收致富之地；是市场供给侧结构性改革的起始点，也是市场消费端的出发点；是乡村振兴的用武之地，也是现代茶业发展的创业之地；茶文化内容丰富，茶产业历史悠久。在我国茶叶主产区，县域茶业经济发展水平很大程度上决定着当地经济发展、农民的富裕水平，地位重要、关系重大。“大国小农”是我国重要的基本国情农情。在我们这样一个人口大国、农业大国中，包括茶叶生产在内的农业是以小农户生产为基础的，从生产资料、生产规模到生产方式莫不如此，家庭联产承包责任制作为社会主义初级阶段生产关系长期的制度安排就是一个鲜明特征。据统计，全国85%以上的茶地由个体茶农经营，茶农人均茶地经营面积约为 0.5 亩，该数值与国家统计局公布的农村居民家庭经营的山地面积相近。但是中国茶业发展的方向和目标又必须通过先进的生产方式、经营方式和科学技术，走向规模化、集约化和现代化。如何在“大国小农”的背景和基础上走上高质量的现代茶产业发展之路，值得深入研究和探索。

去年，中国国际茶文化研究会周××会长提出要对“三安”等一批在发展中国特色县域茶业经济探索中取得卓有成效的县(市、区)的实践经验进行调查研究和总结，并亲自同孙××常务副会长、沈××副会长等会领导带队，分三组深入浙江安吉、福建安溪和湖南安化进行调查研究，思考和探究县域茶产业如何走出一条高质量发展的现代茶业之路，如何让“一片叶子成就了一个产业，富了一方百姓”的经验得到有效推广。三个调研小组在地方党委政府的支持帮助下，深入茶区企业、农户，通过座谈、探访，听故事、看材料，在掌握了大量素材的基础上，经过梳理、分析和提炼，形成了这份“三安

调查”总报告。

一、“三安”奇迹：绿叶子变成金叶子

在“三安”，茶产业的健康持续发展为“绿水青山就是金山银山”的重要论断给出了最好的诠释：“三安”都是山地丘陵居多的地方(安吉占 61.5%，安溪占 742%、安化占93%)，都是海拔有高度、云雾有湿度、低纬有温度的适合茶叶生长的生态优越之地，都有千年以上的产茶老传统。改革开放特别是党的十八大以来，“三安”茶产业腾笼换鸟、凤凰涅槃，走出了一条因地制宜，把生态优势、资源优势转化为产业优势、市场优势的特色路子，创造了“一片叶子成就了一个产业，富了一方百姓”的奇迹。

安吉是从一株白茶古树起家闯出了一条兴业富民的路径，成为著名的“中国白茶之乡”。安吉白茶是按绿茶工艺生产的优质名茶，以茶氨酸含量高、茶多酚含量低、叶白脉翠、色美味鲜为特长，特别受新生的茶饮群体所喜爱，产、销区从一县走向了全国。1982年湖州市农业局和安吉林业局合作，利用天荒坪镇桂家山仅存的一株白茶古树开始锲而不舍地进行良种繁育、推广种植。2005 年习近平同志(当时任浙江省委书记)在安吉村首次提出“绿水青山就是金山银山”的重要论断。到 2018 年的 13 年时间，安吉白茶的面积、产量和产值分别增长了 4.6 倍、3.9 倍和 8.3 倍。至今已在全县建成 17 万亩安吉白茶园，产值超 25 亿元，品牌价值达 40.92 亿元；茶产业产值占全县农业总产值的 60%；县外、省外引种的白叶一号品种面积近 300 万亩。安吉在全国 264 个茶叶主产县的产业综合实力评估中排名第六。2016 年安吉县白茶产业被列入国家民生示范工程。全产业链从业人员近 20 万人，为全县 36 万农民实现人均增收 7 030 元。如当年习近平总书记视察过的黄杜村在种植白茶之前，人均年收入不到 400 元，现在户均收入已近 40 万元，成为远近闻名的美丽乡村精品示范村。

安溪是在一个传统品牌的基础上“凤凰涅槃”，闯出了一条兴业富民的路径，成为世界闻名的中国乌龙茶铁观音之乡。铁观音属青茶(乌龙茶)，成品茶分清香型、浓香型、陈香型三大类，以茶味醇厚、茶香浓郁为特长。改革开放以来，历届县委、县政府都高度重视安溪茶产业发展，始终将茶业作为经济社会发展的第一课，摆在重中之重的位置，不遗余力地推动。现在全县茶园面积达 60 万亩，茶叶年产量 6.2 万吨，是名副其实的中国茶业第一大县。安溪也从福建省最大的贫困县，跻身全国县域经济百强县行列，市场从福建辐射至全国，走向东南亚乃至全世界。2017 年，茶叶传统市场占有率 17.28%，茶叶电子商务市场占有率 21.3%，均居全国第一。2018 年，全县涉茶总产值 175 亿元，年茶叶出口量约 1.5 万吨，创汇 6 000 多万美元。2009—2018 年，安溪连续十年位居全国百强产茶县第一位。茶成为重要的民生产业，全县 26 万农户中有 20 万农户种植、加工茶叶，农民人均纯收入的 56%来自茶叶，120 万人口中有 50 多万人以茶为业。至今茶业产值每增加 1 个百分点，农民收入就增加 0.5 个百分点，全县的 GDP 就增加 0.75 个百分点。

安化是从“绿黑之争”到“择黑而创”，闯出了一条兴业富民的路径。它以“金花”取胜，成为茶界黑马、黑茶产业的后起之秀。安化黑茶因其科学的发酵工艺、“金花”功效和保健功能实现了由“边销茶”到大众保健茶的华丽转身。2018 年，全县茶园面积从 2004 年的 5.7 万亩发展到了 35 万亩，茶叶加工企业由 12 家发展到了 160 家，茶叶加工量由 0.6 万吨增长到 8.2 万吨，茶叶税收从 16.8 万元增加到了 3.2 亿元。安化黑茶不仅畅销北上广深等国内一线城市，还不断走向海外，进入韩国、日本、德国、法国、俄罗斯等国市场，成为安化农民的致富产业。安化农民人均可支配收入 2 000 元以上来自黑茶产业。据统计，每户茶农种植一亩茶园，每年就能收入 8 000 余元，除去 3 000 多元的生产成本，每亩效益超过 5 000 元左右，其中高山茶园、山头茶园的效益达到每亩 8 000～15 000 元。安化黑茶的快速发展，还带动了安化乃至益阳市的诸多行业，如包装、物流、宾馆、餐饮、旅游等。如益阳全市邮政业务超过 90%来自与黑茶相关的物流。一大批茶叶龙头企业的兴起，既助力广大农民脱贫致富，又带动当地社会各项事业的发展。

“三安”茶产业和茶文化对地方经济社会发展、农民脱贫致富和乡村振兴意义非凡、贡献巨大，是产业富民的典范。它不仅创造了巨大的物质财富，也给“三安”人民带来了无穷的精神力量。当下，“三安”人都满怀浓浓茶情为自己所取得的茶业发展成果而自豪，对高质量现代茶业发展满怀信心。

二、“三安”经验：上下同欲者胜

《孙子兵法》有云“上下同欲者胜”，是说同心同德、目标一致至关重要。“三安”经验的根本一条就是，改革开放特别是党的十八大以来，在习近平新时代中国特色社会主义思想指引下，自觉融入脱贫致富、乡村振兴、健康中国、“一带一路”、供给侧结构性改革、高质量发展等党和国家重大发展战略，因地制宜，科学决策，上下同心，久久为功，创新创造，致力推动茶产业和茶文化的健康发展。

第一，党政高度重视，发挥主导作用，是县域茶产业健康持续发展的关键。(略)

第二，培育市场主体，壮大龙头企业，是促进小农户与现代茶业有机衔接的有力保障。(略)

第三，科技和文化是茶产业振翅腾飞的两只翅膀，“三安”经验也是科技支撑、文化引领创造的奇迹。(略)

第四，品牌建设和市场营销是好茶也能卖出好价钱的制胜之道。

“三安”茶业具有生态优势，在品牌建设和宣传推介中都十分重视生态环境保护。安吉坚持“优质、高效、生态、安全”的理念，促进茶园向生产生活、生态多功能融合发展。按照园区生态化、产出高效化、生产标准化的品质要求，出台《关于原产地安吉白茶茶园保护区域划分的通知》，划定安吉白茶永久保护区、核心保护区和重点保护区，实行分级保护，对茶园周边环境采取严格的保护措施。同时，全面推进茶园生态化改造，制定《安吉白茶生态茶园建设标准》，有力维护原产地安吉白茶面积的稳定性，保障安吉白茶的生态品质。

安溪的“农资监管与物流追踪平台”在全国实现“四个首创”：一是农资商品条形码准入；二是发放农户农资购买卡；三是无线联网移动农资稽查；四是农资销售凭证发布病虫害防治信息。目前，安溪县共发放 20 多万张农资卡，农资购买卡记录反映出茶农的姓名、所在的乡镇村、住所地址、联系电话、拥有的茶园面积、农资购买情况等信息。农资监管与物流追踪平台可以跟踪茶农购买农资的情况，发现有异常情况，网络会自动预警。农业执法大队可以利用这个平台，跟踪查询农户茶园农药购买使用情况，重点抽检异常农户的茶叶质量安全。安溪还在全省首创“山长制”，从县域大生态、茶山小生态、土壤微生态和绿色生产技术推广 4 个层面，立体推行全域生态化，建成高标准生态茶园 35 万亩。在全省率先开展茶叶有机肥替代化肥、茶园去化学农药化、茶园节水灌溉等“减量化”行动，2018 年全县农用化肥使用量、农药使用量分别比上年减少 9.6%、13.99%，控两减三基本取得较好成效。

安化坚守“小块茶园林中有茶、茶中有林”的生物多样性的生态茶园战略，力争每一片茶叶的安全、绿色、环保。通过资金奖补、技术指导等方式扶持小农户自建、合建、助建茶园基地，支持企业和种茶大户开展茶业规范、绿色、有机等认证，逐步建立茶园登记发证和茶产品质量追溯制度，全面实行无公害化栽培管理，禁止使用违禁农药、除草剂等化学产品。

品牌建设的核心是品质，质量、品质是生命线，区域公共品牌也好，企业品牌也好、产品品牌也好，莫不如此。

“三安”茶业都十分重视品质标准建设。安吉精心构筑安吉白茶品质保障的“防火墙”，坚持从源头抓起，加强安吉白茶原产地质量监管，全力实施土壤提档、减肥限药工程，全面推行茶园绿色防控体系建设；在安吉白茶上市季节，加大企业自检和部门抽检力度，通过鲜叶检测和干茶抽检相结合的方式，对入市交易的鲜叶和干茶进行随机抽样检测。2018 年共检测干茶样品 300 余个，鲜叶样品 1 800 余个，合格率均达 100%。

安溪坚持把推动标准化生产作为茶叶质量安全的核心，制定《安溪铁观音》和《安溪乌龙茶》两项产品标准，其中《安溪铁观音》国家标准已通过专家评审。大力推行安溪铁观音“四个标准体系”，全县 100 多家茶企获得了 ISO 9000、GAP、GMP 和“三品”等质量管理体系认证。加大茶叶检测检验力度，投资 3 000 多万元，安溪建立了国家茶叶质量监督检验(××)中心、国家级茶叶检测重点实验室，为安溪茶产业发展提供了强有力的技术支撑。

安化针对“黑茶脏”的传统认识误区，建立环环相扣的一条龙品质保证体系，从茶园到茶杯，从田间的农药管理，到流通领域的包装质量，制定出了一整套规范体系。安化黑茶序列现有 13 个省级地方标准、8 个国家标准，申报了国家地理标志产品，荣获中国驰名商标 3 个、省级著名商标 12 个，还获得了全国知名品牌示范区的荣誉称号。正是基于这些可量化、可比照的标准，安化黑茶的品质在市场上一直有着较好的口碑。

茶香也要能吆喝、会吆喝。“营销”与“推销”一字之差，方向和路子却截然相反。推销是有了产品再去吆喝，营销是根据市场需要来研制产品吆喝产品。“三安”茶叶品牌之所以从偏远的山区快速稳步走进城市、走向全国，甚至走出国门，文化开路，标准通道，产品品质是基础，营销文化是关键。

安吉通过抓市场、抓展会、抓电商、抓渠道、抓媒体营销资源，通过茶旅融合、茶文融合、茶商融合拓展营销，每年在白茶博览会上隆重表彰金牌经销商和最佳经销商，成为营销经典之作。

安溪铁观音扬名中外，很大程度上得益于创新营销文化：一是活动营销攻市场。1996—1999年，安溪县政府运用“茶王赛”的推广模式，在广州、上海、北京、香港等地刮起“铁观音旋风”，先后攻下福建、广东、长江流域和北方四大市场。2005—2013年，又通过“铁观音神州，美丽中国行”活动，进一步开拓中西部市场和东北市场。安溪人在全国各大中城市开设的茶庄、茶店、茶行、茶艺馆达3万多家，全国市场占有率从2000年的5%提高到现在的8%左右。在外销市场上，安溪铁观音产品销往五大洲40多个国家和地区，年销量1.5万多吨，每年创汇6 000多万美元。二是茶都建设筑市场。安溪于2000年在城区建立了全国最大的茶叶批发市场——中国茶都，成为安溪铁观音辐射全国各地的中枢。2001年，茶都茶叶交易额2.78亿元；2017年，茶叶交易额已达13.2亿元，年增长17.86%，三是品牌塑造拓市场。安溪坚持以公共品牌支撑企业品牌，以企业品牌开拓市场，以文化涵养产业，推动茶产业朝着品牌经济方向发展。致力培育壮大八马茶业、安溪铁观音集团、坪山茶业、三和茶业、华祥苑茶业、中闽魏氏茶业等一批引领业界的龙头企业，打造出“赛珍珠”“浓露香永”“金凤凰”等一批全国性的明星产品，一批有影响力的茶叶商标脱颖而出。全县拥有中国驰名商标7件、省著名商标49件、市级知名商标48件。

安化黑茶的营销之道：一是科技支撑营销，用科学数据、科技成果传播安化黑茶的健康功能；二是文化助力营销，用文化艺术演绎展示安化黑茶魅力；三是建立联盟合力营销，采取“政府+协会+企业+基地+农户+物流+经销商”模式，形成营销合力；四是开展新型营销行动，电子商务、网络直销、物流网、配送体系等多管齐下；五是茶旅一体营销，依托茶马古道，弘扬“少数民族生命之茶”的内涵，宣传“藏茶汉饮”，打造民族团结品牌，等等。

第五，人才是第一资源，是生产力的核心。让人才在发展茶产业上大显身手是产业振兴的又一个关键之举。谁能赢得人才，谁就占了发展先机。（略）

三、“三安”启示：走高质量发展的现代茶业之路

中国茶产业经过新中国成立初期的恢复性发展、改革开放以来特别是党的十八大以来的振兴复兴大发展，已成为世界茶叶生产大国和茶叶消费大国。但是，仍然存在着大而不强、大而不精、大而不彰的问题，中国还不是茶业强国。

小农户生产既有历史性，也有现实性，更有长期性。我国建设现代农业的重中之重是发展多种形式适度规模经营，培育新型农业经营主体。同时，也要清醒地认识到小农户家庭经营是我国农业的基本面，以小农户为主的家庭经营是我国农业经营的主要形式，是我国现代农业发展必须面对的现实。小农户是茶产业中数量最大的微观经济组织，在整个产业链中占有基础地位。从国家茶叶产业技术体系产业经济研究室在16个茶叶主产省份140个产茶县的2 010个茶农固定观测点的数据看，我国茶农家庭户主90%以上为男性，平均年龄为52岁，受教育程度基本在高中及以下，近半数为初中学历；家庭人口

数均值为 4.4 人，其中家庭中从事茶叶生产的人数一般为 2 人。茶叶产业在茶区是民生产业，在茶农家庭收入中占有重要位置，2017 年被调查的茶农户茶叶收入约占家庭总收入的 58.57%。

就现状看，数量巨大的小茶农无疑只是市场价格的接受者，市场议价能力较低，处于产业价值链的底端。无数的茶叶小农户的家庭经营使茶产业碎片化。小茶农的茶产品大多以鲜叶出售，也有以原料散茶出售，既无品牌，更无标准，价格低，效益差。小茶农的生产投入不足，更谈不上机械化、新技术、新方法、新设备、新农资、新标准的应用，茶园管理能力和茶叶加工能力薄弱，产品质量难以稳定和提高。小茶农获得政府的资助少，经济实力不强，抗市场风险能力和抗自然灾害能力弱，难以持续发展和高质量发展。同时，小茶农为了提高家庭收入，一般都是兼业化生产等。茶农的兼业经营在一定程度上缓解了茶区劳动力过剩的局面，但是也给茶叶生产带来了不稳定性。茶叶市场繁荣的时候茶农会重返茶园，市场不景气的时候茶农会去兼职，也加剧了茶叶市场供应的波动。

破解茶叶小农户生产瓶颈是个世界性课题。2016 年联合国粮农组织第 22 届政府间茶叶工作组会议上，小农户经济工作组曾建议成立世界茶叶小农户联盟（CITS）。改革开放以来特别是党的十八大以来，在复兴中华茶文化、振兴中国茶产业的伟大进程中，各地对破解“大国小农”瓶颈、走中国特色现代茶业发展之路进行了积极有益的探索和实践，“三安”等一大批茶产业发展先行县应势而起，顺势图强。上有领袖关怀、国家战略指引，下有各级重视、政策支持；内有原生动力、创新创造，外有科技进步、市场导向，可谓“天时、地利、人和”兼备。它们所创造的经验很大程度上代表了茶产业前进的方向，值得认真学习借鉴、深入研究探索。

第一，推进体制机制创新，处理好政府有形之手和市场无形之手的关系，形成促进茶产业科学发展、协同发展的合力。（略）

第二，推进组织链和利益链融合创新，处理好“资本引入”、培育主体、壮大龙头企业和保护茶农利益、调动茶农积极性的关系，提高小农户的组织化程度，发挥好龙头企业对小农户的带动作用。（略）

第三，创新生态保护机制，处理好生态保护和产业发展的关系，实现生态高质量保护和产业高质量发展的统一。（略）

第四，致力产业创新，做精六大茶品类，精彩“六茶共舞”，充分发挥茶资源的综合作用。（略）

第五，推进科技、文化创新，提升科技支撑和文化引领的能力，促进茶产业高质量发展。推进茶产业高质量发展，科技是引擎，文化是灵魂，强健翅膀，才能使茶产业展翅高飞。（略）

第五，提出三条建议：第一，重视“三安”经验、研究“三安”经验、发展“三安”经验，继续加强对中国特色县域现代茶产业发展路径的研究和指导。第二，鉴于茶的特殊地位和功能，国家设立专门的茶叶综合性管理机构，对茶叶从生产到内外销实行全程扶持和监管。第三，国家设立“全民饮茶日”，并向联合国卫生组织发出倡议设立“世界爱茶日”，让茶为中国人民和全人类的福祉发挥更大的作用、做出新的更大的贡献！

（资料来源：搜狐网.）

简析：该例文为反映茶业发展经验的调查报告，调查者为中国国际茶文化研究会。选用时做了删节。全文介绍了调查对象基本情况，然后分“三安”奇迹、经验、启示三个大的板块进行介绍，逻辑贯通，内容详尽充实。

读写实训

一、请就你所读专业同学的课外个人文化娱乐活动情况进行调查，撰写一份调查方案。

二、请就你所读专业同学的职业意向进行调查，撰写一份调查报告。

三、请你谈谈调查报告和总结的区别。

拓展阅读

总结的小标题句式七组

由于总结篇幅较长，往往采用撮要标题式的结构呈现。小标题的拟定犹如给文章画清眉目，使阅读者能够快速理解文章要旨。小标题的拟定应当做到准确、简洁、鲜明、统一。以下是常用的小标题句式清单。

一、单字句式

“严”字当头，把从严管理作为永恒课题

“学”字为先，把勤奋学习作为成事之基

“实”字为要，把取得实效作为衡量标准

突出一个“公”字，有力有效提高选人用人公信度

突出一个“活”字，多措并举激发队伍创新创业活力

二、带“了”字句式

深化改革，激活了发展动力

落实项目，促进了产业升级

真抓实干，推动了四城同创

三、带“力”字句式

产业转型注动力

项目建设再发力

创新机制增活力

部门联动聚合力

宣传发动添助力

四、带“新”字句式

实施创新驱动，实现开发技术新发展

优化运行模式，推动管理提升新进步

坚持开源节流，创出降本增效新成果

注重超前防控，开创安全环保新局面

四、“转变”句式

转变招商路径，增添选商引资内涵

转变思维模式，促进线上线下融合

转变发展方式，增强产业集聚水平

转变投入机制，增长经济发展后劲

五、“围绕”句式

围绕项目招引这个关键，加快突破招商引资

围绕真抓实干的要求，加大项目推进力度

围绕转型升级这个重点，全面推动稳增长、调结构

七、“以……为……”句式

以项目建设为主线，着力增强经济即期动力

以完善功能为重点，着力推进新型城镇体系建设

以优化公共服务为目标，着力发展各项社会事业

以……为关键/导向/基石/支撑/抓手/前提/根本/保障/核心

第五章

公关社交类文书

第一节　启　　事

相关知识

一、启事的概念

启事，“启”是“打开”，引申意思是“陈述”；“事”是事务、事项、事情。启事是工作生活中单位或个人向公众说明某个事项，以寻求帮助与配合，共同完成某一事务，或使公众周知的一种事务性文书。其篇幅往往比较短小，传播途径灵活，可以张贴、广播、登报等，是向外沟通交流信息的常用工具。

启事根据不同目的，可分为三种：求助类启事，用于寻求公众的帮助，如寻物/人启事；求合作类启事，用于寻找合作人，如征婚/友/搭档启事、征稿/订启事、招聘/商启事、招租/领启事、活动启事；声明类启事，用于表明情感态度、事实情况，如道歉启事、感谢启事、证件遗失/作废启事、解聘启事、迁址启事、更名/期/正启事、开/停业启事。

二、写作内容与方法

为使公众明白并愿意提供帮助或配合，撰写启事时应做到信息完整不遗漏，表达简明不含糊，用语诚恳。启事由标题、正文、落款三个部分构成。

(一)标题写法

标题一般可以直接以文种“启事”为题，或加上形容词，如“紧急启事”“重要启事”；或直接以事务为题，如“招聘”“招工”；也可以详细一点，在“启事”前加上事务或单位，如“招聘启事”“××公司启事”；还可以郑重一点，单位名称、事务、文种三个要素构成标题。

(二)正文写法

求助类和求合作类启事用于说明某一事务，以求公众自愿地帮助或合作，启事核心内容是启事方的需求情况、帮助启事方或合作的方式以及启事方提供的报酬。另外，受众需要了解启事方基本情况，从而选择是否提供帮助或合作，所以启事方基本情况是启事的必要内容。声明类启事只表明自身情况，并不寻求公众帮助或合作，所以只需写明启事方的情况。

具体来说，启事因需求的不同，相关信息和重点有所不同。下面列举三种常见启事的写作内容。

1. 寻物启事

应着重交代丢失物品的名称、特征、时间、地点，失主基本情况、联系方式和酬谢方式等，形式上或分段或篇章合一。

2. 招聘启事

一般应写明招聘单位的基本情况、招聘对象、应聘条件、招聘待遇、应聘方法等内容，形式上多采用分条列项式陈述。

3. 开业启事

应写明开业单位的名称、性质、概况、地点、开业时间及让利活动等，形式上或分段或篇章合一。

(三)落款写法

在正文右下方写明启事单位名称或个人姓名，注明启事日期。启事方如果是单位，一般应加盖公章以示负责。

例文简析

例文 1

关于征集《××风景名胜》画册图片的启事

为深入挖掘××风景名胜特色，全面提升××国家级风景名胜区影响力，突出展示××自然和人文资源魅力，唱响“××向东、××最美”主旋律，决定编辑制作××风景名胜宣传画册。为确保画册质量，现面向社会广泛征集图片。

一、征集范围

包括但不局限于××风景名胜区的鲁山、石门-白石洞、原山、樵岭前、五阳山、开元溶洞景区。

二、征集内容

春、夏、秋、冬自然风光图片、人文景观图片、民俗文化图片、人物照片和大型活动图片等。

三、征集对象

任何组织和个人均可投稿。

四、征集时间

2021 年 9 月 16 日至 2021 年 10 月 10 日。

五、作品要求

1. 应征作品要主题鲜明，内容健康，感染力强。

2. 应征作品为 JPG 格式，单张图片原则上不低于 5M，每位作者报送作品数量不限。照片仅可作剪裁，以及白平衡、亮度、对比度、色彩饱和度、锐度的适度调整，不可经电脑过分修饰和局部加减，作品画面上不得添加文字或边框。

3. 应征作品必须是本人原创作品，不接受修改他人创作的作品、网络下载的作品和电脑技术合成的图片。

4. 投稿者必须保证投稿作品不侵犯第三方的包括著作权、肖像权、名誉权、隐私权等在内的合法权益，无版权纠纷。投稿者应承担由其稿件及投稿行为所引发的一切后果与责任。

5. 应征作品上传时须注明标题、创作时间、地点等说明（不超过 200 字），同时标明作者姓名、工作单位、联系方式。

六、相关说明

1. 将择优选录作品，作品一经录用将支付稿酬。

2. 对于所有录用作品，主办单位有权在著作权存续期内，以复制、发行、展览、放映、信息网络传播等方式用于宣传和展示，不再另支付稿酬。

3. 所有征集作品一律不予退稿，请自行留存底稿。

4. 凡投稿者，即视为其已同意本启事之所有规定。

5. 本次图片征集活动的最终解释权归主办单位——××风景名胜区管理委员会。

七、投稿方式

邮箱：××@163.com。

联系人：张××。

联系电话：1572582××××。

报送地址：××开发区创业大道 53 号智慧大厦 8 楼。

××风景名胜区管理委员会

2021 年 9 月 16 日

（资料来源：淄博市人民政府网站.）

简析：该例文为征集图片的征集启事。该文交代了征集的目的、范围、内容、对象、时间、要求、图片使用相关问题、方式，内容全面。采用了分条列项的呈现形式，一目了然，易于理解。选入时略有改动。

例文 2

美食广场档口招商启事

后勤服务中心为进一步规范管理程序，经研究决定，美食广场以公平、公正、公开、择优录取的原则实行招商。

一、项目说明

(一)招商内容：美食广场17个经营档口。

(二)美食广场招商项目：中餐类8个；水煮类4个；稀食、油炸类1个；蒸点类1个；煎烙类1个；糕点制作兼水吧类1个；水吧类1个(小碗菜与清真窗口不纳入此次招商)，详见《美食广场招商项目明细表》(附表1)。

(三)此次招商报名者必须具备三年以上从事餐饮工作经验。

(四)此次招商报名者必须本人报名、本人经营且仅限于填报一个项目。

(五)报名后须经后勤服务中心考察小组实地考察核实，如果与提供的资料不符或弄虚作假者，将取消报名资格。

(六)根据《评分细则》(附表2)进行评分中标。

(七)中标者不得转包、不得超范围经营，如有违反者，则按合同扣除风险抵押金，并取消中标者经营资格。

二、报名、投标开标的时间、地点及要求

(一)根据《评分细则》(附表2)要求，报名必须带齐相应的个人资料(营业执照、健康证、单位提供的相关证明等有效资质)。

(二)报名时间为2019年6月24日至6月28日上午9:00～11:00，地点为后勤服务中心二楼饮服中心办公室，过期不予办理。

(三)投标开标时间为2019年7月5日上午9:00，地点为后勤服务中心二楼会议室，逾期者视为自动放弃。

(四)每名报名者须交报名费100元，无论中标与否，不予退还。

(五)《评分细则》见附表2。

(六)联系人：李××；联系电话：1577113××××。

附件：

1.《美食广场招商项目明细表》

2.《评分细则》

××职业技术学院后勤服务中心

2019年6月19日

(资料来源：湖北职业技术学院官网.)

简析：该例文为征召类启事，简要说明招商缘由、原则、要求、招商方式，项目明细和评分细则以附件形式处理。全文条理清晰，主次分明。

例文3

中国侨网招聘启事

一、关于我们

中国侨网是面向全球华侨华人，集资讯、服务、互动于一体的综合性网站。依托国务院侨务办公室的倾力支持、中国新闻社遍布全球的信息采集和发布网络，中国侨网已实现网站、手机网及社交新媒体等多个平台的联动运行，成为全球最大、最权威的侨务资讯平台。

2016年，中国侨网全新打造的“侨宝”移动客户端上线，实现了为侨服务的全天候与全覆盖，目前安装用户迅速增加，多为遍及世界各地的海外侨胞，以及广大境内归侨侨眷和涉侨部门人士。

因事业发展需求，中国侨网现公开招聘采编、技术和运营人员18名。

二、职位详情

(一)副总编辑(1人)

1. 岗位职责：

(1)负责原创选题策划、稿件审核，提升中国侨网原创水平；

(2)收集涉侨舆情，及时整合报告供有关部门决策参考；

(3)加强内外沟通联系及完成领导交办的其他工作。

2. 职位要求：

(1)全日制统招本科及以上学历，中文、新闻学、国际关系等相关专业；

(2)熟悉侨务工作和新媒体，有5年以上的媒体从业经验和2年以上的管理经验；

(3)文字功底好，采编业务熟练，策划能力及执行力突出；

(4)有涉侨新闻采编经历者优先。

(二)运营总监(1人)

1. 岗位职责：

(1)负责整合海内外涉侨资源，开展商业化运营；

(2)各产品市场推广，提升中国侨网、“侨宝”客户端及相关社交媒体影响力；

(3)带领团队组织各类涉侨活动。

2. 任职要求：

(1)全日制统招本科及以上学历，市场营销相关专业；

(2)熟悉互联网媒体公关活动，有5年以上的网络媒体或广告行业经验；

(3)文字功底好，有较强的互动创意、PPT撰写能力，对市场、营销、创意具有独立、专业的判断力；

(4)了解华侨华人、华文媒体等相关领域者优先。

(三)新媒体编辑(5人)

(略)

(四)网络编辑(3人)

(略)

(五)视觉编辑(2人)

(略)

（六）记者（2 人）

（略）

（七）外联专员（1 人）

（略）

（八）Java 开发工程师（3 人）

（略）

三、联系方式

1. 简历投递邮箱：zhaopin@chinanews.com.cn。

2. 简历投递方式：姓名+应聘职位。

2. 联系方式：010-6899××××。

3. 工作地点：北京市西城区百万庄南街 12 号中国新闻社。

（资料来源：中国侨网.）

简析：该例文为招聘启事，首先介绍自身是“全球最大、最权威的侨务资讯平台”，然后总述需要招聘采编、技术和运营人员 18 名，再对招聘对象分门别类说明岗位职责和应聘要求，最后交代联系方式。全文采用分条列项形式，一目了然。

读写实训

一、请阅读下面一则校庆启事，指出不足之处并写出修改稿。

××大学（1905—2015）校庆启事

今年 10 月 2 日，将是中国近代名校即我校的一百一十年诞生日。

为迎接百年校庆，百年校庆筹备委员会恭请全世界凡在××大学、××大学学习和工作过的师生员工回母校参加活动。同时，学校拟编《校史资料集》《优秀论文集》，请各界校友踊跃支持。

地址：（略）

邮政编码：（略）

联系电话：（略）

电子邮箱：（略）

二、××大学为进一步充实校史档案馆列展文物，决定向建校以来各行各业的广大校友征集反映学校发展历史的有关文物。请你代拟该启事，发布在该校的官网上，具体内容合理自拟。

三、请分析以下两组校庆启事中表达的优劣。

第一组：

1. 学院决定向全院师生员工、广大校友及关心支持我院建设发展的社会各界人士发出邀请。

2. 学院热忱邀请在学校工作、学习过的师生员工回校参加活动，共庆十周年庆典，畅叙情谊，共谋发展。

3. 学院现召集广大校友积极参与院庆活动，一同领略学院的十年风采。

第二组：

1. 2016年10月，是学院建校十周年。我院将举办十周年校庆活动。

2. 2016年10月，学院将迎来十年华诞。我院将隆重举办十周年校庆活动。

3. 2016年10月，迎来了学院建校十周年的庆典。

第二节　倡　议　书

相关知识

一、倡议书的概念

倡议书是单位组织或个人就某事、某个任务或某项活动提出建议并发起，希望在一定范围内得到更多人响应的专用文书。

根据传播方式的不同，倡议书可分为：张贴式倡议书、传单式倡议书、登载式倡议书、播放式倡议书。

二、写作内容与方法

倡议书的目的是调动更多人的积极性，响应所提建议，因此，倡议书应当写明目的、意义、背景及预期效果、具体要求等。同时，倡议书本身不具约束力，应把握倡议书的语气，通过对真善美事物的宣传来建议和倡导。倡议书一般由标题、称呼、正文、落款四部分构成。

（一）标题写法

倡议书标题一般由文种名单独构成，即在第一行正中用较大的字体写“倡议书”三个字。另外，标题还可以由倡议内容和文种名共同构成，如《关于遵守考试纪律的倡议书》。

（二）称呼写法

倡议书的称呼依据倡议的对象而选用适当的称呼，如“广大的青少年朋友们”“同学们”等。有的倡议书也可不用顶格写明称呼，而在正文中随文指出。

（三）正文写法

倡议书的内容一般包括倡议的背景、缘起、目的和意义等内容，使阅读者理解、信服，从而响应倡议，积极行动。正文要写明倡议的具体内容和要求。具体内容要表明倡议者的决心、希望、勉励，一般采用分条列项的形式，使阅读者清晰明确，一目了然。

（四）落款写法

落款包括倡议者和倡议日期，即写明发倡议的单位、组织或个人的名称或姓名并署上发倡议的日期。

例文简析

例文 1

“节能降碳 你我同行”倡议书

××市发展和改革委员会

全市各级机关、团体、企事业单位，广大市民朋友：

今年7月10日至16日，是第33个全国节能宣传周，主题是：“节能降碳，你我同行”。为广泛开展节能降碳宣传教育，深度融合碳达峰、碳中和，大力倡导绿色低碳生产生活方式，吸引各方参与节约集约循环利用资源，在全社会营造节能降碳浓厚氛围，推动全市经济社会绿色低碳高质量发展，特发出如下倡议：

一、做节能降碳的倡导者

牢固树立建设生态文明、推动绿色低碳循环发展意识，自觉肩负节能降碳、绿色发展的社会责任。进一步增强能源忧患意识，牢固树立厉行节约、反对浪费的思想观念，倡导健康文明、绿色节能的生活方式、工作方式、生产方式，共同营造人人关心节能降碳、人人参与节能降碳的社会氛围，让节能降碳成为每个人的行动自觉。

二、做节能降碳的传播者

在日常学习、生活和工作中，积极投身节能环保、绿色低碳行动，踊跃担当节能降碳的宣传员、志愿者。以节能降碳为己任，自觉养成健康、文明、节俭、环保的良好习惯，主动向身边的家人、邻居、同事、朋友宣传保护生态环境政策，宣讲节约能源法规要求，普及节能知识方法，分享绿色低碳生活经验，让我们身体力行，让家庭、让单位、让社会共同行动起来，带动身边人自觉节约能源，争当节能环保、绿色低碳卫士，为全社会节能环保、绿色降碳行动做出表率。

三、做节能降碳的践行者

节能降碳责任在肩，让我们从每一天开始，从每一件小事做起。适度用电，光线充足时优先采用自然光，减少照明设备的使用；适当调整空调温度，夏季不低于26℃、冬季不高于20℃；电器设备长时间不使用请及时关闭电源，避免长时间待机跑电。节约用水，随手关闭水龙头，杜绝“跑冒滴漏”“长流水”现象，提倡循环用水、一水多用。垃圾减量，倡导废旧物品重复利用、“一物多用”，出门购物拎起菜篮子、环保袋，减少塑料袋、一次性制品使用；掌握垃圾分类知识，对垃圾进行有效分类和准确投放。绿色出行，树立“能走不骑、能骑不坐、能坐不开”的出行理念，少开一次私家车、多乘坐一次公共汽车，坚持1公里内步行、3公里内骑自行车、5公里内乘坐公共交通工具的低碳出行方式；少乘电梯、多走楼梯，三层以下楼层尽量不乘坐电梯；更新公务用车、购买私家车优先选择新能源汽车。节约粮食，倡导“光盘”，反对“剩宴”，单位就餐适量取餐，居家烹饪合理定量、健康饮食，外出就餐理性消费、不搞攀比，推动形成“厉行节约、反对浪费”的社会风尚。

四、做节能降碳的责任者

不负绿水青山，方得金山银山。重点行业企业应切实增强环境保护守法意识，承担起美丽中国建设主体责任，用先进技术改造传统产业，大力发展高新技术和战略性新兴产业。树牢节能降碳就是降本增效理念，加快节能降碳改造，严格控制高耗能、高耗材、高耗水产业发展，加大对节能、节电、节水、低碳的新技术、新设备、新产品的应用。大力开展余气、余压、余热资源的回收利用，实现节约发展、循环发展、可持续发展，让节能降碳成为绿色低碳高质量发展的主题。

五、做节能降碳的担当者

让你我主动担当，以节能降碳为己任，争做推动节能降碳的志愿者、监督员，发挥聪明才智，主动为节能降碳建言献策。让你我联合起来，把节能降碳当成一种行为自觉、生活自律，并将这种理念传播给更多的人，让节能降碳成为我们的使命担当，守好绿水青山，共享美好生活。

生态文明，非一朝一夕之功；节能降碳，非一人一事之成。节能、节俭、低碳是一种健康向上的生活态度，让我们齐心协力，为大力推进生态优先、节约集约、绿色低碳发展，加快建设美丽××、生态××做出积极贡献。

××市发展和改革委员会

2023年7月10日

（资料来源：日照日报，2023年7月10日2版。）

简析：该例文是通过报纸进行传播的倡议书，在全市范围内倡导绿色发展、节能先行。该文首先交代背景、目的、意义，然后水到渠成地说明五个方面的具体要求，即倡导、传播、践行、责任、担当方面应当怎么做，最后提出勉励。全文条理清晰、结构严谨，小标题简洁精要、十分醒目。

例文2

禁止高空抛物倡议书

尊敬的居民朋友：

您好!在近期开展的清除私搭乱建、消除安全隐患专项行动中，广大一层业主普遍反映，楼上居民往下扔杂物、烟头、垃圾等，个别的还有花盆、宠物食盒等掉落到一层小院发生砸伤人的情况。高空抛物行为，造成人身伤害、财产损失、环境破坏，影响社区和谐和安全。

为此，社区党支部、居委会特别提示：高空抛物不仅是不文明行为，还会造成很多安全隐患，对他人的人身安全也造成极大威胁，严重的高空抛物还要追究刑事责任；如果责任人不明确的，依照相关法律规定，整栋楼或整个单元业主均会被列为责任人。现特别提醒并倡议广大居民做到以下几点：

1. 请充分认识高空抛物、坠物的危害性及肇事者可能承担的法律责任，养成文明的生活习惯，从我做起，自觉杜绝高空抛物。

2. 生活垃圾请分类装袋，放置在楼下指定的垃圾桶内。

3. 请及时清理自家阳台、门窗等室外的悬挂物。

4. 请不要在阳台、窗户外沿摆放花盆、拖鞋、拖把等易坠落物品。

5. 高空抛物危及所有居民的人身安全，人人都有监督高空抛物行为的义务，请大家相互监督和提醒。

6. 请注重言传身教，用模范行为教育自己的孩子做文明之人、行文明之举，不要往楼下乱扔杂物。

居家生活，安全至上。营造和谐优美的社区环境，需要每位居民的共同参与。遵纪守法、举止文明像一把尺子，时刻衡量着我们每一个人。共创平安和谐社区，让我们从拒绝高空抛物开始，从身边的点点滴滴开始。希望我们人人当好主人翁，共商共治共建共享，把我们居住的社区环境建设得更和谐、更有序、更温馨、更美好！

××社区党支部

××社区居委会

2019 年 6 月 20 日

（资料来源：搜狐网.）

简析：该例文为社区内通过张贴传播的倡议书，倡议杜绝高空抛物的危险行为。该文对背景、影响、具体行为要求的说明简明到位，语气既严肃又友善，具有感染力。

读写实训

一、阅读下面一份倡议书，评析其优劣之处。

抵制高空抛物倡议书

各位居民：

《中华人民共和国民法通则》第 126 条规定：建筑物或者其他设施以及建筑物上的搁置物、悬挂物发生倒塌、脱落、坠落造成他人损害的，它的所有人或者管理人应当承担民事责任，但能够证明自己没有过错的除外。共同侵权情况下，即加害人为二人或二人以上的情况，加害人除应承担一般高空抛(坠)物致人损害的侵权责任外，还应承担共同侵权所负的连带责任。

为了维护保障性住房小区内环境卫生，给广大居民营造一个干净、舒适的生活居住环境，同时为了您和大家的安全，请各位坚决抵制高空抛物。

最近，保障性住房网格员接到多起反映高空抛物的投诉，小区路面上经常有杂物，各栋楼上经常有住户往楼下扔生活垃圾。这种行为不仅不负责任，而且给社区留下了安全隐患，对他人的人身安全也造成了极大威胁。所以请大家自觉维护小区的整洁，培养自身的安全防范意识。望广大居民积极行动起来，共同抵制不文明高空抛物行为。

抵制高空抛物，共建和谐社区！

××社区

2019年××月××日

二、请针对你校的某一不良现象，如浪费饮食或长期宅宿舍等现象，撰写一份倡议书，倡导健康合理的学习生活习惯。

三、以下为一份“淘宝体”倡议书，请分析指出存在的问题并写出完整修改稿。

“光盘行动”倡议书

亲，有一种节约叫光盘，有一种公益叫光盘。光盘就是吃光你盘中的食物，不剩饭，不浪费粮食。知道吗，亲？我国每年浪费食物总量折合粮食约500亿公斤，接近全国粮食总产量的十分之一，最少倒掉2亿人一年的口粮。全球平均每年有1 000万人因饥饿丧生，每6秒就有1名儿童因饥饿而死亡。如果每位同学一顿饭节省1元，一天就可以省下3元，一星期21元，一个月就可以省下90元，利用这些钱又可以做很多事，如买一些学习用品、生活用品等。相信亲们看到这样的数字，都不会再倒掉盘中的食物!

为了进一步弘扬我们文明中国勤俭节约的美德，特此发出“光盘行动”倡议：

1. 一定要记住用餐时，吃多少点多少，避免剩饭；
2. 现在流行拼车、拼房，亲，我们还可以一起拼饭哦；
3. 我们消费时，可以点半份餐哦；
4. 亲，一定要提醒你身边的同学、朋友和家人，积极制止浪费粮食的现象。

亲，你愿意吃光盘中餐，今天不剩饭吗?期待亲和亲身边的人加入“光盘行动”中来哦!

第三节　消　　息

相关知识

一、消息的概念

消息常被人们称为新闻。“新闻”一词有广义和狭义之分。广义的新闻是指各种新闻体裁的总称，包括消息、通讯、评论、调查报告、新闻图片等。狭义的新闻指的是消息。它是报纸、广播、电视、网站等媒体中使用最广泛的一种新闻体裁。消息对新近发生的公众有兴趣并具有社会意义的事件进行报道，具有真实、及时、简要的基本特征。

根据内容和特点，消息可分为动态消息、综合消息、述评消息。

（一）动态消息

动态消息对新近发生或正在进行中的事件进行及时的报道，报道社会中的新人新事、新气象、新经验，是最常见的消息类型。动态消息侧重于对事实的及时报道，注重时效性，一般是一事一报、当天事当天报，给读者以动态感。表达上以记叙为主。

(二)综合消息

综合消息是把发生在不同地方或单位，性质相似又各具特色的一系列事实综合起来，反映全局性情况，体现一个主题的报道。综合消息既有点的叙述，又有面的概括，应点面结合，揭示规律。表达上叙中有议。

(三)述评消息

述评消息是在报道事实时直接发表适当议论的消息，是一种兼有消息与评论作用的新闻。述评消息在陈述事实的基础上，侧重分析事实的本质和意义，简明表达作者的观点。表达上夹叙夹议。

二、写作内容与方法

消息要设想并回答读者的问题，这些问题就是新闻的五要素，即 When(何时)、Where(何地)、Who(何人)、What(何事)、Why(何故)。有时消息还要回答 How(如何)的问题。写作时应当采用合适的结构写好这五个要素。消息采用的结构主要有倒金字塔式和金字塔式。

倒金字塔式，即把最重要、最新鲜的内容放在开头，次要内容放在后面，更次要的往后排。导语部分往往能够独立成章，即使删去主体和结尾部分，读者也能了解到发生的事件。这是新闻文体特有的结构形式，也是最基本、最传统的新闻结构形式。

金字塔式，与倒金字塔式的结构相反，即按事件发展的时间或逻辑顺序来写，事件的结尾、主要的事实置于篇后，具有一定的悬念。

消息通常由标题、消息头、导语、主体、结尾五个部分构成。

(一)标题写法

标题是消息内容的高度概括，要能概括新闻的主要内容，突出主要新闻要素，简练贴切。消息标题写法灵活，主要有单标题、双标题两种形式。

1. 单标题

点明消息主要的新闻事实或作者的观点，使读者看到标题就对内容有基本了解。例如，泰森：85 秒卫冕成功》(新华社华盛顿 1989 年 7 月 21 日电)、《邓小平会见撒切尔夫人》(新华社北京 1984 年 12 月 19 日电)。

2. 双标题

有“引题+正题”和“正题+副题”两种形式。不论何种形式，必须有一个标题为实题，另一个可实可虚。

正题，字号大，最醒目，用于说明消息的主要内容，内容实在，为实题。

引题，又称眉题、肩题，位于正题上方，字号较小，用于介绍消息的背景、烘托氛围，以引出正题，为虚题。

副题，又称辅题，位于正题下方，字号较小，用于补充、解释正题内容，为虚题。例如：

引题+正题：《品牌价值突破20亿元 出口日韩多国》《广西侨销茶六堡茶焕发新生机》（《中国新闻报》2019年4月11日）。

正题+副题：《医保监管将纳入信用体系》、《骗保将被处违法数额五倍罚款 违反规定个人将被公开曝光》（《中国新闻报》2019年4月12日）、《中国首个援哥供水民生工程开工》、《水厂建成后将有效缓解哥斯达黎加部分地区供水不足问题》（《中国新闻报》2019年4月12日）。

（二）消息头写法

消息头主要有“讯”和“电”两种情况。“讯”指的是通过邮寄或书面递交的形式向传媒传递的新闻报道；“电”指的是通过电报、电子邮件、传真或电话等形式向传媒传递的新闻报道。消息头表明了消息发出的单位、消息来源、时效，同时也指明了为消息负责的新闻媒体单位。

（三）导语写法

导语，是消息开头的第一句或第一自然段，用于简要介绍新闻的主要内容或最新鲜、最吸引读者兴趣的事实。导语写法灵活多样，常用的有以下3种。

1. 叙述式导语

以直接叙述的方式把消息的主要内容简要叙述出来，使读者一下子抓住主要内容。例如《两岸合编高中语文教材新书在福建发布 台湾同步出版发行》（人民网 泉州4月3日电 詹托荣）的导语：由福建师范大学联合台湾中华文化教育学会等机构，进行两岸合编的高中语文教材新书，4月2日在福建泉州第七中学发布，来自两岸的语文教师，还同时使用这本教材进行了现场教学观摩活动。

2. 描写式导语

对主要事实的某个场面或有意义的侧面进行具体而简要的描绘，使读者产生鲜明印象和身临其境之感。如《23年圆梦，福建晋江水流进金门》（2018年8月6日《福建日报》第1版）的导语：

“来水了！来水了！”5日上午，随着来自福建晋江、穿越约28公里陆海输水管道的碧水，在金门田埔水库喷涌而入，3 000多名围观的当地民众欢呼雀跃。

3. 评论式导语

对报道的事实进行简洁、精辟的评论，揭示所报道事实的目的和意义。例如《基层科技创新遇“无米之炊”》（2011年8月17日《河北日报》第1版）的导语：用“无米之炊”形容我省部分县（市、区）科技创新开展之难毫不为过。近日公布的2010年河北省地方财政科技拨款统计情况显示，全省有28个县(市、区)本级财政技术研究与开发费用为零，41个县(市、区)财政研发投入不超过50万元。

(四)主体写法

主体是消息的主干部分，在导语之后，对导语已披露的要素进一步充实和展开。主体的写作应围绕一个主题取材；事件的叙述应具体、充实，使读者对新闻事件有真切完整的了解；背景的交代应简要介绍有关的历史、环境及其他材料，深化主题，使读者更好地理解消息的内容和价值；结构上通常按照时间顺序或逻辑顺序展开。

(五)结尾写法

结尾指消息的最后一句或最后一段。它承接主体，是主体部分的延伸与归结，并呼应导语。结尾写法灵活，常见的有以下四种：自然结尾法，即交代完必要的新闻要素就收束全文；拾遗补阙法，即补充导语和主体未提及的新闻要素，使消息更完整充实；画龙点睛法，即总括全篇，突出中心；别开生面法，即提出耐人寻味的问题引发读者的思考。

例文评析

例文 1

屠呦呦获颁2015年诺贝尔生理学或医学奖

本报斯德哥尔摩10月5日电(记者刘仲华、商璐)　瑞典卡罗琳医学院5日宣布，将2015年诺贝尔生理学或医学奖授予中国药学家屠呦呦以及爱尔兰科学家威廉·坎贝尔和日本科学家大村智，表彰他们在寄生虫疾病治疗研究方面取得的成就。

屠呦呦的获奖理由是“有关疟疾新疗法的发现”。这是中国科学家因为在中国本土进行的科学研究而首次获诺贝尔生物学或医学奖，是中国医学界迄今为止获得的最高奖项，也是中医药成果获得的最高奖项。今年诺贝尔生理学或医学奖奖金共800万瑞典克朗(约合92万美元)，屠呦呦将获得奖金的一半，另外两名科学家将共享奖金的另一半。

屠呦呦是诺贝尔医学奖的第十二位女性得主。20世纪六七十年代，在极为艰苦的科研条件下，屠呦呦团队与中国其他机构合作，经过艰苦卓绝的努力并从《肘后备急方》等中医药古典文献中获取灵感，先驱性地发现了青蒿素，开创了疟疾治疗新方法，全球数亿人因这种“中国神药”而受益。目前，以青蒿素为基础的复方药物已经成为疟疾的标准治疗药物，世界卫生组织将青蒿素和相关药剂列入其基本药品目录。

诺贝尔生理学或医学奖评委让·安德森在接受本报记者采访时说，得益于3位科学家的贡献，千百万人得到了对症治疗的药物，这一事件具有里程碑意义。他说：“屠呦呦是第一个证实青蒿素可以在动物体和人体内有效抵抗疟疾的科学家。她的研发对人类的生命健康贡献突出，为科研人员打开了一扇崭新的窗户。屠呦呦既有中医学知识，也了解药理学和化学。她将东西方医学相结合，达到了一加一大于二的效果。屠呦呦的发明是这种结合的完美体现。”

诺贝尔奖评选委员会说，由寄生虫引发的疾病困扰了人类几千年，构成重大的全球性健康问题。屠呦呦发现的青蒿素应用在治疗中，使疟疾患者的死亡率显著降低；坎贝尔和大村智发明了阿维菌素，从根本上降低了河盲症和淋巴丝虫病的发病率。今年的获奖者们均研究出了治疗“一些最具伤害性的寄生虫病的革命性疗法”，这两项获奖成果为每年数百万感染相关疾病的人们提供了“强有力的治疗新方式”，在改善人类健康和减少患者病痛方面的成果无法估量。

（资料来源：人民日报，2015 年 10 月 6 日 1 版.）

简析：该例文为动态消息，报道科学家屠呦呦获 2015 年诺贝尔生理学或医学奖。消息采用金字塔式结构，导语平实地叙述了诺贝尔生理学或医学奖被授予包括屠呦呦在内的三位科学家，主体部分则深入地介绍了屠呦呦获奖的理由、屠呦呦团队的努力与贡献、评委的评价，最后以诺贝尔奖评选委员会对三人的肯定结尾。

例文 2

“禁砂”三年，黄河下游最大湖泊东平湖生态效应显现

舍弃八亿收入，换来鸥翔水美

本报东平 3 月 14 日讯 “‘禁砂’三年，水质明显好了，再现鸥翔水美。”今天一早，陈飞带着施工人员来到东平湖西检查集水井。他们参与承建的 7 公里环湖路，每隔 200 米修建了一眼集水井，对污水集中处理。

以前采砂，现在护湖，三年间陈飞的身份来了个 180 度大转弯。2018 年春，他有四艘大型采砂船，每天采砂超万吨。他介绍，东平全县最多时有 2 000 多艘采砂船，5 万余人从事采砂工作。入夜，站在湖南边的高处北望，东平湖俨然一座采砂“不夜城”。现在的他，已经“洗脚上岸”，吃起了“生态饭”。

东平湖既是黄河下游最大的湖泊，也是黄河流域重要蓄滞洪区和南水北调东线重要调蓄枢纽，生态价值巨大。但因为储砂量大，加上建筑用砂价格直线上涨，这里挖砂采砂与生态保护的矛盾曾经十分突出。早在十多年前，东平县就开始探索规范有序采砂的路子，先后成立了河道管理局、砂资源综合整治指挥部等，但因利益主体多、矛盾错综复杂，多轮整治收效不大。

2018 年 3 月，东平县对砂资源进行扎口管理，取得一定成效，也带来可观的财政税收收入——不过 3 个半月就收入 2.3 亿元！据此估算，一年可增加收入约 8 亿元！

然而，这种管理方式仍然跟不上日益提高的环保标准和要求。东平湖综合治理路子怎么走？县里面临重要抉择。经过多次调研、探讨，当地最终达成共识：保护生态、绿色发展才有未来，从 2018 年 6 月底起，停止一切采砂行为！

当年底，当地还主动还湖 300 万吨砂料。“这在当时价值 3 亿多元，不光采砂户不情愿，政府也很疼惜。短期看利益受损了，但长远看是为子孙后代造福。”东平县河道管理保护中心主任刘振鲁说。

包括砂场治理在内，东平县近年来开展了铁腕整治东平湖生态环境九大行动。经过综合整治，如今生态效应显现：湖水常年保持Ⅲ类水质标准，芦苇荡成了鸟儿的天堂，栖息着上百种水鸟；曾经的储砂沙园，变身为年通航能力255万吨的港口作业区，发展起现代物流业……

“以前，全是采砂和养鱼的，家门口向南一眼看不到湖面。现在，晚饭后路上全是休闲散步的，咱的房子也成了湖景房。”银山镇卧牛山村村民王梁说道。

“东平湖不仅是东平县的东平湖，更是全省的、全国的东平湖。我们将锚定‘打造黄河流域生态保护和高质量发展示范区’这一目标，举全县之力打造东平湖区域生态高地。”泰安市委副书记、东平县委书记曲锋表示。

（资料来源：大众日报，2021年3月15日头版.）

简析：该例文为述评消息，为第32届中国新闻奖获奖作品。消息采用引题加正题的写法，导语采用直接引语，点明标题鸥翔水美之意，主体以陈飞从采砂人员转变为护湖人员为切入点，自然带出东平湖的今昔对比。文中夹叙夹议，对东平湖的价值、治理进行评价。如“生态价值巨大”“管理方式仍然跟不上日益提高的环保标准和要求”。文中对数量词“200米”“2 000多艘”“5万余人”“8亿元”等的应用使报道细腻可感。

读写实训

一、选择你所参加的一次校园活动，为其撰写一篇消息，报道活动的主要内容。

二、以下文段为一则新闻的导语，出自1979年的《农民都夸三中全会政策好》。请分析“赤壁之战的古战场”这一背景说明的必要性。

记者在公元208年魏、吴、蜀赤壁之战的古战场——蒲圻县赤壁乡，同那里的党委书记田际成和几位农村基层干部，就当前农村形势进行了座谈。

三、根据下列对话，概述对话中的“献温暖”活动，写成一篇消息。

甲：嗨！昨天怎么一整天没见着你啊？

乙：昨天忙着做活动呢。昨儿“5 · 12”，学习抗震减灾，学院团委还特地组织了一场献温暖活动，支援抗震救灾。

甲：啥？献什么温暖？怎么献？我也得去献献。

乙：在青年广场，今天活动还继续呢，就这两天。校领导也来参加，校长×××还捐了×万元呢。

甲：捐钱，那我不成，我穷人。捐物行吗？

乙：都行，捐生活用品，主要是衣服、被子、鞋子，书就不用了。

甲：哎呀，我得赶紧回去整理整理。忽然觉得自己好有情怀啊，关心他人、奉献爱心，真好。

乙：快快，昨天就募集了善款××万元，旧衣被×千件，今早已全部运往受援地区了。回见！

第四节　通　　讯

相关知识

一、通讯的概念

通讯，是具体、生动、深入地反映新闻事件或典型人物的一种新闻报道形式。通讯在表达上综合采用叙述、描写、抒情、议论等多种方式。它是记叙文的一种，是报纸、广播电台、通讯社常用的文体。

从形式上看，通讯包括访问记、纪实、见闻、特写、速写、侧记、散记、采访札记等。从内容上看，通讯常见的类型有人物通讯、事件通讯、工作通讯、风貌通讯。

(一) 人物通讯

人物通讯通过报道典型人物的言行、事迹、经历，反映人物的思想精神境界，使其成为社会精神财富。所报道的典型人物或者是先进人物，或者是某种倾向的反面人物，也可以是有争议的人物。人物通讯要求叙事写人时应当情真意切、恰如其分，不可夸大。

(二) 事件通讯

事件通讯通过报道典型的，有教育意义、社会影响的突发事件，揭示其本质和意义，反映社会精神风貌。事件通讯离不开写人，但它以事件为中心，人物的刻画为反映事件的来龙去脉服务。

(三) 工作通讯

工作通讯围绕党和政府的中心工作，报道某一单位某项工作的经验教训，探讨问题，以沟通各行各业，交流彼此工作。

(四) 风貌通讯

风貌通讯综合报道某个地区、某条战线、某个单位的发展变化，展现时代的步伐和人们思想的变化。风貌通讯不是围绕一个人物或一个中心事件来写，而是围绕主题集中各方面的风貌和特色，往往点面结合。

二、通讯的特点

(一) 表达上较多样

消息简单报道发生什么事，通讯则详细、生动、深入地报道前因后果，展开情节，篇幅较长。消息一般以叙述为主，通讯则综合使用多种表达方式，刻画人物，叙述情节，抒发情感，发表议论，使人物形象饱满。

（二）结构上较灵活

消息往往把最重要、最新鲜的材料放前面，呈倒金字塔式结构。通讯的结构则灵活多样，主要是用明确的主题将丰富的材料贯穿起来，结构因内容题材不同而不同。

（三）时效上较宽松

消息强调迅速及时。通讯的时间要求没有消息那么严格，时间稍微迟些也可以。

三、写作内容与方法

通讯一般由标题、开头、主体、结尾四部分构成。

（一）标题写法

通讯的标题有单标题和双标题两种写法：单标题用一句话概括主旨，如《“太行精神”耀三晋》；双标题用引题或副题烘托或交代报道对象，如《严师—慈父—名医——记酉阳县浪坪乡评议村小民师喻登智》。

（二）开头写法

通讯的开头写法多样，应根据情况选用适宜的写法：有的开门见山，直叙其人其事，直接抒情或议论；有的设置悬念，或从激动人心的情节写起，激发读者的兴趣。

（三）主体写法

主体是通讯的核心，围绕一个中心，从多个侧面进行全面叙述。通讯的结构与消息相比比较灵活，做到完整、严谨、和谐即可。通讯的主体或采用纵向的时间顺序结构，或采用横向结构，或采用纵横式结构。

要写好通讯的主体，应当首先深入采访，广泛搜集材料；接着对材料进行分析整理，提炼主体，选择切入角度；最后注意综合使用多种表达方式，在重事实的基础上抒情和议论。

（四）结尾写法

通讯的结尾写法多样，或归纳全文、点明主旨；或对发展趋势进行展望；或对报道内容进行评论等。

例文评析

从中医药里挖掘宝藏，用一株小草改变世界

屠呦呦打开一扇崭新的窗户

“青蒿素是传统中医药送给世界人民的礼物。”

10月5日，中国中医科学院研究员屠呦呦获得2015年诺贝尔生理学或医学奖。一时间，各大新闻网站、朋友圈被这位85岁的老太太刷屏了。外界热闹，她却出人意料地平静："青蒿素的发现，是中药集体发掘的成功范例，由此获奖是中国科学事业、中医中药走向世界的一个荣誉。"

"恭喜屠呦呦，恭喜中国！"

5日上午10时，瑞典卡罗琳医学院的诺贝尔大厅内，挤满了来自世界各国的记者。11时30分，诺贝尔生理学或医学奖评委会常务秘书乌尔班·林达尔和3位评委进入诺贝尔大厅。林达尔先后用瑞典语、英语宣布，将2015年诺贝尔生理学或医学奖的一半授予中国药学家屠呦呦，另外一半授予爱尔兰科学家威廉·坎贝尔和日本科学家大村智。屠呦呦的获奖理由是"有关疟疾新疗法的发现"。在林达尔宣布的同时，大屏幕上出现的照片和简介，让世界认识了这位来自中国的科学家——照片中，屠呦呦戴着眼镜，嘴角微微带笑，简介中写着"生于1930年，中国中医科学院，北京，中国"。

接着，评委们介绍了获奖科学家的贡献：屠呦呦发现了青蒿素——一种可以显著降低疟疾患者死亡率的药物。在20世纪60年代末，常用治疗疟疾的药物——通氯喹或奎宁已经失效，但疟疾患者却在持续增加。那时，中国的屠呦呦将目光转向了传统中草药学，并发现了植物青蒿中的提取物有疗效。屠呦呦翻阅古典，找到提取的办法，并将该物质命名为青蒿素。青蒿素代表了一种新型的抗疟载体，能够在疟疾寄生虫发展的早期就迅速杀死它们，因此在治疗严重疟疾方面产生了前所未有的疗效。

诺贝尔生理学或医学奖评委让·安德森在接受本报专访时表达了祝贺："恭喜屠呦呦，恭喜中国！这是诺贝尔生理学或医学奖历史上首次奖励寄生虫疾病的治疗领域。因为这3位科学家的贡献，千百万人得到了对症治疗的药物，这具有里程碑式的意义。"

屠呦呦是诺贝尔生理学或医学奖首位中国得主，也是该奖项的第十二位女性得主。"因疟疾死亡的人每年可以达到两亿人，她以惊人的毅力发现青蒿素，是第一个证实青蒿素可以在动物体和人体内有效抵抗疟疾的科学家。青蒿素可以将受疟疾感染的死亡率降低20%，她的研发对人类的生命健康贡献突出。她的研究跟所有其他科研成果都不同，为科研人员打开了一扇崭新的窗户。"安德森说："中医对于中草药有着丰富的知识，而西方科学家可以从分子生物学的角度对中草药进行分析提炼。屠呦呦既有中医学知识，也了解药理学和化学，她完美地把这些结合在一起。因此东西方医学研究携手合作，会得到丰硕成果。"

青蒿素是中医药造福人类的体现

1971年10月4日，一双双眼睛紧张地盯着191号青蒿提取物样品抗疟实验的最后成果。随着检测结果的揭晓，实验室沸腾了：该样品对疟原虫的抑制率达到了100%！44年后的2015年10月5日，屠呦呦收获了诺贝尔奖。

青蒿，南北方都很常见的一种植物，郁郁葱葱地长在山野里，外表朴实无华，却内蕴治病救人的魔力。屠呦呦正是用一株小草改变了世界。

屠呦呦的名字出自《诗经》“呦呦鹿鸣，食野之蒿”。宋代朱熹注称，“蒿即青蒿也”。名字是父亲起的，当时，并没人预料到诗句中的那株野草会改变这个女孩的一生。

1930 年底，屠呦呦出生在浙江宁波。她是家里 5 个孩子中唯一的女孩。作为一名生药专业学生，屠呦呦考入北大医学院时就和植物等天然药物的研发应用结下不解之缘。1955 年进入中医研究院(现为中国中医科学院)，除参加过为期两年半的“西医离职学习中医班”，她几乎没有长时间离开过东直门附近的那座小楼。

1969 年，屠呦呦所在的中医研究院接到了一个“中草药抗疟”的研发任务，那是一个不小的军事计划的一部分，代号 523。39 岁的屠呦呦临危受命，开始征服疟疾的艰难历程。

从 1969 年 1 月开始，历经 380 多次实验、190 多个样品、2 000 多张卡片，屠呦呦和课题组以鼠疟原虫为模型，发现青蒿提取物对鼠疟原虫的抑制率可达 68%。但是，后续的实验结果显示，青蒿提取物对鼠疟原虫的抑制率只有 12%～40%。屠呦呦分析，抑制率上不去的原因，可能是提取物中有效成分浓度过低。

为什么在实验室里青蒿提取物不能很有效地抑制疟疾呢？是提取方法有问题，还是做实验的老鼠有问题？屠呦呦心有不甘，她重新把古代文献搬了出来，细细翻查。有一天，东晋葛洪《肘后备急方》中的几句话吸引了屠呦呦的目光：“青蒿一握，以水二升渍，绞取汁，尽服之。”这和中药常用的煎熬法有何不同？原来里面用的是青蒿鲜汁！

“温度！这两者的差别是温度！很有可能在高温的情况下，青蒿的有效成分就被破坏掉了。如此说来，以前进行实验的方法都错了。”屠呦呦立即改用沸点较低的乙醚进行实验，终于发现了青蒿素。从 12%到 100%，用乙醚提取青蒿素，这个看似极为简单的提取过程，却弥足珍贵。那一幕，屠呦呦记忆犹新：“太高兴了！千千万万人的生命得以挽救，这是最值得欣慰的事情。青蒿素是属于我们中国的发明成果，而且是从中医药里集成发掘的，是中医药造福人类的体现。我们备感自豪。”

屠呦呦并未止步。1992 年，针对青蒿素成本高、对疟疾难以根治等缺点，她又发明出双氢青蒿素这一抗疟疗效为前者 10 倍的“升级版”。

2011 年 9 月，屠呦呦获得有“诺贝尔奖风向标”之誉的拉斯克奖。

这项荣誉属于中国科学家群体

“科学研究不是为了争名争利。”她说，“那时候大家工作都很努力，工资待遇挺低的，但大家也不考虑这些，自觉来加班，争取快速推进工作。”

中国中医科学院中药研究所原所长姜廷良研究员说，在做青蒿素动物实验时，曾发现有一过性转氨酶升高等现象。屠呦呦和她的两位同事决定亲自试服，证实了药物安全，然后才投入临床给病人服用。当时的科研条件简陋环境差，盛放乙醚浸泡青蒿的大缸，时时发出刺鼻的气味……后来，屠呦呦得了中毒性肝炎。

屠呦呦自己也没想到，40 多年后，青蒿素研究能被国际认可。“您的获奖，是中国科学界的骄傲。我相信，这必将激励更多的中国科学家不断攀登世界科学高峰，为人类文明和人民福祉做出更多更大的贡献。”中国科学院院长白春礼在贺信中说。

“我们应该学习屠呦呦研究员这种埋头苦干、潜心钻研、坚韧不拔、持之以恒的工作作风，去掉浮躁，淡泊名利，始终围绕科学目标脚踏实地勤奋工作。”中国中医科学院院长张伯礼说。

国家卫生计生委、国家中医药管理局在贺词中称，屠呦呦的获奖，表明了国际医学界对中国医学研究的深切关注，表明了中医药对维护人类健康的深刻意义，展现了中国科学家的学术精神和创新能力，是中国医药卫生界的骄傲。

“这是中医中药走向世界的一项荣誉。”屠呦呦说，“它属于科研团队中的每一个人，属于中国科学家群体。”屠呦呦强调，中医中药是一个伟大的宝库，经过继承、创新、发扬，它的精华能更好地被世人认识，能为世界医学做出更大的贡献。我们中国人的成果被国际认可，关键是真正解决了问题，挽救了许多生命。用现代科学手段不断认识中医药，这是我们这一代和下一代科研工作者的责任。

据新华社北京 10 月 5 日电　全国妇联 5 日致信中国女药学家屠呦呦，祝贺她荣获 2015 年诺贝尔生理学或医学奖。

全国妇联在贺信中表示，欣闻屠呦呦荣获 2015 年诺贝尔生理学或医学奖，这是全体中华儿女的光荣，更是全体中国女性的骄傲。全国妇联代表全国亿万妇女，向她致以热烈的祝贺和崇高的敬意。

（资料来源：人民日报，2015 年 10 月 6 日 4 版.）

简析：该例文为事件通讯，深入报道中国科学家屠呦呦荣获 2015 年诺贝尔生理学或医学奖一事。该文分三个部分，第一部分详细再现了获奖现场的颁奖仪式、获奖词，以及评委的介绍和祝贺；第二部分介绍了屠呦呦在提取青蒿素上的努力与不懈坚持；第三部分介绍了获奖在各方面产生的重要意义。

例文 2

杨叔的脱贫日记

杨叔的屋里，那新刷的箱柜就在窗前，在冬日阳光的照射下，闪闪发亮，是杨叔最爱的红色。再过 10 天，就是 2021 年了。杨叔坐在炕上，慢慢翻看着之前的日记：“2020 年农历三月十二，继宏放弃休假日，驱车亲临躬亲，自费(买来)床单，为我家整理了床铺；又腰系油布，以童年时初学之娴熟油漆技术，执刷子刷新了垃圾堆似的两柜一箱，使之鲜红，焕然一新。”

在杨叔的眼里，这鲜红既是对贫困的作别，更是对焕然一新的生活的迎接。

2016 年农历三月初一 晴

帮扶干部来了，也重燃了希望

73 岁的杨叔是宝鸡市金台区硖石镇车辙村五组村民杨思笃。宝鸡市金台区住建局扶贫干部朱继宏扶贫五年来，一直叫他杨叔。

杨叔身材单薄瘦小，但是腰板直挺，看着硬朗。他常着一身蓝色布衣，干农活时，手脚麻利，额头上的汗珠在黝黑皮肤的映衬下闪闪发光。只上过小学的杨叔还是个文学爱好者，村子里能沟通的人少，他就写日记。油盐酱醋、酸甜苦辣，都被他写进日记里，洋洋洒洒，竟也写了 14 本。

为了摆脱贫困，杨叔辛苦了一辈子：种粮食，他比别人流的汗多，每亩地总能多打一二百斤麦子，却卖不了几个钱；种苹果，他比别人精心，却遇到市场行情不好；养牛，辛辛苦苦养大一头牛，卖的时候却被贩子坑了；好不容易拉扯大两个儿子，大儿子在工地因工身亡，小儿子在打工时胳膊骨折……

“我的精神一下子垮了，别说脱贫了，一家人都养不活。”杨叔说。2014 年 12 月，杨叔家被定为贫困户。

“2016 年 3 月 1 日，帮扶干部朱继宏来到我家，先是核实家庭各项农副收入，后谈及脱贫措施……他拿起扫帚，清扫了庭院卫生。”这是杨叔的一页日记，他的生活从这一天开始改变。

初来乍到，如何帮扶杨叔，朱继宏心里也没底。但是，两人喜欢文学和写作，能说到一块去，聊着聊着，朱继宏就说中了杨叔的心事：大儿子去世了，怎样才能尽到爷爷的责任把三个孙儿养大？

朱继宏受到触动，渐渐有了帮助杨叔发展产业来脱贫的想法。可是，杨叔夫妻年老体弱，能干什么呢？

“经过多次走访，我发现，车辙村耕地少、林地多，自然环境优美，经常有市民来郊游。杨叔老两口可以管护苗木、散养土鸡，向游客出售土特产。”朱继宏说。

杨叔采纳了这个建议。很快，帮扶项目启动，补助资金到位，仅个把月时间，他就在 7 亩地上种下了白皮松、花椒、核桃苗。金台区住建局还给车辙村每户贫困户赠送了 20 只乌鸡雏。

树苗和乌鸡雏让杨叔忙碌起来，他渐渐走出了老年丧子的悲痛和消沉，心中又燃起脱贫梦想。

不久，小儿子找到了稳定工作；村里安排大儿媳在公益性岗位就业；三个孙儿的学费、保教费得到减免；全家入股了两个种植养殖合作社。

有了帮扶人，享受到好政策，杨叔的干劲越来越足。家里 15 亩地分散在 8 处，他不是种麦子就是栽树苗，没有一处撂荒；村里开展各种培训，他一场不落；只要听说哪里有活干，他和老伴都赶着去打零工。

人勤地不懒。杨叔家的地在全村务得最好：树苗下见不到杂草，花椒枝用小木棍撑开，接受光照多，长势好。夫妻俩精心饲养的乌鸡，一年多时间，光鸡蛋就卖了 2 000 多元。

三年后，杨叔家的核桃、花椒已经挂果，1 万多棵白皮松树苗翠绿一片，最高的有 1 米多。“这是我的付出，我干了就有希望。”杨叔说。

2017 年农历十一月十一 多云

请结束对我家的帮扶，改扶别人

翻开杨叔的日记，点点滴滴，都是感人的回忆：金台区委书记来家里慰问，坐在炕上和他一笔一笔算收入账，随行人员还帮他理了发；驻宝鸡某部队来村里扶贫，了解到他家的困难后，资助了杨叔大孙子 5 000 元教育经费；硖石镇第一盏路灯在车辙村亮了……

杨叔庆幸自己生活在好时代：“40 多年前，我家 5 口人住十二三平方米的土坯危房……30 多年前，扛着 70 多斤橡子，翻两架山，到县功镇集市只卖了 3.5 元……现在的精准扶贫，让我这个普通百姓感激涕零！”

2017 年 11 月初，杨叔掐着指头算了一下，自己家庭人均收入已经达到了 3 406 元。当年农历十一月十一，路过村委会时，见书记、村民委员会主任都在，杨叔就走进去说，家里人口多，得到经济、教育、健康等方面的扶助很多。“人常说，吃够了要知道摞碗，请结束对我家的帮扶，改扶别人。”

杨叔主动向村委会申请退出贫困户行列。然而，考虑到他家刚过贫困线，村委会没有通过他的申请。

在一个安静的夜晚，杨叔在日记里写道：“贫困户的扶持待遇，我已享受两年多，多种优惠项目，一项都没落下。我既感激又愧疚，无从报恩，只想有生之年，好好劳动。如遇公益事项，将奉献绵薄之力。”

从此，在村委会的大院、在村里的水泥路上，常会看到一个瘦弱的身影在清扫垃圾。

2018 年，车辙村集体经济进一步发展壮大，杨叔家参与了光伏发电、中蜂养殖等 6 个产业项目，年底核算，人均收入 7 202 元。杨叔再次提出脱贫申请，这次村委会通过了，他家从此摘掉了“穷帽子”。

为庆祝这一天，朱继宏和驻村工作队员把杨叔家盖了近 30 年的房屋墙壁粉刷一新，村里给他家赠送了沙发、茶几、电视机。朱继宏的妻子特意在网上买了一幅杨叔中意的山水画，挂在卧室墙上。整个房子窗明几净、生机勃勃。

杨叔难掩激动之情，将这一天写进日记：“如果老天眷恋我，不急于叫我离世，我倒衷心地还想再多活几年……”

2020 年农历五月初九 小雨

希望子孙能记住历史，律己向上，感恩社会

杨叔的日子一天天好起来，他也见证了车辙村的变迁。

八百里秦川自古就是富庶之地，杨叔家所在的六川河边的车辙村依山傍水，村民们祖祖辈辈却过着穷日子。2012 年全村 325 户，三分之一是贫困户。

党的十八大以来，扶贫工作轰轰烈烈展开。金台区住建局包抓车辙村，帮扶干部来到村里，帮助开展移民搬迁工作，对全村环境面貌、产业布局进行规划设计。2015 年起，宝鸡市委、市政府组织万名干部驻村帮扶，开展精准扶贫，朱继宏等 14 名干部帮扶车辙村 54 户贫困户。

村委会建了办公楼、休闲健身广场，村组互通硬化路，主街道装了电灯，山洪治理工程项目开工，河堤上栽了花种了树……杨叔高兴地把车辙村的变化写进了日记里。

5年扶贫经历，也影响着扶贫干部的人生。“山区家庭，没有劳动力，发展生产十分艰难。但是，杨叔没有被困难吓倒。他不畏艰难险阻，带领全家上阵，脱贫致富，是一位坚强的老人。”朱继宏说，“我帮扶了杨叔的物质生活，他‘帮扶’了我的精神世界。”

和朱继宏一起参与帮扶的其他13名干部，在和贫困户打交道的过程中，也深受感动。他们有的是80后、有的是90后，多数是城里娃。刚驻村时，他们听不懂方言，和贫困户交流都成问题。几年下来，个个都成长起来了，帮助村民争取项目、发展产业，对扶贫工作充满激情。

在他们的真情帮扶下，车辙村把资源优势转化为产业优势，大力发展林木、林下经济，发展休闲旅游产业，全村成立蛋鸡养殖、中蜂养殖、黑土猪养殖、山羊养殖等6个合作社，把贫困户全部嵌入产业链。2019年底，车辙村除6户7人五保户外，111户410名建档立卡贫困群众全部脱贫摘帽。

对于车辙村的扶贫工作，帮扶干部还有更长远的计划：发展1 500亩柴胡产业园和13个蔬菜大棚，巩固全村脱贫成果，小康路上，大家一起走。

今年，杨叔家的苗木有了效益，小儿子的工资涨了，大孙子考上了大学……燕子在杨叔家明亮的厅堂内筑起了窝，雏燕的叫声悦耳，杨叔全家的生活越来越有盼头。

忙碌了一天后，夜深人静时，杨叔坐在炕上，又一次专注地写着日记：“希望我的子孙日后偶然见此字迹，能记住历史，律己向上，感恩社会……”

（资料来源：中国记协网.）

简析：该例文为风貌通讯，通过杨叔脱贫典型事例反映地区帮扶贫困户脱贫情况，由点到面反映社会风貌。该文为第31届中国新闻奖通讯类获奖作品。文章构思精巧，以日记反映杨叔三年脱贫的轨迹，在表现了杨叔生活精神变化的同时，也反映了帮扶干部朱继宏等在工作上的成长，更表现了车辙村的日益向荣。

读写实训

一、选择你所读专业的一名优秀毕业生，为其撰写一篇人物通讯，报道其学习生活的经历与经验。

二、在新闻写作中，为使语言生动接地气，往往会运用俗语来增加易读性。请试着填写下面语段中空白处的俗语。

1. 变异的学科类校外培训，很多是________的“超纲抢跑”，不仅加重学生的课业负担、家长的经济负担，也干扰学校正常的教学秩序，影响“双减”工作成效。

2. 以政府投资引导带动更多金融和社会资本投向重大项目、重点产业，充分发挥财政资金________的撬动作用，持续放大高质量发展的政策效应。

3. ________，从钱学森、邓稼先到袁隆平、屠呦呦，再到钟扬、万步炎，一位位为党和国家事业做出巨大贡献的科学家，都是带着逢山开路、遇水架桥的精神刻苦钻研，才取得巨大成就。

4. 有的案件一查就是一串人，________，其中的一个重要原因就是形成了事实上的人身依附关系。广大党员、干部要自觉形成尊崇党章、遵守党规、严明纪律、严守规矩的良好习惯，时刻铭记：不能把党组织等同于领导干部个人。

5. 当然，统筹兼顾不能________，而要注重抓主要矛盾和矛盾的主要方面，抓重要领域和关键环节，以重点突破带动整体推进，在整体推进中实现重点突破。

三、分析指出以下语段的错误之处。

1. 2022 年 1 月 15 日，蒲圪卜村互助养老服务中心内，老人们一起包饺子、吃饺子，欣赏村舞蹈队表演的节目，共度元宵节。

2. 20 世纪末，中国科学家屠呦呦从中医中获得灵感，发现了能消灭疟疾的青蒿素，拯救了无数人的生命。

3. 对内物流直达 15 000 多个县市，对外联通“一带一路”，275 条国际专线遍布全球。

4. 作为我国天体矿物学研究的重大突破性成果，“嫦娥石”的发现使我国成为世界上第三个发现月球新矿物的国家……这是我国发现的第一个月球新矿物。它的发现改变了我国天体矿物发现历史，使我国成为世界第二个发现月球新矿物的国家。

第五节　礼仪性讲话稿

相关知识

一、礼仪性讲话稿的概念

礼仪性讲话稿是人们在重要、重大场合中表达感情、礼仪的文稿，包括开幕词、闭幕词、欢迎词、欢送词、悼念词、答谢词、祝词等。在日常工作中公开的礼仪活动中发表得体、流畅的讲话，是人际交往和事业正常开展的基本要求。在企事业组织的重大活动中，为了确保演讲的准确性、严肃性，需要精心准备讲话稿。礼仪性讲话稿篇幅长短不一，长则万字以上的讲话稿、报告稿等，短则几百字的欢迎词、答谢词等。

二、写作内容与方法

为了达到感召、鼓舞公众的目的，礼仪性讲话稿的写作应注意针对性，记住礼仪性讲话是在特定的时空、面对特定的听众进行的活动，所以应当根据听众的文化层次、职业、喜好、关注点来选择主题、安排内容及表达方式等。写作时还要注意可接收性，去除导致费解、误解、多解的语言，用明白通畅的语言，使听众更轻松地接收信息。礼仪性演讲稿一般由标题、称呼、正文三部分构成。

（一）标题写法

标题又可分为单标题和双标题。

单标题一般由讲话人的姓名、职务事由和文种构成，如《华中科技大学校长李培根在2010届本科生毕业典礼上的讲话稿》。

双标题一般包括正题和副题。正题表明讲话的主旨，副题表明讲话的场合，如《积极迎接新科技革命的曙光和挑战——在中国科学院第十六次院士大会和中国工程院第十一次院士大会上的讲话》。

（二）称呼写法

场合、对象不同，称呼也就不同。常见的情况有：党政的重要会议一般用“同志们”；欢迎仪式上可用“各位领导、各位来宾”，或者“女士们先生们”；有些对象职业较为集中的，也可使用职业称谓，如“老师们”“各位来自××界的专家”；有时可加上“尊敬的”；在重大场合，还要追加主要贵宾的称谓，如“尊敬的××主席（或先生等）”，以示对来宾的尊重。

（三）正文写法

讲话稿的正文没有固定的写作模式，需要撰写者根据听众、场合的特点组织安排内容，但大体需要做到：

第一，开场吸引人。将重要的问题放到最前面去说，从人们最关心的问题入手，或最能引起共鸣的内容入手，迅速抓住现场听众的注意力。

第二，条理分明，使人易懂。在层次安排上，可以纵向排列，一层意思讲完，再深入到第二个层次，环环相扣，层层递进；也可以横向排列，先概括要讲的几个方面，然后逐一讲述。在讲述每层意思前，都要鲜明地概括出主要观点，或作为小标题，或作为段落主旨，鲜明地将主要观点亮出来。

第三，结尾有力。结尾应当有所升华，或使人振奋身心，或启发思考，或余韵悠长。

例文评析

例文1

欢迎词

女士们、先生们：

值此xx公司50周年大庆之际，请允许我代表xx公司，并以我个人的名义，向远道而来的贵宾们表示热烈的欢迎。朋友们不顾路途遥远专程前来贺喜并洽谈贸易合作事宜，为我公司50周年大庆增添了一份热烈和祥和，我由衷地感到高兴。

今天在座的各位来宾中，有许多是我公司的老朋友，我们之间有着良好的合作关系。我公司成立50年能取得今天的成绩，离不开老朋友们的真诚合作和大力支持。对此，我们表示由衷的感谢。同时，我们也为能有幸结识来自全国各地的新朋友感到高兴。在此，我再次向新朋友们表示热烈欢迎，并希望能与新朋友们密切协作，发展相互间的友好合作关系。

“有朋自远方来，不亦乐乎”。在此新朋老友相会之际，我提议：为我们今后的进一步合作，为我们日益增进的友谊，为朋友们的健康幸福干杯！

××××年××月××日

（资料来源：史英新. 应用文写作项目化教程，哈尔滨：哈尔滨工业大学出版社，2021.）

简析：该例文为公司庆典活动上的欢迎词。该文首先对来宾表示欢迎，然后感谢合作老伙伴并再次欢迎新朋友，表达期望开展合作的意愿，继而引用诗句再次表达喜悦之情，使文辞典雅端庄，最后以干杯的提议结束，自然流畅。选入时略有改动。

例文 2

记忆

——华中科技大学校长李培根
在 2010 届本科生毕业典礼上的讲话稿

亲爱的 2010 届毕业生同学们：

你们好！

首先，为你们完成学业并即将踏上新的征途送上最美好的祝愿。

同学们，在华中科技大学的这几年里，你们一定有很多珍贵的记忆！你们真幸运，国家的盛世如此集中相伴在你们大学的记忆中。2008 年奥运留下的记忆，不仅是金牌数的第一，不仅是开幕式的华丽，更是中华文化的魅力和民族向心力的显示；六十年大庆留下的记忆，不仅是领袖的挥手，不仅是自主研制的先进武器，不仅是女兵的微笑，不仅是队伍的威武整齐，更是改革开放的历史和旗帜的威力；世博会留下的记忆，不仅是世博之夜水火相容的神奇，不仅是中国馆的宏伟，不仅是异国场馆的浪漫，更是中华的崛起、世界的惊异；你们一定记得某国总统的傲慢与无礼，你们也让他记忆了你们的不屑与蔑视；同学们，伴随着你们大学记忆的一定还有什锦八宝饭；还有一个 G2 的新词，它将永远成为世界新的记忆。

近几年，国家频发的灾难一定给你们留下深刻的记忆。汶川的颤抖，没能抖落中国人民的坚强与刚毅；玉树的摇动，没能撼动汉藏人民的齐心与合力。留给你们记忆的不仅是大悲的哭泣，更是大爱的洗礼；西南的干旱或许使你们一样感受渴与饥，留给你们记忆的，不仅是大地的喘息，更是自然需要和谐、发展需要科学的道理。

在华中大的这几年，你们会留下一生中特殊的记忆。你一定记得刚进大学的那几分稚气，父母亲人送你报到时的情景历历；你或许记得“考前突击而带着忐忑不安的心情走向考场时的悲壮”，你也会记得取得好成绩时的欣喜；你或许记得这所并无悠久历史的学校不断追求卓越的故事；你或许记得裘法祖院士所代表的同济传奇以及大师离去时同济校园中弥漫的悲痛与凝重气息；你或许记得人文素质讲堂的拥挤，也记得在社团中的奔放与随意；你一定记得骑车登上“绝望坡”的喘息与快意；你也许记得青年园中令你陶醉的发香和桂香，眼睛湖畔令你流连忘返的圣洁或妖娆；你或许记得“向喜欢的女孩表白被拒时内心的煎熬”，也一定记得那初吻时的如醉如痴。可是，你是否还记得强磁场和光电国家实验室的建立？是否记得创新研究院和启明学院的耸起？是否记得为你领航的党旗？是否记得人文讲坛上精神矍铄的先生叔子？是否记得倾听你诉说的在线的“张妈妈”？是否记得告诉你捡起路上树枝的刘玉老师？是否记得应立新老师为你们修改过的简历，但愿它能成为你进入职场的最初记忆。同学们，华中大校园里，太多的人和事需要你们记忆。

请相信你们或许会改变今天的某些记忆。瑜园的梧桐，年年飞絮成“雨”，今天或许让你觉得如淫雨霏霏，使你心情烦躁、郁闷。日后，你会觉得如果没有梧桐之“雨”，瑜园将缺少滋润，若没有梧桐的遮盖，华中大似乎缺少前辈的庇荫，更少了历史的沉积。你们一定还记得，学校的排名下降使你们生气，未来或许你们会觉得“不为排名所累”更能体现华中大的自信与定力。

我知道，你们还有一些特别的记忆。你们一定记住了“俯卧撑”“躲猫猫”“喝开水”，从热闹和愚蠢中，你们记忆了正义；你们记住了“打酱油”和“妈妈喊你回家吃饭”，从麻木和好笑中，你们记忆了责任和良知；你们一定记住了姐的狂放、哥的犀利。未来有一天，或许当年的记忆会让你们问自己：曾经是姐的娱乐，还是哥的寂寞？

亲爱的同学们，你们在华中科技大学的几年给我留下了永恒的记忆。我记得你们为烈士寻亲千里，记得你们在公德长征路上的经历；我记得你们在各种社团的骄人成绩；我记得你们时而感到“无语”时而表现的焦虑，记得你们为中国的“常青藤”学校中无华中大一席而灰心丧气；我记得某些同学为“学位门”、为光谷同济医院的选址而愤激；我记得你们刚刚对我的呼喊：“根叔，你为我们做成了什么？”是啊，我也得时时拷问自己的良心：我到底为你们做了什么？我还能为华中大学子做什么？

我记得，你们都是小青年。我记得“吉丫头”，那么平凡，却格外美丽；我记得你们中间的胡政在国际权威期刊上发表多篇高水平论文，创造了本科生参与研究的奇迹；我记得“校歌男”，记得“选修课王子”，同样是可爱的孩子。我记得沉迷于网络游戏甚至濒临退学的学生与我聊天时目光中透出的茫然与无助，他们还是华中大的孩子，他们更成为我心中抹不去的记忆。

我记得你们的自行车和热水瓶常常被偷，记得你们为抢占座位而付出的艰辛；记得你们在寒冷的冬天手脚冰凉，记得你们在炎热的夏季彻夜难眠；记得食堂常常让你们生气。我当然更记得自己说过的话“我们绝不赚学生一分钱”，也记得你们对此言并不满意；但愿华中大尤其要有关于校园丑陋的记忆。只要我们共同记忆那些丑陋，总有一天，我们能将丑陋转化成美丽。

同学们，你们中的大多数人，即将背上你们的行李，甚至远离。请记住，最好不要再让你们的父母为你们送行。“面对岁月的侵蚀，你们的烦恼可能会越来越多，考虑的问题也可能会越来越现实，角色的转换可能会让你们感觉到有些措手不及。”也许你会选择“胶囊公寓”，或者不得不蜗居，成为蚁族之一员。没关系，成功更容易光顾受磨难和艰辛之人，正如只有经过泥泞的道路才会留下脚印。请记住，未来你们大概不再有批评上级的随意，同事之间大概也不会有如同学之间简单的关系；请记住，别太多地抱怨，成功永远不属于整天抱怨的人，抱怨也无济于事；请记住，别沉迷于世界的虚拟，还得回到社会的现实；请记住，“敢于竞争，善于转化”，这是华中大的精神风貌，也许是你们未来成功的真谛；请记住，华中大，你的母校。“什么是母校？就是那个你一天骂他八遍却不许别人骂的地方。”多么朴实精辟！

亲爱的同学们，也许你们难以有那么多的记忆。如果问你们关于一个字的记忆，那一定是“被”。我知道，你们不喜欢“被就业”“被坚强”，那就挺直你们的脊梁，挺起你们的胸膛，自己去就业，坚强而勇敢地到社会中去闯荡。

亲爱的同学们，也许你们难以有那么多的记忆，也许你们很快就会忘记根叔的唠叨与琐细。尽管你们不喜欢“被”，根叔还是想强加给你们一个“被”：你们的未来“被”华中大记忆！

（资料来源：豆瓣网.）

简析：该例文为毕业典礼上的校长讲话，因其鲜明的特色受到广大网民的追捧。该文主要亮点是：①展示了对大学生喜怒哀乐的关注，用一组“你或许记得……”串起大学生在校园生活的回忆，又用一组“是否记得……”谆谆教诲学生们记住一些人和事。②语言贴近学生听众，能够引起学生共鸣。如“姐的狂放、哥的犀利”“打酱油”。③结构精巧。文章以“记忆”展开，从大记忆写起，如奥运会、世博会、汶川玉树地震等大事，然后唤起学生对学校的记忆，再谈到自己对学生的记忆。全文情感细腻充沛，极具感染力。

例文 3

中国李白研究会第十九届年会暨李白学术研讨会开幕词

钱志熙

尊敬的各位领导，各位前辈学者，各位朋友，各位同仁：

距今 1284 年的唐代开元二十三年(735)，李白和他的好友、其父“作尹并州遏戎虏”的元演元参军，越过曹操歌咏过的“羊肠坂诘曲，车轮为之摧”的太行山道，来到了早秋时节的太原，写下“晋祠流水如碧玉”这样清妙的诗句，抒发“思归若汾水，无日不悠悠”的思乡之情，留下了一段佳话，列名于晋祠七贤。

今天，我们在太原师范学院召开中国李白研究会第十九届年会暨李白学术研讨会，这是一种历史的回声，是一个宏伟的回声。

感谢朱××会长、张××院长的策划，感谢薛××先生领衔的学术咨询委员会各位前辈先生的支持，感谢太原师范学院会议筹备处和马鞍山李白研究会秘书处的精心筹备，感谢在座各位学界朋友、中国李白研究会同仁的积极参与，使盛会得以如期召开！太原的海拔，要比李白半生经游的东南地区高得多。这正应了《大雅》里的诗句："凤凰鸣矣！于彼高冈！"

十八届年会马鞍山、桃花潭、芜湖的清芬景象犹在目前。那次盛会上，我们回顾了本会30年风雨同舟、砥砺前行的历史，缅怀前辈学者的开拓成就，总结研究会同仁的研究成果。这两年来，又有多项李白主题的学术与文化活动举办，例如中韩李白研究学术交流会(2018年8月马鞍山)、书香敬李白及中国李白研究高端论坛(2018年10月马鞍山)、"一带一路"李白文化高端论坛(2018年10月江油)、李白学术研讨会(2018年11月安陆)、首届"耿浦论诗"(2019年安徽池州)。不久后的10月，我们还会与中国诗歌学会合办马鞍山李白诗歌节的李白诗学高端论坛。这些会议和活动，我们都是主办或协办单位，而且我们的同仁都是重要的参与者。李白研究的学术事业，李白文化的推广活动，可谓兴旺发达。对此，我不禁想起朱××会长在上次开幕词中的一番话：我们要"缅怀和感谢一个人，这就是李白，没有他和他的辉煌诗歌，就不会有今天李白研究和文化建设的辉煌局面"。这两年，我深深地感到，随着传统文化的弘扬，尤其是诗词热的形成，李白其人其诗，引起了也许可以说是空前的关注。我们会在各种各样的文学与艺术活动中遇到李白，而且他都是那样光彩夺目，他才是真正的明星。

为此，我想到我们的责任，我们中国李白研究会应该做的事情。我们要坚持高雅、高深的学术立场，推进李白研究，真正做到学如积薪、后来居上。在前人和已有研究的基础上，我们要对李白的生平、思想、艺术继续进行深入的研究，创造学术佳绩。同时，我们也负有向大众、社会准确地解读李白、讲述李白、弘扬李白的责任。我们要有一种开放的心态，用像李白一样的开放心态，来做这些事情。这一切，或许可以这样概括：坚持学术立场，推广李白文化，扩大中国李白研究会在各种诗歌活动和李白文化活动中的影响。在这个过程中，做好我们自己的李白研究，始终是最重要的。我们尤其要学习、弘扬中国李白研究会前辈学者的学术精神。这是我们的传家财富。今年6月27日晚8时10分，著名李白研究家、著名诗人和文艺评论家、中国李白研究会原副会长先生××在西安溘逝，消息传来，学界震惊！研究会同仁纷纷奉送唁辞、挽联、挽诗，缅怀××先生。追思前贤，曷胜其情！惜乎长安路遥，多未能亲赴执绋。值此盛会开幕之际，我们向××先生表示深切的哀悼。

同仁们，朋友们！俗语说：前人栽树，后人乘凉！肯构肯堂，善述善继。我们躬逢其盛，我们也面临着挑战。接下来两天，我们会进行精彩的学术讨论。我也会认真聆听各位的学术新见。预祝大会成功！

(资料来源：钱志熙. 中国李白研究会第十九届年会暨李白学术研讨会开幕词，中国李白研究2020年集：380-382.)

简析：该例文为李白研究会年会上的开幕词。文章开头先介绍千年前李白在太原留下的足迹与诗歌，由此引出本次年会的举办，使会议具有历史厚重感。接着对大会如期召开作出贡献的人员表示感谢，回顾上届年会以来的李白主题的学术与文化活动举办情况，娓娓道出李白研究会的责任和弘扬前辈学者学术精神的要求。最后表达了对大会的祝愿。

例文 4

事业是官员的年轮

——在××市五届人大一次会议闭幕上的讲话

……

非常感谢大家对我们的信任，正是有了大家的“信”，才有了我们的“任”。此时此刻，我深感责任重大、使命光荣。在此，请允许我代表新一届市政府领导班子成员并以我个人名义，向各位主任、各位委员、各位代表，向全市人民表示衷心的感谢！

……

同一个人在同一地点、不同的时间，看到的风景不尽相同，内心的感受也不尽相同。记得 1 104 天前，就在这里，我被选举为××市第七任市长，内心充满了激动。今天，在同样的地点，当我再次当选时，我多了一份感谢之情，添了一点感悟之怀。

我们要感谢的是，四年来，大家始终如一地相助，对每一件事情全力以赴。“6 · 23”特大暴雨中，一位素不相识的小伙子，开着一辆刚买来的崭新皮卡，看到了我们在雨中组织排水，毅然停下和我们并肩战斗而不惜新车受损。“大雨中，大家要互相帮助，能帮多少是多少”，这个小伙子朴实的言语，至今我仍记忆犹新。突如其来的大暴雨，考验着城市的功能设施，考察着干部的应急举措，更考量着城市的人文情怀。后来我们才知道，他是个“富二代”。有时候想想，“富二代”这个标签是不是公正？在××道路的斑马线，无论是司机的主动礼让，还是行人通过时的点赞，都让我们感受到××文明的积淀。改变一个城市的硬件固然不易，但更不容易的是改变人心。礼让斑马线绝不仅仅是管出来的，它是人心的变化，是人心对规则和这个城市管理者的托付。它更是人性的变化，是良善所彰显的互信。

四年来，政府工作有序运转，各项事业稳步推进，得到了社会各界和全市上下的充分认可和好评，也得到了省委、省政府的肯定和表扬。但我们深知，我们只是做了该做的事情，政府工作取得的所有成绩，都要归功于以×××书记为班长的市委的正确领导，归功于市人大和市政协的监督和支持，归功于全市 586 万人民的共同努力。

在上次当选市长时，我做出了“愿做西楚大地一棵树”的承诺。时序更替，每一天、每一年，都有不同的故事。当时光把故事刻进树里，便有了年轮，年轮是树木生存的价值。一年一轮，历经冬夏寒暑，因为降水、日照的不同，也因为根系的深浅，年轮有宽有窄。这恰如现实，每一地有每一地之困，每一时有每一时之忧，每一事有每一事之难，每一人有每一人之苦，无人无处可以例外。但无论如何，四年来，对待每项工作、对待每件事情，我尽了一个公民的良心、尽了一个党员的忠诚、尽了一个市长的职责。其间，有失去、有辛酸，也有收获、有快乐。今天再一次当选，我和市政府各位副市长展望前路，凝聚共识，未来五年我们有八个赤心坚守：

一是政治坚定。……

二是平民情怀。我和各位副市长都是平民出身，虽然亲人大多依旧是芸芸众生中的一员，但我们本人做官已久、被簇拥已久，还知道多少他们生活中的细枝末节？他们或许偶被光环照耀，但更多的时候面临求生之艰、求学之难、求医之急、求职之苦，而这些也是黎庶百姓的生活常态。如果远离这些生活的真实，决策和工作怎能成功呢？生活的真实在哪里？在公厕、在菜场、在医院、在学校、在巷间、在路上……平民情怀，就是老百姓生活的种种艰辛和困难，能够让我们因酸楚而潸然泪下；平民情怀就是惯常于琐碎而简单的生活，时刻体察一个普通人的作息行止。但是我们的责任不能止于有泪、止于不搞特殊。要努力改变，致力于点滴改善民生，致力于一个人一个人的改变，致力于最广大人群的需要和最弱势群体的保障，变民生的宏大叙事为具体行动。我们将始终坚持多做群众最急最盼的事，多做惠民利民的事，多做得人心暖人心的事，以念兹在兹的真诚行动，让广大人民群众有更多的获得感和幸福感。对于官员而言，没有什么能比离任以后还让老百姓牵记更幸福的事了。就为这个，一切的付出都值得！

三是法治习惯。法治就好比一个大屋顶，不漏雨时每一个人都安居乐活，如果屋顶漏雨了，就会身寒心惊；一旦屋顶坍塌，谁都无法幸免于难。无论市长还是副市长手里都有很多权，要时刻想着和人民群众同在一个大屋顶下，戒惧用权，以防“屋顶”损毁。法治的核心在于实体、程序的公正，在于对公民合法权益的维护，在于严格规范公正文明的执法。法治的屋顶是个大框架，但总是连接着一个个实实在在的问题，连接着一件件油盐酱醋的生活。法治的目的在于让市民安全地、有尊严地吃饱饭、吃好饭，过上更好的生活；而不是为了吃饱饭、吃好饭，牺牲安全和尊严。这几年，宿迁上访告状的越来越少，矛盾冲突越来越少，很重要的原因是官员守法的意识强了，遵法的习惯强了。法治其实是用权者的自爱、执政者的自信。

四是市场思维。审视 30 年来的改革开放发展历程，无论是旧常态还是新常态、供给侧还是需求侧，经济发展始终都有着一个坚定稳固的内核，那就是市场。市场在配置资源要素上，虽然不是最好的，但一定不是最坏的。市场最公正，给了各个主体同样的机会；市场也最敏感，随时感知着供给和需求，“调节”着要素的流向。我们深知市场的力量，从过去资源要素配置的基础论到现在的决定论，字面上变的是市场，实质上变的是市长。

……

五是实干精神。××最大的问题还是发展不充分，解决这个问题最根本的还是靠实干，无论招商引资、项目建设，还是产业集聚，都来不得半点虚假。实干，就是实实在在地做事。实干，应该是不计功利地干，不能有点成绩便邀功求升迁；实干，应该是不图功名地干，不能有点进步便浮夸慕虚名。实干，干的是促进发展的事，让老百姓的口袋实实在在鼓起来；实干，干的是老百姓竖大拇指的事，老百姓说好才是真的好。实干，必须是主动干，万般无奈做不好事，鸡蛋从外部打破只能是食物；实干，必须是埋头干，不空谈、不虚文，说了就干，诚诚恳恳地干；实干更得带着大家一起干，一个人、一班人、一群人，团结更多的人，吃苦耐劳，善作善成。好官讲话讲干货、做事做真事。一个官员的美誉是干出来的，威望是干出来的。对于一个有情怀的官员来说，干事就是人生最大的价值。我们用不着天天计数着自己做了多少事，举头三尺有神明，这个神明是人民，是组织。

六是创新能力。……

七是克难勇气。行船最怕遇到暗流、暗礁，但如果因为害怕就拒绝起航，那么我们永远都无法到达彼岸。勇气是什么，是敢作敢为、勇往直前的气概。一个地方的事业发展正如行船，必须勇于涉险滩、过暗礁、闯激流；但行船绝不能只凭勇气，真正的勇气在极端的胆怯和鲁莽之间。克难勇气不是硬干蛮干，而是对形势大局的科学判断，对具体问题的准确分析，更有智慧的担当。对待困难的态度，决定了一个官员的成就，遇到困难绕着走，可能安全世故但很平庸；遇到困难不回避，可能有风险但一定会进步，因为勇气就是一种能力。××许多工作今天看起来波澜不惊、水到渠成，但当初推进之时也是惊心动魄，非常之难！新常态下，我和政府一班人将继续积极应对各种复杂严峻的困难和挑战，以坚定果敢的行动、克难前行的勇气，推动经济社会持续健康稳定发展。

八是廉洁定力。……

……

太阳不息，年轮不休！

（资料来源：王会高."美似层峰赏不尽，情如醇酒意深长"，应用写作，2017(7):54-58.）

简析：该例文为就职演讲稿，在网上受到网民的好评。首先，主题鲜明，立意深刻。全文紧紧围绕"事业是官员的年轮"这个中心论点，阐述八个赤心坚守，层层推进，井然有序。其次，情感真挚有亲和力。如"他们或许偶被光环照耀，但更多的时候面临求生之艰、求学之难、求医之急、求职之苦，而这些也是黎庶百姓的生活常态"。讲得实在，以真情去拨动听众的心弦，拉近与听众的距离。最后，形象化的措辞使文章极富文采，增强了讲话的感染力。如"法治就好比一个大屋顶，不漏雨时每一个人都安居乐活，如果屋顶漏雨了，就会身寒心惊"使听众听懂了法治的重要性。

病例文简析

毕业典礼毕业生代表讲话

尊敬的校长、老师们，亲爱的同学们：

大家好！

我很荣幸能够在这里代表所有的毕业生发言。四年的大学生活即将画上圆满的句号，我们会带着对未来的憧憬和对知识的渴望踏上新的征程。

首先，我要感谢母校为我们提供了这个学习、成长的环境。感谢老师们的辛勤付出和无私奉献，让我们在知识的海洋中畅游，在人生的道路上坚定前行。感谢同学们的陪伴和鼓励，让我们在彼此的成长中找到了力量和勇气。

四年的大学生活，我们经历了无数的挑战和考验，也收获了无数的知识和经验。我们曾经为了一个实验熬夜奋战，也曾经为了一个创意灵感而欣喜若狂。这些经历将成为我们人生中最宝贵的财富，让我们在未来的道路上更加自信和坚定。

在即将毕业之际，我想说，我们的人生才刚刚开始。未来的路还很长，我们要勇敢地迎接挑战，坚定地追求自己的梦想。让我们把母校的教诲铭记在心，不忘初心，砥砺前行。

最后，我想对所有的毕业生说，让我们珍惜每一个时刻，勇敢地追求自己的梦想，为自己的未来奋斗不息！

谢谢大家！

简析：这是人工智能生成的讲话稿。存在的主要问题是：未简要介绍自己，讲话者形象模糊、缺乏感情。缺乏鲜明的主题，除了表达对母校老师同学的感谢、简短的经历回顾、对其他毕业生的祝福，没有深刻的、集中的主题。缺乏具体可感的内容，如“在知识的海洋中畅游”“经历了无数的挑战和考验，也收获了无数的知识和经验”十分笼统，无法引起其他毕业生的共鸣。

读写实训

一、以下文段出自新闻评论《偶像剧背后的看客心理》，请你根据写作主题评析材料运用的优劣。

近日无聊，点开一个视频网站想找点乐子。网站视频化是未来的必然趋势，因为视频直观易懂，容易对观众产生感官上的刺激，视觉冲击一波接一波，观众来不及思考，一股脑地接受着感官轰炸。

当然，笔者今天要说的重点不在这里。

网络、电视成为人们生活中必不可少的一部分后，八点档、偶像剧成为人们茶余饭后热议的话题。论坛、贴吧常有入戏不浅的人一起讨论剧中的男、女主角，也经常有剧照什么的成为人人网、豆瓣、空间里的焦点。而且，偶像剧的观众群很广泛，以女性为主，年龄差距可逾十岁。再说视频网站，首页上是各大热门偶像剧的介绍、推荐，虽说谈不上半壁江山，但是着实占据着比较大的份额。笔者细看了一下，《泡沫之夏》《恶作剧之吻》这些台湾偶像剧更是火爆得不行。特别是在学生群体中，只要提到这些偶像剧，针对男、女主角或是某段剧情，大家总能找到共同话题。

我们不难看出，偶像剧虽然数量巨大、主角不同，但是却可以总结出一般套路。故事一开始都是男、女主角冤家般相遇，然后发生矛盾冲突。但是在冲突中男、女主角发现对方其实不坏，然后相知、相恋，到感情稳定的时候出现一个第三者，然后两人的感情面临危机。这个时候双方必有一方的家长是站在那个第三者那边的。然后会有一个重大危机，一般是安排一个误会什么的，男女主角关系降到冰点。最后一分钟营救，因为某巧合，两人误会解除，尽释前嫌。大结局当然是中国人喜闻乐见的大团圆：王子和公主最终走到一起，过上了幸福的生活。

综观这些批量生产的偶像剧，大都很难跳出这种剧情框架。演员选择上，主角当然是俊男靓女，当然少不了一些陪衬角色了。除此之外，凡是反对这一对王子公主的人形象也都不会很好，即便是长相不错，一般也是蛇蝎毒妇一样的人。

在节目形式如此多样的今天，偶像剧为何能在市场上分得如此大的一块蛋糕？

笔者认为，这与观众逃离现实的看客心理分不开。

二、你需要在本专业新老生见面会上发表3～5分钟的讲话，请为此撰写一份讲话稿。注意根据专业、新生特点确定主题，并围绕主题选材。

三、请分析指出下面一份开幕词存在的问题，并写出完整修改稿。

××社区艺术节开幕词

尊敬的各位来宾、各位领导、广大居民同志们：

大家晚上好！

怀着喜悦的心情，我们走进六月，让我们一同走进这金色的季节。阳光在这里孕育，希望在这里生长。今天，我们××街道党委、××街道办事处和××大商集团××超市一起在这里联合举办××街道第五届社区文化艺术节开幕式文艺汇演。

这次活动得到了××大商集团××超市的大力支持和赞助，得到了区委宣传部、区文明办、区民政局等有关领导的支持和关注。对此，我代表××街道党委、××街道办事处向关心这次活动的单位和领导表示最诚挚的谢意！

同志们，我街的社区文化艺术节已连续举办了五届。我想在各级领导和有关单位的关心支持下，这项活动一定会越办越好、越办越精彩！

今天活动的主要目的在于借助社区文化艺术节这个载体，为我街的专业艺人和业余文艺爱好者提供和搭建展示他们艺术才华的平台，通过这个阵地来强化对社区广大居民群众的政治思想，最重要的一点就是利用这种形式来丰富社区广大居民群众的业余文化生活，在全街上下形成健康向上、内容丰富、寓教于乐的文化娱乐氛围，努力创建以人为本的和谐社会。

最后，预祝晚会圆满成功！

谢谢大家！

拓展阅读

实用写作中的修改

实用写作，尤其是篇幅较长的文章，罕有初稿就能达到完美，绝大多数实用写作都需要经过修改这个环节，高者七分写三分改，低者三分写七分改。修改并不意味着你写得很糟糕，而只是写作流程中的一个重要环节。

修改的方面很广泛，可以是全篇层面上的反思、重写，或者是前后文表达逻辑的修正，也包括改错别字、调整行距等编辑校对工作。多方面的修改，需要充沛的精力。在实用写作中，写作者对于刚刚写出来的文章，往往失去敏锐的识别力，无法做全面的、高效的修改。所以，你在写作时，最好预留出时间把初稿“晾一晾”，稍事休息再行修改。你也可以请他人集中针对某一方面帮助修改，因为“旁观者清”。

下面是一份实用写作修改清单，供你修改时进行参照。

✓ 我对阅读者的称呼合适吗？
✓ 我的意图、意愿表达清楚了吗？
✓ 我的语气适宜吗？
✓ 我对背景、依据、事件、人员等信息的说明全面而清楚吗？
✓ 我对材料的组织排序合理吗？
✓ 我可以写得更简洁吗？
✓ 我是否出现了错别字、标点符号方面的低级错误？
✓ 我对文面的处理是否让文面达到了赏心悦目的效果？

第六章

毕业求职类文书 «‹

第一节　毕业论文

相关知识

一、毕业论文的概念

毕业论文是高校从总体上考查学生综合运用所学知识、理论和技能，科学、规范地研究某一领域学术问题、解决实际问题的学业水平，也是考核是否授予学位的重要依据。论文题目应是本专业学科发展或实践中提出的理论或实际问题。通过选题，查阅、评述文献，制订研究方案，进行科学实验或社会调查，处理数据或调查结果，分析论证等环节，学生受到科学研究的初步训练以适应今后工作中的科研需求。

二、毕业论文的特点

(一)指导性

由于知识结构、科研能力、社会阅历等的限制，大学生难以独立完成毕业论文的写作，需要导师的帮助指导。指导老师帮助指导学生审定开题报告、确定选题、检索利用参考文献、进行调查实验、审定论文提纲及修改等。

(二)习作性

毕业论文写作是大学生在老师指导下，综合运用本专业知识、理论、技能解决某个理论或实际问题，把所学知识转化为能力，进行初步科学研究的实际训练过程。这种习作性的训练为大学生日后参加工作进行科研奠定了初步的基础。

(三)规范性

专业人员的学术论文，一般反映某专业领域的最新学术成果，具有较高学术价值，对科学事业的发展起一定的推动作用。相比之下，毕业论文在学术创新性、价值性上要求相对低些，主要侧重于科研方法、流程的规范化训练。毕业论文写作一般包括选题，收集整理文献资料，撰写开题报告及文献综述，列出论文提纲，撰写修改论文等基本环节。

三、毕业论文的选题原则及方法

(一)选题原则

拟好标题应遵循科学的选题原则，选定好题目，即研究对象和拟解决问题，这是实现毕业论文写作目的、保障写作质量的先决条件。选题一般应遵循以下原则。

1. 专业性原则

由于大学生培养的专业化、检验培养结果的专业化，毕业论文的选题必须是本专业或与本专业相关的领域。而且，就学生所学知识、理论、技能来说，限定在本专业或本专业相关领域问题的研究，学生更容易把握问题。研究专业领域问题、体现专业特点是毕业论文选题首要原则。

2. 创新性原则

毕业论文是学术论文的一种，同样要求具有创新性，或完善发展已有的认知，预见未知，或解决某一现实问题。创新的基础是熟知所研究的问题及其背景、研究动态，掌握充分的材料。在此基础上，发现前人研究中的薄弱点、疑点，以之为突破点、创新点。创新可从下面两个方面入手：一是提出新观点，在前人研究基础上，对已有材料换一个新的角度或方法做进一步的研究，以产生新的发现和观点；二是运用新材料，寻找前人研究未接触过的材料，加以分析利用，或进一步论证已有观点，或产生新见解。

3. 可行性原则

首先，选题的大小、难易应与自身的兴趣、知识积累、分析解决问题的能力相匹配。一般来说，选择自己熟悉的、感兴趣的、学有所长的、难易适中的问题，研究的热情就较高。反之，将影响论文写作的动力，甚至半途而废。其次，要考虑是否有充足的资料。“巧妇难为无米之炊”，资料是论文写作的基础，缺少资料就会缺乏说服力。

(二)选题方法

毕业论文选题方法因专业、写作者的特点不同而各不相同，具体来说有下面几种方法。

1. 浏览捕捉法

该法要求快速、大量、集中阅读已搜集到的文献资料，了解并分析不同的研究角度和主次要观点。阅读中勤做笔记，一方面，分门别类记录观点、论据、论证方法、资料来源等；另一方面，记录自身体会理解，在浏览和笔录的基础上，发现值得延伸、深化、进一步研究的突破口。

2. 追溯验证法

该法需要根据平时积累初步确定研究方向、范围，先有一定的想法，然后搜集资料加以验证。如果前人对该想法已有所论述，或目前缺乏足够的资料加以论证，则应重新选题。如果想法并未被前人论及或只是一部分被论及，则具有研究的空间，适合作为毕业论文的题目。

3. 日积月累法

该法即在平常的学习生活中，多观察了解社会热点，多了解自身兴趣点，多关注本专业学科发展情况，日积月累，发现值得研究的题目。

四、写作内容与方法

(一)开题报告及参考文献的写法

开题报告是阐述选题的研究背景、问题、意义，对主要研究问题、思路、方法、材料收集、进程等方面进行安排的书面报告，用于对选题的创新性、可行性、规范性等进行审定，确定研究论题。它是毕业论文写作的依据和保障，对毕业论文的写作具有指导作用。

开题报告的主要结构要素是论文题目、选题的意义、国内外研究现状、拟研究问题及其思路方法、研究的关键点和主要内容、研究的步骤和时间安排等。概括起来，开题报告就是回答“为什么研究”“研究什么”“怎么研究”三个问题。其中，文献综述是重要的组成部分，对于研究问题及思路方法的确定具有重要意义。下文着重介绍文献综述的写法。

文献综述是在对国内外相关文献阅读、整理、分析归纳的基础上，梳理出与研究题目相关的研究进展、成果、趋势，发现前人研究的不足、有争议、薄弱之处，从整体上把握论题的研究情况。文献综述的写作要求简练、明晰、完整。

文献综述主要包括三个部分：一是引言，主要介绍综述的对象、目的、范围及基本内容提要；二是正文，主要对研究状况进行纵向、横向的分析归纳，以便明确研究问题的起点、切入点；三是参考文献，用于列出资料的来源，作为综述的依据。

(二)毕业论文的写法

毕业论文的主要结构要素包括标题、目录、摘要、关键词、引言、正文、参考文献、致谢等。

1. 标题写法

标题是对论文研究对象和解决问题的反映，或对论文中心论点的揭示。标题的写作要求简明、完整，不用非规范简缩语。标题是论文的眉眼，拟好标题至关重要。常见的标题写法大体有以下两种。

(1)反映研究范围。标题只反映研究对象、问题、范围，并不揭示论文中心论点，如《县级行政机关改革之我见》《〈诗经·硕人〉主题新释》。

(2)揭示论文中心论点。标题高度概括全文内容，反映全文核心，如《实用写作教学应重视基础表达能力》《文体功能决定文学品味——古代公文文学性研究一得》。

2. 目录写法

目录用于方便读者快速把握论文全文内容、结构、思路，以判断结构合理性、思路的清晰性，也方便读者检索选读某部分内容。目录置于标题之后，应注意使用文档自动生成及更新功能。

3. 摘要写法

摘要是对论文研究对象、问题、研究方法和结论的简要陈述，是论文内容的浓缩，目的在于方便读者检索，快速把握论文内容。摘要的写作要求是简明又全面。“研究对象、问题”的表述应当运用专业术语，明确具体；“研究方法”的表述应当体现论文的研究思路、角度、方法的创新之处；“结论”的表述应当尽量定性、定量，简洁有力。本科毕业论文摘要字数一般限制在 200 字以内。

4. 关键词写法

关键词是反映论文研究领域、问题、方法、结论的重要词语或词组，目的在于方便读者检索、查阅。关键词一般为标题中的关键词语或词组，一般为 3～5 个，置于摘要之下。

5. 引言写法

引言又称导言、导论、前言等，置于正文之前。引言用于说明论文的研究背景、意义、目的等，概括述评前人研究的情况，点明论文补充、修正、发现的创新点，以引出正文内容。

6. 正文写法

正文主要阐述观点，利用事实、数据等材料，直接或间接引用他人成果进行分析、论证，得出结论。结论是对全文的总结归纳，点明论文补充、修正、发展了哪些问题，还可以展望有待进一步研究的问题。结论的写作要求是精练、准确、完整。

在毕业论文的写作中，正文部分往往会出现各种问题，应当注意避免。比如：材料不够典型或真实性可疑，影响说服力；论点模糊，不鲜明，不集中；论点和材料脱节，缺少论证的逻辑性；语言口语化、文学化，缺乏专业性和深度等。

7. 参考文献写法

参考文献是指正文所引用的或与论文有关的参考资料，应按文献在论文中出现的先后次序编排成目录，置于正文之后。一方面，有助于读者了解资料来源，查证资料的可靠性；另一方面，反映了写作者严谨的科研态度，尊重原作者的研究成果。

8. 致谢写法

致谢用于感谢指导老师以及协助完成研究工作或提供帮助的个人或组织、单位，置于参考文献之后。

例文简析

例文 1

《祝福》主题新解的来源

李兴和

摘要：关于鲁迅小说《祝福》的主题，目前较为常见或较为主流的概括，便是“封建四权论”“礼教吃人论”等。对比这些貌似正确实则语焉不详的解读，教学中如果能够立足于文学文本的整体观照，遵循文学创作的基本规律，便能找到真实而又准确的答案，从而给人耳目一新的视角——小说深刻揭示了封建思想和封建礼教与生俱来的本质属性就是其虚伪性和极端欺骗性，正是其虚伪性和极端欺骗性所形成的残酷的精神虐杀，才是造成祥林嫂悲剧人生的终极原因。

关键词：祝福主题虚伪性欺骗性

鲁迅小说《祝福》是中国文学史上的名篇，是中学语文教材必修课程的传统篇目。它以回到故乡的“我”为叙述视角，采用倒叙的手法，展现了一个下层妇女祥林嫂悲剧的一生。然而，关于这篇经典小说的主题讨论，其常见或比较主流的概括是：祥林嫂的悲剧形象地揭示了封建礼教、封建思想对劳动妇女的迫害和摧残。尤其是鲁迅的挚友许寿裳先生有一段被人们广泛引用的话：“《祝福》描写了一个旧社会中的女性牺牲者，极其深刻，使知人世惨事，不惨在狼吃阿毛，而惨在礼教吃祥林嫂。”更有许多学者或教者把“小说的主题在于揭露封建礼教吃人的本质”奉为圭臬。著名学者钱谷融先生在《祥林嫂是怎样死的》一文中认为，祥林嫂“主要就是被程朱理学所崇奉的旧礼教迫害死的”[1]。凡此种种，不一而足。当然，最具权威性、最有影响力的非人教版教材和《教师教学用书》莫属。人教版教材课后“研讨与练习”第一题就是一种暗示：有人说，祥林嫂是封建礼教的牺牲品；有人说，祥林嫂是被鲁四老爷之类极端冷酷的人“杀”死的；也有人说是柳妈的一席话葬送了祥林嫂。分班或分组讨论：造成祥林嫂悲剧的原因到底是什么？与教科书配套使用的《教师教学用书》也是类似的表述：小说通过祥林嫂的不幸遭遇，把批判的锋芒直指造成其悲剧的社会环境和封建伦理道德。很显然，视《祝福》的主题为“揭露封建礼教吃人的本质”几乎成为学术界和中学语文教学的普遍共识和定论。那么，我们究竟应该如何看待祥林嫂的形象以及《祝福》的主题呢？或者说祥林嫂的形象与《祝福》的主题还有没有需要我们重新审视的空间呢？

一、从进退维谷、左右不是的祥林嫂形象来看

《普通高中语文课程标准(2017 年版)》在“必修课程学习要求”部分明确指出：“从整体上把握文本内容，理清思路，概括要点，理解文本所表达的思想、观点和感情。努力从不同的角度和层面进行阐发、评价和质疑，对文本做出自己的分析判断。”这就为探讨和理解文学文本主旨提供了基本遵循。事实上，文学创作的基本规律应该是，作者常

常隐藏在作品人物的背后，借助文本中的人物形象来表达自己的思想和感情。要了解作品表达的情感和主旨，就不能忽视作家笔下的人物形象，古人所谓“以意逆志”就是这个意思。作品塑造的形象正是“意”之要素，是解读作品表达情感和主旨的关键所在。《祝福》的中心人物和主要事件是祥林嫂和她的悲剧人生。于是，对《祝福》的主题，自然只能通过对祥林嫂及其悲剧人生的认真研读，才能找到正确的答案。在上述关于《祝福》主题的理解中，仅以“封建思想”“封建礼教”而论，这是一个较为笼统的概念，说祥林嫂“深受封建礼教迫害”也比较抽象，是指她受到封建礼教的道德原则，还是封建礼教所规定的行为准则的迫害？仅就“封建思想”而论，她是受到封建“宗法思想”、封建“等级思想”，还是封建“伦理思想”的迫害？具体到祥林嫂，“封建思想”“封建礼教”在她身上又有哪些具体表现？难道说，作为第一次“死了当家人”的祥林嫂在婆婆准备转卖改嫁时的抗婚等反叛行为只能够单一地理解为恪守“饿死事小，失节事大”的封建伦理道德？那样的话，作为封建伦理思想与传统道德的“三纲五常”——祥林嫂的婆婆是有权处置祥林嫂的，或者说祥林嫂的转卖改嫁是符合封建族权思想的——不就与之矛盾了吗？由此可见，既然不能明确指出祥林嫂到底受到怎样的迫害，那就难以给人们以更为准确、更为具体的印象，只会使人们从概念到概念，是一种庸俗社会学批判思维的反映。

其实，对待文学文本人物形象如此笼统和抽象的认识，必然影响到人们对作品主题的真实把握，影响人们对作品的多元化和个性化解读，实质上是无视人们的阅读体验和情感积蓄，剥夺了人们发现和建构作品意义的权利。那么，祥林嫂到底是怎样的一个人？她到底是怎样“死”的？从她身上到底又折射出怎样的社会现实？通过自由的阅读，深入的体悟，人们是完全能够“读”出来的。比如，小说开头叙写祥林嫂临死之前，脑子里产生的对于鬼神观念的“疑惑”——“这里的人们照例相信鬼，然而她，却疑惑了”，应该看作是祥林嫂此时此刻矛盾心理的生动而深刻的反映，我们分明感到，作为启蒙知识分子的“我”“怎样回答她好呢”？如果回答“有”，那就意味着她便能和自己“死掉的一家人见面”，当然，“恐怖”的是她将遭受迷信的柳妈对她讲述的阴间惩罚；如果回答“无”，那就意味着她将不会遭受柳妈对她讲述的阴间惩罚，同样，她也就不能和自己“死掉的一家人见面”。由此可见，“一个人死了之后，究竟有没有魂灵的”这个看上去十分简易的问题，却一直十分矛盾地折磨和摧残着祥林嫂的精神世界，使她进退两难，细思极恐。

如果说小说开始关于魂灵有无的“疑惑”问题是祥林嫂在生命的最后时刻——“只有那眼珠间或一轮，还可以表示她是一个活物”——产生的困惑和纠结的话，那么，《祝福》中关于祥林嫂被迫转卖改嫁的情节则是作者貌似无意地借助卫老婆子之口说出“抗婚”缘由，实则有意又巧妙地通过卫老婆子的最佳视角揭示出把祥林嫂的生活一步步逼向深渊直至祥林嫂最后窒息而死的真正元凶，应该是一生都背负着的矛盾而沉重的精神压力，使她恐惧无比。具体地说，小说中对于祥林嫂的“抗婚”行为，所谓“闹”得“真出格”，“实在闹得厉害”，卫老婆子给出的解释是：“大家还都说大约因为在念书人家做过事，所以与众不同呢。”这里“在念书人家做过事”，显然是指祥林嫂第一次“死了当家人”后被“做中人的卫老婆子”带到鲁镇鲁四老爷家做过短工，其言下之意，祥林嫂的“抗婚”是深受鲁四老爷思想的影响，或者说是鲁四老爷思想熏陶的结果，即“饿死事小，失节事大”，信守“从一而终”。既然如此，那么问题就来了，鲁四老爷是恪守封建伦理纲常的，主张“三纲五常”，就是“在家从父，出嫁从夫，夫死从子”，换言之，“妇者，服也”，妇女对任何事情、任何处境，只有服从认命，不能有自己的选择，就是说，这时“夫”家的代表——祥林嫂的婆婆是有权处置祥林嫂的，祥林嫂的转卖改嫁是符合封建族权思想的。这样的话，卫老婆子的说法不就自相矛盾了吗？很显然，这里的描写与其说是卫老婆子的前后矛盾，倒不如说是作者精心的艺术构思，它在实质上正好巧妙地诠释了祥林嫂精神世界和行为准则的深层矛盾。就是说，祥林嫂“抗婚”确是遵奉了“从一而终”的妇道，但同时却违背了“三纲五常”的伦理；如果不“抗婚”，则是恪守了“三纲五常”的伦理，但又违背了“从一而终”的妇道，她无论如何行事都是错误的。显而易见，这种矛盾而又沉重的双重压力与上述祥林嫂关于人死后魂灵有无的“疑惑”是如出一辙、一脉相承的，这就充分说明封建礼教和封建迷信的极端虚伪性和欺骗性。由此看来，历来为封建统治地位辩护的所谓鬼神宗教迷信，其根本要义，说白了无非就是胡编乱造一些根本不存在的“你前世的罪孽”，凭空应许给你来世的幸福，目的是要你做一个现世的驯羊，一任他们剪毛剥皮，至死而无怨。祥林嫂当然不可能抗拒、背叛这“从来如此”、世代相传的鬼神迷信和伦理观念。她的“疑惑”在临死之前才会产生，她的“抗婚”在改嫁之时才会出现。

总之，祥林嫂从当初的转卖改嫁直至最后的悲惨死去，其悲剧人生一直都是处在极端矛盾的精神摧残和精神痛苦之中，几乎到了崩溃的边缘。这种悲剧的根源与其笼统地、大而化之地理解成封建思想和封建礼教，倒不如更为准确、具体地解读为小说语言文字背后所揭示的封建思想和封建礼教的极端虚伪性和欺骗性。换言之，目前主流的认知把《祝福》的主题概括为“揭露封建礼教吃人的本质”是一回事，而准确、具体地把小说的主题概括成“揭露封建礼教的虚伪性和极端欺骗性”又是另外一回事。至于小说改编成电影后，导演创造性地增添了这样一个情节：祥林嫂捐了门槛，仍然被禁止参加祭祀活动，于是拿起菜刀，跑到土地庙怒砍门槛。对此，一些观众觉得不可思议，认为是电影改编过程中的一处败笔——深受封建传统思想与传统道德摧残的祥林嫂怎么可能向封建神权挑战呢？也就是说，这种“怒砍”行为会不会破坏祥林嫂的整体形象呢？原来，通过整体感知和深刻把握，我们认为，此时的“怒砍”表面看来不可思议，实则是一处妙笔，或曰神来之笔，它形象地揭示了祥林嫂对封建神权由当初的迷信到此时的怀疑，直至内心的矛盾开始发展为行为上的解决矛盾，其与改嫁时的“抗婚”应该是异曲同工，都从不同侧面深刻揭示了封建思想的极端虚伪性，也深刻反映了导演对原作的深度解读和创造运用，形象说明了导演对鲁迅笔下祥林嫂形象本质特征的独到领悟和精辟见解，完全可以说，非大手笔导演是不可能达此深度的——继承并发展了鲁迅小说一贯具有的鲜明的启蒙主义思想，“以为必须是‘为人生’，而且要改良这人生”[2]，或者说，给作品留一些“亮色”。

（其他略）

参考文献

[1] 钱谷融. 祥林嫂是怎么死的[J]. 华东师大学报，1981(04).

[2] 鲁迅. 我怎么做起小说来[A]. 鲁迅全集(第1卷)[M]. 北京：人民出版社，1981.

（资料来源：李兴和. “《祝福》主题新解”，教学与管理，2019(6):42-45.）

简析：该例文为原论文删节版。论文对《祝福》的主题进行重新解释，梳理传统的解读，指出过于笼统模糊的问题。通过文本分析，思辨论证了祥林嫂行为的内在矛盾处，得出祥林嫂悲剧的真正原因是封建思想和封建礼教的虚伪性和极端欺骗性。论文的文献梳理有条不紊，分析层层深入，值得借鉴。

例文 2

人工智能主播的现状和优化策略研究

——以紫牛新闻 AI 播报栏目为例

崔××

摘要：目前，我国人工智能主播在新闻生产传播领域逐渐活跃，但是其在日常使用中仍存在一些问题。对此，以紫牛新闻 AI 播报栏目为研究对象，通过类目构建将新闻内容进行分类，运用内容分析法对其新闻内容进行分析，得出其深植本地和议程设置的内容特点，并总结其规范化、全天候、效率高以及节约生产成本的优势，以及“恐怖谷效应”、内容深度不足、感性和生动性缺失的劣势，针对人工合成主播背后的媒体记者、编辑和技术开发人员，从增强内容深度、提升语言写作技能和加大技术投入这三个方面提出优化建议。

关键词：人工智能主播；AI 播报；恐怖谷效应

引言

人工智能主播(或称 AI 合成主播)通过提取真人主播新闻播报视频中的声音、唇形、表情动作等特征，运用语音、唇形、表情合成以及深度学习等技术联合建模训练而成。在播报新闻时，人工智能主播将人工预先输入的文本转化成相应内容的视频，视频中虚拟主播的声音、外观以及表情动作等都与真人主播相似[1]。

2018 年 11 月，新华社联合互联网公司搜狗推出世界上首位以真人形象为原型的人工合成主播“新小浩”。2019 年 3 月，搜狗推出另外一位站立式人工合成主播“新小萌”。据统计，新华社“AI 合成主播”在 2019 年两会期间累计发稿 236 条，浏览量达到 1.3 亿[2]。

2019 年 1 月 25 日，国家指出要将人工智能运用在新闻的采集、生产、分发、接收、反馈中，全面提高舆论引导能力[3]。由此，我国一些媒体机构都在人工智能主播这方面做出了尝试。澎湃新闻于 2019 年上线了“AI 播报”这一栏目，每天固定播出“早安湃 AI 播报”和“晚安湃 AI 播报”两条视频，但是其 AI 播报栏目从 2022 年 1 月 19 日就停止了播出。作为《扬子晚报》采用全新技术倾力打造的新一代智媒体平台产品，紫牛新闻于 2019 年 9 月 12 日推出第一条 AI 播报，直至今日，紫牛新闻一共推出“阿紫”、两代“阿牛”三款人工智能主播，打造了“AI 播报”“AI 早播报”以及“紫牛 AI 生活”三个主题新闻栏目。

本文以紫牛新闻的“AI 播报”栏目为研究对象，主要研究人工智能主播播报的新闻内容特点，以及人工智能主播播报新闻的优势和劣势，并且依据其优劣势，提出相关优化策略。

第 1 章　新闻内容统计分析

紫牛新闻“AI 播报”栏目目前保持着工作日每日更新一条新闻视频的状态，每条新闻视频大致有 4～6 条新闻。本文选取该栏目 2021 年 10 月 1 日至 2022 年 3 月 31 日共 6 个月的视频为样本。在此期间，平台共发布 120 条新闻视频，一共包含 612 条新闻。

1.1　类目构建

在这 612 条新闻里，根据其具体内容对这些新闻样本进行分类，一共将其分成十类，分别是新冠疫情、经济数据、社会生活、教育、交通、工程、天气、政策、医疗和其他。

(1) 新冠疫情。该类包含与新冠疫情有关的新闻，包括新冠检测、疫情防控等相关信息。需要注意的是，如果新闻样本涉及学生返校、医院就诊或者景区封闭，那么这类新闻并不归属于新冠疫情这一大类，而将它们归于另外的类目里。

(2) 经济数据。在新闻样本里，涉及油价、房价以及居民消费指数等与经济数据挂钩的新闻，将其归属于经济数据这一类。

(3) 社会生活。社会生活与人们的日常生活相关，包含婚姻、殡葬、旅游、驾照、国家统一法律职业资格考试、教师资格证考试以及公务员考试、事业单位考试和选调考试以及招聘信息等。由于该样本中涉及交通的新闻样本较多，因此将交通单独构成一个类目。

(4) 教育。教育这一类是指与学校以及学生相关的新闻，包括学校复工、学生的各种考试或者其他与教育相关的新闻。

(5) 交通。这里的交通主要是指提醒居民出行路线及路线变化之类的新闻。

(6) 工程。工程是指新闻里涉及的道路建设、高铁建设等工程项目。

(7) 天气。顾名思义，天气类是指包含天气预报的新闻。

(8) 政策。政策主要是指政府部门发布的政策、规定、规划、公告及规章制度等。

(9) 医疗。包括涉及医院和患者的新闻，与医保相关的新闻也包含在内。

(10) 其他。该类是指不存在于以上所划分的类别中的新闻，如与风景相关的新闻。

1.2　描述性统计分析

根据上述分类，对样本进行整理，可以得出统计结果，如表 1、图 1 所示。

从表 1、图 1 可以看出，紫牛新闻“AI 播报”的天气类新闻播报数量最多，所占比例也最大，达到 19.61%；其次是社会生活类新闻，占比 14.71%；教育类、交通类和政策类新闻分别占比 13.40%，10.95%和 10.78%；新冠疫情类、经济数据类和工程类新闻所占比例相差无几；医疗类新闻占比为 2.94%，其他类占比最少，为 1.96%。

表 1　新闻样本数量统计表

新闻类目	新闻样本灵敏量
新冠疫情	55
经济数据	53
社会生活	90
教育	82
交通	67
工程	49
天气	120
政策	66
医疗	18
其他	12

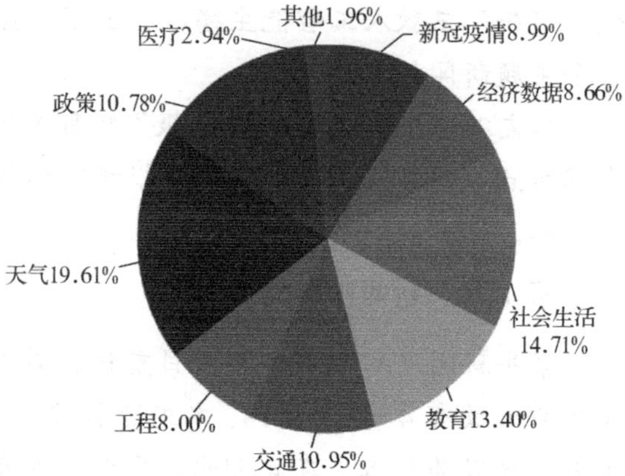

图 1　样本占比统计图

1.3　新闻内容特点

1. 深植本地，服务本地受众

紫牛新闻“AI 播报”的新闻，基本是本省的新闻，极少有提及省外和国外的新闻。另外，在其播报的内容中，社会生活类、教育类、交通类、天气类以及医疗类新闻等都能给当地受众提供信息和服务，并且其日更的频率能够让广大受众及时了解相关信息，让当地受众能够更好地依据这些新闻信息做出更加科学、合理的决策，获得更佳的生活体验。

2. 议程设置，展示重要新闻

紫牛新闻“AI 播报”发布的视频新闻，标题通常都以“紫牛 AI 生活+重要新闻内容”命名，这样受众就能在短时间内了解当日的重要新闻内容。在视频里，紫牛新闻会按照重要性给新闻排好播放顺序，一般以“最重要+其次重要+……+天气”这种顺序播放新闻内容，让受众能够在最短的时间内接收到当日的重要新闻信息，满足碎片化时代人们的新闻需求。

第 2 章　AI 播报的优势分析

2.1　播报规范化

相关统计显示，我国汉字大约 3 万个[4]，其中多音字有 928 个[5]。由于汉字数量庞大及个人掌握的局限性，播报新闻时，真人主播可能遇上生疏拗口的词句，发生口误现象。此外，我国方言众多，真人主播时难免掺杂方言，导致新闻播报出现瑕疵。利用 AI 主播播报新闻，它们的口音不受地域限制，并且所有字词的读音已经预设到运行程序中，不管遇到多生疏拗口的词句，都不会发生口误，从而保证整场播报的规范化。

2.2　全天候使用，提升报道效率

真人主播受人本身的生理因素影响，需要休息时间，不能全天候为观众播报新闻。然而，AI 主播是虚拟产品，不需要和真人一样休息，它们可以无时无刻、全天候地投入使用。并且，AI 主播在使用过程中，可以“一身多用”，同时进行多个报道，大幅度提高了媒体的新闻报道效率。

2.3　节约新闻生产成本

真人新闻主播从新手到“台柱子”，需要各方投入大量时间和金钱。AI 主播的出现，可以让媒体直接跳过培养的过程，从而节约出足够成本另作他用。AI 主播虽然前期投入比较大，但是其运行之后将承担起所有真人新闻主播的工作量，能够降低新闻生产成本[6]。另外，AI 主播在播报新闻时，不像真人播报那样需要在新闻演播厅里播报，也不需要摄像机等设备，无须相关人员在场。从这个角度来说，AI 播报还可以避免支出设备折旧费用和相关人员费用，能进一步降低新闻生产成本。

第 3 章　AI 播报的不足之处

3.1　恐怖谷效应

“恐怖谷效应”一词由日本机器人专家森昌弘提出。他认为，当机器人外形与人类相似到特定程度时，人们心理上会出现非常微妙的不适感[7]。紫牛新闻里的 AI 主播“阿紫”和两代“阿牛”都是依据真人人脸建模而成的，与真人相似度较高。但是在播报视频里，“阿紫”和“阿牛”在动作表情上表现得较为僵硬，观众们可以轻易看出主播为 AI 合成。这种差异感会让人心理上产生不适感，从而难以接受该类视频新闻，阻碍 AI 播报未来的发展。

3.2　内容缺乏深度

AI 播报的新闻里，每条视频长度大约在 1 ~ 4 分钟，每条新闻所占时长基本上维持在 30 秒左右。在这么短的时间内，AI 主播只能对新闻内容进行基本阐述，无法传递出更多的信息。同时，从上述数据统计可知，AI 播报的新闻基本上属于通知类、提醒类的新闻，缺乏对一些具有深度的新闻的报道。

3.3　感性、生动性缺失

真人主播在播报新闻时的动作和语气会引导人们更好地投入到新闻里去，更好地了解新闻内容，然而 AI 主播却无法做到这么感性。AI 主播“阿牛”在播报新闻时，其语言一板一眼，缺乏抑扬顿挫，不够生动，无法传达出新闻文字所体现出的情绪和感情。

第 4 章　AI 播报的优化策略

虽然 AI 播报是由 AI 主播对新闻内容进行播报，但是其背后的记者、编辑和开发人员对 AI 播报起着决定性作用。因此，此处的优化建议主要是针对其背后的工作人员提出的。

4.1　精选新闻内容，提升内容深度

目前，紫牛新闻 AI 播报栏目只是对事件进行基本的阐述，缺乏深度内容。因此，记者、编辑应该做好栏目的策划，在新闻内容方面一定要发挥好“把关人”的作用。在选材方面，应该选择受众感兴趣的内容，具备一定深度，能够引起受众注意、引发受众讨论和使受众得到启发的内容。在写稿方面，记者、编辑应该深挖新闻内容，突显出新闻或者新闻人物本身的价值。

4.2　加强写作训练，增强语言生动性

一篇新闻报道中，好的标题能吸引受众继续浏览下去。例如，澎湃新闻的“长在菜市场里的‘幼儿园’”“‘代’来的女儿”等标题，能够引起读者的好奇和兴趣。紫牛新闻AI播报里的标题虽然能够凸显出重要新闻，但是标题整体还是呈现出刻板的特点。因此，在标题上，记者、编辑应该在尊重新闻客观性的前提下着重加强标题语言的刻画，将新兴词汇和修辞手法等加入标题中。

在内容方面，记者、编辑首先要对新闻事件本身了如指掌；其次，为了使新闻内容更加生动，记者、编辑可以对新闻本身进行故事化改写；最后，记者、编辑需要与时俱进，不断增加自身的知识储备，能够以“时髦”的话讲出“有趣”的新闻。

4.3　加强技术学习，丰富AI情感表达

紫牛新闻AI主播的情感表达是由算法程序设定的。因此，为了加强AI主播的情感表达，媒体必须加强技术学习，改进AI主播的算法程序。在技术方面，媒体可以寻求与虚拟人物公司的技术协作，增强AI主播表情的真实感，丰富AI主播的情感表达，缓解人们的“恐怖谷效应”，更好地传达出新闻内容的信息。

第5章　结语

随着科技的进步，人工智能会越来越融入人们的生活。在新闻传播领域，人工智能会发挥越来越重要的作用。现如今，日益多元化的新闻节目形态出现在人们视线当中，新闻节目受众分流也越来越普遍。因此，未来人工智能主播的发展可以运用更多的新闻视听节目形态。另外，当代受众的个性化需求强烈，每个人的需求都有所不同。为了满足更个性化的需求，人工智能主播可以像“小度”“Siri”等一样，充当起“私人助理”的身份，为其私人定制符合他们个性化需求的新闻节目形态和新闻节目内容，为受众提供更加个性化的服务。

参考文献：

[1]　何强. 从全球首个AI合成主播诞生看媒体融合：媒体应用场景就要AI到底[J]. 中国记者，2018(12)：65-66.

[2]　何强. 人工智能在新闻领域应用的新突破：从全球首个“AI合成主播”谈起[J]. 新闻与写作，2019(5)：93-95.

[3]　新华社. 习近平主持中共中央政治局第十二次集体学习并发表重要讲话.

[4]　李运富. 论汉字数量的统计原则[J].辞书研究，2001(1)：71-75.

[5]　干红梅，赖丽琴.汉语伴随性词汇习得中多音字词习得研究[J].四川师范大学学报(社会科学版)，2021，48(3)：133-141.

[6]　周信达.从人工智能的应用尝试看新闻业的未来趋势：以 AI 合成主播为例[J].青年记者，2019(9)：71-72.

[7]　易艳刚.作为“玩具”的AI合成主播[J].青年记者，2019(3)：112.

(资料来源：崔泽瑜.“人工智能主播的现状和优化策略研究——以紫牛新闻AI播报栏目为例”，电视技术，2022,46(11):137-140.)

简析：该例文以紫牛新闻AI播报栏目为例，探讨人工智能主播的现状和优化策略研究。全文逻辑贯通清晰，先梳理人工智能主播发展历程，然后分析紫牛新闻 AI 播报栏目的内容构成、播报优势和劣势，进而针对问题提出三个优化策略。全文内容完整，引言介绍背景，主体分析论证，结语提出进一步发展的构想。论文中图表的使用规范，均做了清晰的说明。

读写实训

一、请判断以下论文题目是论点型还是对象范围型。

1.《多情自古空余恨——评〈氓〉中女主人公的形象》。

2.《找到自己的战争观——读〈诗经〉中战争诗有感》。

3.《古代奏疏之文体》。

二、请分析修改下列论文中语句的问题。

1. 地势上，恩施属于山区。

2. 本文通过《极限挑战》为例，讲述我国明星真人秀在品牌建构中存在的问题。

3.《极限挑战》是东方卫视制作的一档真人秀节目，自从开播以来便获得极高的收视率，而节目中的六位明星也随之出名。

4. 随着素人真人秀越来越多，观众开始出现审美疲劳，加上观众对明星的好奇心，使得明星真人秀节目开始泛滥发展。

5. 除了新媒体，传统媒体也是紧跟步伐，不仅报纸、官方微博、微信，官网上都有关于该剧的披露。有了这些媒体牵头，网友们对该剧的关注也是越来越深入。

6. 作为覆盖物，野生花生生命力强，有助于保持土壤肥力(固氮)，防止土壤流失，以及防止杂草。

7. 由图1和图2可以看出《极限挑战》的收视率一直居高不下，整体都是上升状态。

三、选定某一研究问题，收集与其相关的论文，撰写该问题的研究综述，力求展示出研究脉络。

四、请按照论文摘要的写作要求，分析下面论文的摘要存在的问题。

互联网时代下如何进行品牌溢价？

——以DW手表网红之路为例

摘要：在这个互联网迅速覆盖全球的时代，很多品牌为了在市场站稳脚跟，都努力地提高品牌营销方面的能力，例如在产品的包装设计、广告宣传、商店的形象方面等投入巨大的精力，向消费者表现出一种“质优价高”的产品定位，从而提升品牌形象来获取消费者对品牌的整体感知。很多自有品牌售价均高于市场上的主导品牌，但却在消费者心目中成了“高品质、优良服务”的代名词，这让越来越多的消费者愿意花更多钱来买自有高端的品牌。自有新兴品牌如何实现溢价？什么品牌策略会提升消费者的品牌感知，进而让消费者愿意支付溢价？这些问题是值得研究的重要课题。

第二节 个人简历

相关知识

一、个人简历的概念

个人简历是用于应聘的书面交流材料，是应聘者向用人单位展示自身特定工作技能、资质的文字材料，以证明自身符合用人单位的招聘需求，从而获得面试机会。

个人简历，就是围绕求职目标，简要说明应聘者的个人经历。个人简历一般包括个人基本资料、求职目标、工作实践和教育培训经历、核心技能、奖励和荣誉信息、个人兴趣爱好等。通过个人简历，用人单位能够快速、方便、最大限度地了解求职者的有关情况。

根据内容，简历可以分为三种：时序型、功能型、混合型。时序型是按照逆时顺序描述工作经历，罗列出每段任职经历具体职位的任职情况。功能型是在简历开头部分就展示技能、资质、成绩，而不展示具体的任职情况。混合型是先在简历开头部分介绍技能、资质、成绩，同时列出部分工作经历证明自身条件。

二、写作内容与方法

个人简历一般由基本信息、求职目标、教育培训经历、工作实践经历、获奖情况、技能情况、其他个人信息等板块构成，用于回答用人单位的三个疑问：应聘者是谁，应聘什么职位，具有什么应聘条件。下面分别介绍各个板块。

(一)基本信息

基本信息包括必备性信息和选择性信息。必备性信息包括姓名、联系电话、地址、E-mail 等。选择性信息如出生日期及地点、婚姻状况、年龄、身高、体重、籍贯等，则根据招聘要求选择性填写。

(二)求职目标

求职目标要有清楚的定位，有定位才能对应上职位要求；明确了要求，才能针对性地突出自身能力资质。求职目标可以是具体职位名称，也可以是职务类型描述。具体职位名称如“总经理助理”；职务类型描述如“管理的职位”“销售类工作”“处理资料事务”。

（三）教育培训经历

一般从最高学历开始倒序写到本科或大专阶段，包括必备性信息和选择性信息。必备性信息包括学习时间、学校名称、专业、学历学位获得时间等。选择性信息如相关课程、成绩及排名、培训学习项目等，则根据具体招聘情况选择性填写。

（四）工作实践经历

这是简历的重要部分，旨在反映应聘者的应聘能力和资质。对于应届毕业生来说，工作经历指的是实践经历，是“准工作”经历，包括社会兼职、社会实习、校园社团活动、项目经验等。写作时，应写明时间、单位/项目名称、部门和职位、主要职责、主要成绩、所锻炼的技能与素质等情况。对工作职责的描述，应用具体准确的动词，如计划、监督、设计、建立、领导等词，不用参与、接触等模糊的词语。说明工作结果和成绩时，尽量用数字表达，作为能力的客观证明。

（五）获奖情况、技能情况

获奖情况应写明奖项的获得时间和名称，必要时还可写明奖项的含金量，如“2013—2014 年获院二等奖学金（奖励全系成绩排前 8%的学生）”。

技能情况一般包括语言、计算机办公技术、与工作相关的技能证书等。

（六）其他个人信息

这部分可以说明兴趣爱好或自我评价。兴趣爱好，可以反映应聘者具有与工作相匹配的素质和能力，如爱好旅行者往往具备快速学习和适应能力；爱好棋类游戏者往往具有沉静品质和大局意识。自我评价可以表明应聘者的自我认识能力。

三、写作原则

（一）针对性调整原则

根据不同求职情况做相应调整，为特定职位量身定做特定简历。

首先是简历类型的调整：如果想避免用人单位产生短时间内频繁换工作的印象，或想避免中断的教育或工作经历被误解，或缺乏在著名公司工作的经历，或跨专业求职，则应当选用功能型简历，突出自身在具体事务中的能力，如沟通、管理、执行、财务、宣传能力等。反之，则选用时序型简历，以反映自身的职业、技能发展历程。

其次是内容板块的调整：如果是应届毕业生，宜将教育背景放在工作实践之上；如果是有工作经验的应聘者，则宜将工作精力放在教育背景之上。

最后是板块内部信息的调整：比如对应聘者的婚姻情况有要求，那么基本信息就应交代单身或已婚，如无要求则不必交代。

（二）重要优先原则

奖励、技能、经历板块内部的信息，可以按照逆序展示，也可以根据重要性来排序，即与工作相关性最高、最能证明应聘者能力资质的信息排在最前面。

（三）简洁明了原则

简历从“简”，应抓住应聘要求有所取舍，集中展示精要信息。每个信息点的表达点到为止，不发感想和议论，只展示客观内容。比如工作实践经历的表达可以省略掉“我”“曾经”“感到”等词语，信息点之间用空格区隔。如“2014 年 6—8 月　××民生银行××支行信用卡中心任信用卡推广专员　领导三人团队，负责向客户宣传信用卡产品，指导客户填写准备相关材料并进行初审　日访客户达 70 人　发卡总量达××张　沟通能力和吃苦品质得到锻炼”。

（四）按层次写作原则

简历有多个层次的内容，包括信息材料层、语言表达层、优化结构层（排序、取舍）、表现设计层（字体、字号、形式设计）多个层面。简历写作宜按照顺序一层一层循序写作，以避免效率低下、错误率高的问题。

例文简析

例文 1

求职简历

姓名：李璐

地址：××市大学城北区 5 号　邮编：4500××

电话：63151×××　手机：1394909××××

电子邮箱：lilu@126.com

求职意向：营销策划

教育背景：2014—2018 年　××大学××专业

实习经历：

2017 年 9—12 月　杰西顾问公关公司　任顾问经理　主管项目策划及实施、媒体跟踪、信息调查及消息分析　赞助××品牌汽车成功进行市场投放活动，造就了敏锐的消息视角，提高了媒体沟通及信息收集、分析能力。

英语技能：通过国家英语四、六级考试。

获奖情况：

2017 年　任学校暑假社会实践队领队　策划组织参加民营企业二次创业主题实践，实践报告《融资技巧及品牌推广的调查研究》获经济管理学院优秀实践成果奖。

2017 年　获风华奖学金(经济管理学院 200 人中唯一获得者)。

2017 年　获××学院科研成果二等奖(2 名一年级获奖本科生之一)。

2017 年　获××大学英语演讲冠军、十佳歌手之一、3 000 米长跑亚军。

2016 年　所参与团队获××大学创业大赛第一名。

2016 年　获××大学"青春杯"辩论赛最佳辩手。

(资料来源：康新慧，任秋菊. 应用文写作，郑州：河南科学技术出版社，2018.)

简析：该例文为应届毕业生的求职简历，选入时有所改动。该简历为混合型，紧紧围绕"营销策划"这一求职目标，既介绍顾问经理的实习经历，也介绍技能获奖情况，尤其是创业大赛、实践报告的获奖很有说服力。有些奖项还备注了含金量，如"经济管理学院 200 人中唯一获得者"，反映出良好的沟通能力。

例文 2

桑迪·伊根个人简历

地址：布鲁克林东杰罗姆大街 19 号 4A

邮箱：sandy.egan@bunonline.net

目标职位

能够发挥组织协调能力的行政管理或协调岗

工作经历

行政助理　纽约大学斯特恩商学院　2011 年至今

- 协调内部及外部会议，其中包括确定时间、预订房间、准备材料、电话通知
- 监管并执行内外沟通任务
- 向资助人寄送感谢信；内部通知捐赠收入；捐赠收入数据入库
- 处理部门间文件移交
- 协助撰写报告与其他文件；制作 PPT 演示稿
- 在校内会计系统中跟进开票
- 为发言人处理报销票据，安排差旅行程、员工招聘
- 负责处理费用报告
- 监督一名勤工俭学学生助理的工作

项目助理　纽约威利特学院　2010—2011 年

- 向多名教职人员、机构提供帮助
- 协助校友联谊与发展部门工作
- 协助统计家长调查和校友调查数据
- 协助教师订购书籍

- 负责安排每学期的教室
- 扫描备份文件，分拣递送邮件、传真

助教　纽约127小学　2008—2010年
- 协助三位小学老师的工作
- 保证教室补给，组织管理库存，协助订购书籍
- 学年初布置教室
- 协助特殊项目和活动策划

助理　布鲁克林基督青年会　2005—2008年
- 协助负责人和员工工作
- 管理自主课堂人员名单
- 策划会议并撰写会议记录
- 负责布置会议室，安排影音设备
- 负责接听电话，接待来访人员
- 与社区志愿者一同工作

教育背景
2005年，布鲁克林社区学院，通信学学士
2003年，威廉·邓巴高中

（资料来源：劳拉·布朗. 完全写作指南. 南昌：江西人民出版社，2017.）

简析：该例文为有工作经历的求职者的简历。该简历在结构上，先介绍基本信息，次之是求职意向，重点是对工作经历的具体介绍，最后为教育背景。结构安排上扬长避短、层次清晰。对工作经历的介绍省略了主语，以具体动词开头，集中表现职责与能力。

读写实训

一、以下是个人简历中的获奖情况和实践经历的说明，请分析指出存在的问题。

获奖情况：

院优秀一等奖学金	院优秀志愿者
院优秀团员	院先进个人
校共青团员	院十佳提名
英语四级证书	院优秀学生干部

实践经历：
暑假自己开办补习班
参加各类支教等公益活动

担任青协项目部部长，参与多次活动规划与人员安排

二、请辨析以下个人简历的优劣。

姓名：××

性别：女

出生日期：××年5月21日

民族：汉

就读院校：××理工学院

最高学历：大学本科

毕业日期：20××年6月

所修专业：广告学

应聘职位：活动策划、AE、营销相关

实践经历：

20××年10月至12月，××理工学院乐乐文印工作人员（兼职）

20××年3月至9月，××天空网络工作室创办人之一（自主创业）

20××年至20××年，担任新闻传播学院大学生新闻主播

20××年10月至今，担任××联通××理工学院校园先锋

20××年3月至今，担任××联通校园先锋理工学院总负责人

20××年7月，××××传媒协成广告公司策划部（实习）

20××年10月至今，参与“××一号”“××家园”两处房产的营销策划

所获奖励：

20××年荣获××理工学院第三届大学生寝室文化节征文活动三等奖

20××年荣获××理工学院第二届模拟招聘大赛二等奖

20××年荣获大学生新闻协会“优秀干部”荣誉称号

20××年荣获××理工学院“优秀学生团体会员”荣誉称号

20××年荣获××联通“十佳”校园先锋称号

20××年荣获第二届“××”大学生营销策划大赛佳作奖（国家级）

20××年荣获××理工学院第二届大学生DV节（剧本征集）二等奖

20××年荣获××联通校园销售季军称号

20××年荣获第三届“中国策”大学生营销策划大赛佳作奖（国家级）

自我评价：

活泼开朗、乐观向上、待人热情、兴趣广泛、适应力强、上手快

自信而不轻狂，执着而不任意，内敛而不随意。工作认真负责，积极主动，能吃苦耐劳

有较强的组织能力、沟通能力、实际动手能力和团体协作精神，对不同的工作环境有很好的适应能力

第三节 求职信

相关知识

一、求职信的概念

求职信，是求职者为了取得某个职位，主动向用人单位或主管领导介绍自身能力、资质，表达意愿的专用书信。简历是应聘者的必备材料，求职信则是应聘者为增加面试机会，进一步充分展示自身能力、意愿的选择性材料。

求职信有两种，一是自荐信，二是应聘书。自荐信多数是主动投石问路，并不针对招聘启事；应聘书则根据目标职位的招聘启事撰写。自荐信除了用于求职，还用于在职者自我推荐任职某个岗位或负责某个项目；应聘书则只用于求职。对于应届毕业生来说，主要使用应聘书，故下文的求职信主要指应聘书。

二、写作内容与方法

求职信是书信，目的在于使用人单位增加对写求职信者的了解，引导其阅读关注写求职信者的简历。求职信在内容上由标题、称呼、正文和落款四个基本要素构成。

（一）标题

求职信的标题通常只写文种，即在第一行居中写明“求职信”、“自荐信”或“应聘书”，力求醒目。

（二）称呼

写明收信人的职务和姓名或称呼。如果写给党政机关、事业单位的人事领导，可用“尊敬的××局局长（处长、领导等）”；如果写给企业人事部门，可用“尊敬的××总经理（招聘主管、女士、先生等）”。称呼后面加冒号。

（三）正文

用于更进一步回答用人单位的三个疑问，即“谁应聘”“为什么应聘”“凭什么应聘”。同时，应表现自己的诚意并致谢。具体写法比较灵活，但一般包括以下内容。

开头首先交代清楚自身的求职目标等基本情况，其次说明获知该招聘信息的途径，向用人单位反馈招聘信息。简要说明对公司的认识，说明应聘求职的原因和动机。接着针对用人单位的招聘信息或者根据自己了解到的用人单位通常的要求来具体地介绍自己，把自身的专业特长、业务技能等优势表现出来，说明自身能为单位做何种具体贡献。这部分是求职信的关键内容，应多了解用人单位，才能有针对性地推荐自己。最后是致谢和诚意，再次强调求职愿望，有礼貌地致谢。

（四）落款

在正文的右下方署上求职人的姓名及成文日期。

三、写作原则

（一）介绍条件客观可信

求职信应用客观的事实、数据，少用主观性评价语表明自身资历、能力，因为缺乏证明力和可信性。比如“我是个工作严谨而且认真负责的人，在过去的工作经历中我有着十分出色的工作表现”“善于与人沟通”等表达缺乏证明，摆出事实“2014年因销售业绩排名第一获得公司嘉奖”，举例说明你曾经如何说服意见相左的人合作，则更有可信性。

（二）表达意愿真诚朴素务实

求职信应用朴素的叙述、说明类语句，不使用比喻、夸张等修辞格和描写抒情类表达，因为会给用人单位留下浮夸的印象。比如“给我一个机会，我会还你一个惊喜”“给我一个支点，我将撬起整个地球”“让我们风雨同舟”等表达显得夸大，过于煽情。

（三）行文简洁精练、重点突出

求职信的核心问题是回答“凭什么应聘”这个问题，无论是经历的介绍还是技能、意愿的表达都应当围绕该问题进行。对自身的相关材料有所取舍，才能重点突出，给对方留下好的印象。如果面面俱到，不能突出重点，则不能发挥求职信的作用。

例文简析

例文1

求职信

××人事处×××：

我是一名在职人员，女，24岁。一年前我从××大学教育系学校管理专业毕业，由国家分配来本市，后由市教委分配到市直机关幼儿园任幼儿教师。一年来，在用非所学所长的岗位上已经耽误了许多宝贵时光，这无疑是种损失，故本人渴望能另寻到发挥自身专长的工作。本人想应聘贵单位秘书工作或外语公共课教学工作。

现将本人情况略作介绍：本人能力方面长于语文学科，高中时以138分单科为高校录取，在校期间曾在省报发表过小说两篇，在《××日报》发表大学生暑假调查报告一篇，曾获学校硬笔书法赛二等奖(正楷)。曾被市直××机关借用从事文字工作，写过多种计划、总结、报告，为××副市长的电视讲话写过讲稿。另外，我的英语学科一直是中学、大学期间的强项，成绩名列前茅。大学三年级时在省级刊物上发表过翻译作品两篇，通过了国家英语六级考试。

×××负责同志，如果贵单位能让我担任秘书或英语公共课教学工作，我定会让你们满意。我会珍惜这来之不易的工作，奋力做出自己的贡献。

此致

敬礼！

×××

××××年××月××日

（资料来源：张浩. 新编应用文写作全书[M]，北京：中国文史出版社，2018.）

简析：该例文为在职人员的求职信，说明了求职缘由、职位、条件、意愿、态度，语气诚恳，表达朴实，行文简洁。选入时有所改动。

例文 2

致米兰大公书

达·芬奇

尊敬的大公阁下：

来自佛罗伦萨的作战机械发明者达·芬奇，希望可以成为阁下的军事工程师，同时求见阁下，以便面陈机密：

一、我能建造坚固、轻便又耐用的桥梁，可用于野外行军。这种桥梁的装卸非常方便。我也能破坏敌军的桥梁。

二、我能制造出围攻城池的云梯和其他类似设备。

三、我能制造一种易于搬运的大炮，可用来投射小石块，犹如下冰雹一般，可以给敌军造成重大损失和混乱。

四、我能制造出装有大炮的铁甲车，可用来冲破敌军密集的队伍，为我军的进攻开辟道路。

五、我能设计出各种地道，无论是直的还是弯的，必要时还可以设计出在河流下面挖地道的方法。

六、倘若您要在海上作战，我能设计出多种适宜进攻的兵船，这些兵船的防护力很强，能够抵御敌军的炮火攻击。

此外，我还擅长建造其他民用设施，同时擅长绘画和雕塑。

如果有人认为上述任何一项我办不到的话，我愿在您的花园或您指定的其他任何地点进行试验。

向阁下问安！

（资料来源：搜狐网.）

简析：该例文为达·芬奇的求职信，他自信地说明自己能胜任军事工程师一职。开篇对自身的介绍冠以“作战机械发明者”，鲜明有力。接着分六个方面介绍“我能……”，具体展示能力。最后表达了愿意接受试验的想法。全文紧紧围绕军事工程师应具有的能力进行介绍，并不交代自己的经历等其他信息，集中一点，不及其余。

病例文简析

求职信

尊敬的领导：

您好！

衷心地感谢您在百忙之中阅览此信，为一位满腔热情的大学生开启一扇希望之门！怀着对贵公司积极进取精神的敬慕和对美好未来的憧憬，谨向贵公司发出这封求职信，请允许我毛遂自荐。

我是一名大四的大学生，现就读于××大学××学院，主修公共事业管理。主修课程：经济学、管理学等。

首先，我想为您介绍我个人的经历，更细致地把自己展现出来。在我16岁时，我就开始接触社会，认识到当今社会，求职大学生面临着很多的问题，这让我很早就有了危机感。我一直培养各种能力。长期的学习让我慢慢掌握了各种技能。从16岁起，我每年暑期都参加社会实践，平时都去兼职。长期的锻炼带来的价值都是相当大的。我已经掌握了很多实用的经验。

作为一名应届毕业的学生，虽然我有些工作经验，但是我仍虚心学习、积极工作，尽忠尽责做好本职工作。为此，我诚恳希望得到贵单位的接纳和面试的机会。

如果可以获得这个机会，我就一定不会让您感到后悔的，我会尽我所能把我的能力和我的态度表现出来。我最希望的就是贵公司的“伯乐”领导能够看到我这匹“千里马”的存在，给我一个展示能力的平台。我相信我不会让贵公司失望的。

最后，恭祝贵公司事业一帆风顺，祝您工作顺利！请考虑我这个新兵。愿与贵公司携手共筑美好未来！

此致

敬礼！

×××

2014年12月21日

简析：该例文为公共事业管理专业大学生的求职信，存在的主要问题是：缺乏明确的求职目标。开篇写自己毛遂自荐，但没有点明所荐是什么岗位。开头第一段的客套话为无效表达。整体表达较浮华，如“满腔热情”“我这匹‘千里马’”“与贵公司携手共筑美好未来”有夸张之感，不够朴实。未能抓住胜任能力充分说明，如“我已经掌握了很多实用的经验”未能使人明白具体是什么实用的经验，这些经验与公司招聘需求的相关性如何，语焉不详，属于空话。

读写实训

一、阅读下面五组表述，谈谈初稿和修改稿的区别，总结有效描述工作经历的表达方法。

1. 初稿：我把信息输入数据库。

修改稿：管理客户数据库并升级。

2. 初稿：我重新设计了一个仓库。

修改稿：通过重新设计布局，把一个混乱、利用率低下的仓库变成有效利用的空间，每年节省大约5万美元。

3. 初稿：在学校向同学讲解新款手机产品性能。

修改稿：新款手机市场推广活动中，为潜在顾客进行产品展示和产品性能解说。

4. 初稿：与捐赠者建立联系，筹集捐款。

修改稿：负责联系捐赠者，筹集捐款。

5. 初稿：多次参与留守儿童支教活动。

修改稿：策划了三次留守儿童支教活动。

二、阅读并修改下面一段实习经历的描述，使其更加简洁明晰。

在社会工作经历上，今年暑假，我在中国电信惠州分公司实习过，实习期间的主要工作成果有五个策划和三个活动。这些工作都是我和其他四个同事合作的。短短的45天，收获最大的是，很多时候当你发现你觉得自己的思路和计划很完美的时候，却恰恰说明你的思想和阅历很狭隘。比如我们代表电信跟一个黄冈网校合作那一个方案，我发现一个产品除了它自身的优势和销售的平台，更重要的是它是否能真正地适应某个地区的市场消费习惯。

三、阅读以下求职信，分析不当之处。

求职信

尊敬的领导：

您好！

春暖花开、万物生长之际，我真诚地向贵公司寄去本人应聘的资料。很荣幸您能在百忙中翻阅我的求职信，谢谢！

我是一名即将毕业的计算机系的本科生，2005年7月将获得××大学计算机学士学位。众所周知，我的母校××大学计算机专业素以严谨的学术精神和专业的研究能力而闻名。2000年更是名列国家教委基础学科——计算机专业前三名。2001年我以××省理科专业第七名的身份考入这个我向往已久的××大学，同时还有幸地进入了自己十分感兴趣的计算机专业。在校四年的学习生活使我受益匪浅：在学习上，由于老师严格的要求谆谆教诲，加上我个人刻苦学习的精神，使得我具有扎实的专业理论基础；在社会工作中，我积极参加学校和系内各种团体活动，培养了自己良好的组织能力、团队协作精神、务实的工作作风；同时，在生活中，四年远离家乡的生活经历，使我变得更为独立自主、坚强成熟。

转眼间，我进入了大四毕业阶段，虽然我十分留恋我的母校，但我为了尽早将自己所学的知识用于实践活动，我还是选择找工作而放弃系内读研的机会。于是，我期待成为贵公司的一员。我相信我可以在贵公司获得更为宝贵的结合实践进行研究的锻炼。因为我——

理论学习上

认真学习专业理论知识，阅读了大量计算机书籍。同时对于法律、音乐等方面的非专业知识我也有浓厚的兴趣。在校期间，在专业课考试中屡次获得单科第一。获得全校××奖学金一次，系内××奖学金两次。获第六届挑战杯创业大赛二等奖。获学院2005届优秀毕业设计。

专业知识上

精通Visual Basic、Java、ASP。熟练使用Office、WPS办公自动化软件。自学HTML、Frontpage、Fireworks 、Flash等网页制作相关软件。对于常用软件能熟练使用。

工作上

曾担任学生会成员、副班长等职，现任计算机学团学联组织部部长。多次组织系部、班级联欢会、春游等活动，受到老师、同学们的一致好评。

思想修养上

品质优秀，思想进步，笃守诚、信、礼、智的做人原则。在校期间，光荣加入中国共产党。

社会实践上

四年的大学生活，我对自己严格要求，注重能力的培养，尤其实践动手能力更是我的强项。

曾在深圳华为公司实习。在航天科学技术研究院参加工程项目。在校期间多次深入企业实习，进一步增强了社会实践能力。

手捧菲薄求职之书，心怀自信诚挚之念，我期待着能成为贵公司的一员！

此致

敬礼！

求职者：

年　月　日

第四节　述职报告

相关知识

一、述职报告的概念

《孟子·梁惠王上》："诸侯朝天子曰述职，述职者，述所职也。"述职报告是担任某项职务或一定职责的人员向所在单位的组织、人事部门、上级机关和职工群众，如实陈述本人在一定时期内履行岗位职责情况的一种自我评述性报告。内容主要包括回顾工作任务完成情况，评估取得的成绩和现存的不足等。

述职报告的实用性很强，因为职场人往往都需要根据单位的要求，在任职一定时间后进行述职。述职报告是群众评议组织、人事部门考核述职人员的重要文字依据，不仅有利于述职者进一步明确职责、总结经验教训、提高素质、改进工作，还有利于增强民主监督的良好风气。

述职报告从时间上分，有年度述职报告、任期述职报告、临时述职报告；从内容上分，有专题述职报告、综合述职报告；从范围上分，有个人述职报告、集体述职报告。

二、写作内容与方法

述职报告所报告的是述职者履职过程中德能勤绩廉的情况，重点在于展示履行职责的思路、过程和能力，仅限于职责范围之内，突出自身工作的特点。围绕职责这个基点精选材料，职责范围外的概不涉及。写作述职报告时，采用夹叙夹议的方式，还辅以适当的说明。回顾工作情况主要用叙述，分析问题、评价成绩用议论；需要交代某些情况时用说明。述职报告由标题、称呼、正文、落款四个要素构成。

（一）标题写法

标题的写法有多种形式，应根据具体情况选择合适的形式。以文种为标题，如《述职报告》；以时间段加文种为标题，如《××年度个人述职报告》；以工作内容或职务加文种，如《办公室主任述职报告》；以时间段、工作内容、文种组成标题，如《关于××××—××××年工会扶困工作的述职报告》。

（二）称呼写法

称呼即述职者对听众或阅读者的称呼，应根据会议听众对象或考评者来确定。

（三）正文写法

正文一般包括履职概况、对工作的认识和做法、成绩、不足及态度。

履职概况应简要交代任职时间、岗位职责及工作事项、简要背景、对个人尽职的总体评价。

对工作的认识和做法，可以根据具体的工作性质分层次概括，突出重点。语言可适当口语化、生活化，通俗地阐明工作的道理，以便听众理解。

成绩的说明，应当注意分寸的把握，不能将集体或他人的成绩归功于自己，也不能抹杀个人的功劳。

不足及态度，一般在指出存在的问题后，阐述自己的态度，欢迎大家对自己的述职报告进行评议，常用“以上报告请批评指正”。

（四）落款写法

写明自身姓名和述职日期。

例文简析

例文 1

××学院办公室主任 2017 年工作述职报告

×年来，我围绕进一步推进我单位内涵建设这一中心工作，坚持打造办公室工作精品，加强规范化、精细化的建设，努力提升工作的科学化水平。现就 2017 年的主要工作总结如下。

一、工作业绩

办公室是综合职能部门，是我单位全方位、多功能的枢纽，更是原则性、从属性很强的服务机构，主要履行参谋助手、综合协调、上传下达、信息反馈、督促落实、运转保障等方面的职责。下面从五个方面简要汇报这一年的工作业绩。

(一)综合文稿工作

综合文稿是办公室发挥参谋助手作用的重要媒介。南宋诗人陆游曾说，作诗的“功夫”皆“在诗外”。综合文稿工作就是一项功夫在文稿之外的劳心劳力活。要写好综合文稿，平时的留心积累、学习思考尤为重要。一年来，我注重调查研究，主动寻找提炼各部门的工作亮点、闪光点，积累鲜活素材，并积极做前瞻性的思考，以精益求精的态度写实、写精各种综合文稿，例如职代会工作报告、信息公开工作年度报告、每年度的工作计划与工作总结、各类活动的宣传稿、讲话稿等文字材料，共计八万多字。

(二)公文处理工作

公文处理工作是办公室的核心业务之一，包含收文、发文两个方面。发文是推进工作的重要手段之一。一年来，严格按照公文发文流程制发各类文件，认真把好公文审核的政策关、事实关、文字关、格式关和程序关，确保公文的严肃性、权威性、缜密性和规范性。这一年制发的各类文件共计 275 份。2012 年 9 月开始，办公室正式启用公文格式的“新国标”，组织相关人员认真学习借鉴，进一步提高我单位公文的品质。

上级公文的接收、处理工作也是办公室的一项经常性工作。除法定假日和双休日外，我能安排专人或亲自通过办公自动化系统及时接收上级下发的各种文件，并严格按照规定程序与工作规范，认真做好文件的拟办、呈批、交办、督办等方面工作，确保我单位公文处理的科学性、高效性和保密性。一年来共接收处理上级部门各类文件 1 232 份。

(三)宣传信息工作

在日益激烈的市场竞争中，我单位官网作为对外宣传的重要窗口，其重要性日益凸显。为此，我坚持以“精品”意识打造官网，突出我单位的行业实力、工作亮点，积极展示良好的企业形象，并第一时间更新“××快讯”“××动态”等栏目内容，全面报道各项业务佳绩。一年来，我撰写了反映重大活动或重要事项的宣传稿 56 篇，认真审核修改各部门报送的宣传稿 45 篇，定期编辑印发综合性的工作简报 32 期。

(四)建章立制工作

作为基层管理人员，除了贯彻落实执行上级各项决策外，日常工作的主要着力点应是“理”而非“管”，即积极梳理各项工作，理出工作思路、方案、办法，理出工作规范、规章制度。一年来，结合实际情况，协助领导、协调各部门进一步调整明确了各职能部门的工作职责以及全员岗位职责，进一步理顺了工作关系；其二，起草或协助各职能部门制定或修订综合性规章制度13项，并对××××年以来出台的所有规章制度进行了全面清理、分类汇总，预计×月底汇编成册；其三，进一步调整明确了办公室工作人员的具体分工，着重完善细化了办公室内部的各种工作规范与流程，以提升工作效率与服务水平。

(五)日常行政工作

办公室工作由于其性质、职能决定了它具有繁杂、琐碎、重复的特点，但我对这份职业的热情依旧，责任心也从未减弱一分一毫。一年来，在办公室其他同仁的团结协作、共同努力下，认真扎实地做好了综合档案管理、各种会议组织、公务用车管理、节假日值班安排、办公用品采购与供应、报刊征订与收发，以及员工每月午餐券、年度体检卡的发放等综合服务保障工作，充分发挥办公室作为我单位枢纽与服务机构的应有作用。

二、努力方向

我深知学习改变未来，更深信知识就是力量。过去的一年，我坚持每天40分钟的时政要闻学习，利用业余时间阅读文史哲等方面著作，以期进一步开阔视野与思路，更新完善自身知识结构，提升内在修养与理论水平，最终提高履职能力。今后的工作中，我将继续与时俱进地学习。

当然，我也清楚自己身上还有许多缺点，工作中也存在诸多不足，仍需要进一步增强创新意识，认真研究新形势下工作的新特点和新情况，使工作有更大进步。

简析：该例文为在职人员一年的述职报告。①导语开门见山，简洁明快。用简明的语言交代报告工作的时间范围，工作内容是内涵建设，努力方向是规范化、精细化、科学化。②工作业绩的陈述客观有力。如“文字材料，共计八万多字”“制发的各类文件共计275份”。③努力方向的陈述具体清晰，如“认真研究新形势下工作的新特点和新情况”。④材料梳理系统有序。如综合文稿、公文处理、宣传信息、建章立制、日常行政的分类，框架清晰。

例文2

年度述职报告

一年来，本人脚踏实地、开拓创新，主动适应新形势、新岗位，在县委、县政府的正确领导下，以党的十九大精神为指导，严格落实上级决策部署，忠诚履职，勤勉工作。现将基本情况总结汇报如下：

一、厚学增智强党性

(一)学理论。(略)

（二）学政策。认真学习领会上级政策和文件精神，参加省招商引资、市智慧养老服务、县加快发展数字经济等专题培训。结合农村工作需要，学习党在农村的各项路线、方针、政策以及农村工作的方式、方法。通过学习，体会到做群众工作，关键是听民意、察民声，为群众办实事。在基层，要按照学懂、弄通、做实的要求，抓好各项政策的执行和落实。

（三）增智慧。（略）

二、厚本强基惠民生

（一）精品示范，建强阵地。按照“一乡镇一中心”原则，以点带面，建设社区居家养老服务网格，不断提升农村老年人居家养老生活保障。在乡镇申报、实地踏勘、专门指导的基础上，按照“证照到位、人员到位、服务到位、台账到位”的总思路，指导建成幸福花苑等6个省级示范型社区居家养老服务中心，提前4个月完成全年目标任务。

（二）特色助餐，集中配送。通过公开招投标，引入专业养老服务公司，委托开展民政惠民助餐工作。满足革命老区群众需求，在“七一”开通惠民用餐专车。组织开展民政惠民“暖心行动”，为农村留守老人提供集中配送餐，惠及全县86个村、1 200多名老人。在开展集中配送的同时，制定专项扶持政策，安排资金200多万元，专项支持村级居家养老生活照料中心自营。通过中心自营，解决了968名居家老人的用餐难问题。

（三）四化护航，守望幸福。（略）

三、厚道招商创实绩

（一）专心梳理项目。结合产业园仙、养、佛三大特色优势资源，主攻文化旅游、养生养老、健康休闲产业，编制印发《产业园投资项目招商手册》，推出产业项目15个，总投资83亿元。通过手册，明确了产业园的定位、目标、项目与招商重点。

（二）主动敲门招商。导入招商项目流程控制管理，深挖招商资源，细化项目论证，对重大招引项目进行专项策划，因地制宜开展“禅修+康养”专题招商，成功对接国寿投资、××集团、××集团等行业领军企业，投资50亿元的××项目成功签约，成为2019年全省山海协作会议××唯一的招商签约项目；投资20亿元的××温泉项目、投资5.8亿元的××康养项目在深圳专场推介会上成功签约。××山海协作生态旅游文化产业园年度工作考核被评为优秀。

（三）优化亲商服务。（略）

四、厚德修身树形象

（一）严谨作风不懈怠。坚持“权为民所用、情为民所系、利为民所谋”，始终以强烈的事业心和使命感，立足工作岗位，勤奋工作，切实做到以身作则、务实有为。不论是在上班工作时间，还是上班8小时以外，均能够严格要求自己。时刻牢记党员的责任和义务，坚持用共产党员的标准严格要求自己，努力弘扬正能量，抑制假丑恶，老老实实做人，踏踏实实做事。同时，重视团结同事，乐于助人，诚意待人。

（二）为民服务不畏苦。在班子会议上，坚持民主集中，顾全大局，冲锋在前，担当有为。工作中，乐于吃苦，甘于奉献，对待各项工作做到任劳任怨、尽职尽责。班子成员之间，做到大事讲原则、小事讲风格、补台不拆台。去年，结合班子分工，重点聚焦敬老文化、阵地网格和平安建设，开展了“敬老暖心”“平安 365”“看板管理”等系列行动，并取得较好成绩。

（三）廉洁自律不忽微。（略）

一年来，工作取得了一些成绩，但也存在一些缺点和不足，主要表现为对待工作不够主动进取，缺乏首创精神；办事想问题不够全面、不够深刻，攻坚克难力度不够。在今后工作中，我将扬长避短，克服不足，争取取得更好成绩。

[资料来源：陈训建. “年度述职报告”，应用写作，2020，(7):58-59.]

简析：该例文为年度述职报告，选入时有所删节。文章开篇直入主题，行文简洁。主体部分，用四个“厚”提领全年工作，思路清晰、重点突出、构思新颖。全文观点鲜明，材料充分有力，能够反映岗位上的作为。

读写实训

一、述职报告和个人总结的写作有何区别？

二、请分析指出下面述职报告存在的问题。

××市教师进修学校××室述职报告

我很庆幸来到这样一个充满活力和希望的道德学术殿堂，得到了领导和同事的悉心指导、鼓励、包容和宽容，使我这样一个年届天命之年的人在一年的时间里发生了脱胎换骨的变化。换一个工作，等于换一个角色，换一个脑子，换一种活法。努力的结果是，我融入了这个集体，进入了角色，找到了感觉，并且还有了一些点滴的进步。现将一年来的主要收获和体会报告如下：

一、主要工作

1. 加强队伍建设。

(1)增强每个成员对单位的“认同感”。（略）

(2)发挥党支部的战斗堡垒作用和党员的先锋模范作用。（略）

(3)坚持科室学习制度。（略）

2. 精心制订和实施科室工作计划。（略）

3. 成功策划和组织了几次有一定影响的大型活动。（略）

4. 撰写了多个全市性的报告和方案。（略）

二、几点体会和感受

1. 用多把尺子和发展的眼光看，每个人身上都有许多优点:什么叫呕心沥血，什么叫皓首穷经，搞科研的人最知道。孟××老师，已经是临近退休的人了，但她整日乐呵呵的，两脚忙得朝天也不喊累。孔××老师开展各种教研活动，积极主动，发挥了骨干教师的传帮带作用。孙××老师，对自己要求严格，做课题、演讲比赛样样争先。他一个人负责三项课题，整天埋头在数据和文字当中。

2. 搞科研的人要坐得住，要有一颗平常心，要耐得住寂寞。学校给了我们一定的照顾，但很多情况下，我们还需要自己想办法去开会。我也考虑过有些会的价值问题，但体制的东西我们自己解决不了，××××需要上级业务部门的支持，需要与兄弟单位搞好关系，所以会得开、事得办，不能让上面说我们不听话，不能让兄弟单位瞧不起。

3. 老骥已知桑榆晚，不用扬鞭自奋蹄。三十不学艺，而我已经年过五十。虽然说，搞教育科研是我多年的梦想，但我现在却深深地感到自己的“功力”不足。于是我便利用一切机会和方式提高自己：虚下心来向身边的同事学和基层的干部教师学；珍惜每一次学术会议，积极地向专家学。或许是受“朝闻夕死”精神的影响，或许是从不服输的性格所致，或许是深感自身责任的重大，或许是三者兼而有之，我选择拼搏，知难而进！

“俏也不争春，只把春来报，待到山花烂漫时，她在丛中笑。”谨借此诗以表心迹！

第五节　竞　聘　书

相关知识

一、竞聘书的概念

竞聘书，是竞聘者在竞聘会议上向与会者发表的报告，用于阐述自己的竞聘条件、竞聘优势，以及对竞聘职务的认识，被聘任后的工作设想、计划等的工作文书，也称为“竞聘报告”，或“竞聘演讲稿”。通过竞聘书，竞聘者展示自我，使听众迅速了解并支持自己。竞聘书是工作中常用的文书，大到总统就职，小到基层工作人员上岗，都可使用。

二、写作内容与方法

竞聘书是针对某一目标职位而写的文书，因而具有针对性、竞争性。写作中要自信、如实地展示自身的能力。同时，竞聘书是口头竞聘演讲前写成的准备用来口头发表的书面文件，因此应当注意语言的简洁和听众接收信息的容量，要态度诚恳、语气适宜，充分展示个人魅力。竞聘书包括标题、称呼、正文、落款四部分。

(一)标题写法

竞聘书的标题有三种写法：一是只写“竞聘书”；二是由竞聘职位和文种组成，如“产品经理竞聘书”；三是双标题写法，由主副标题组成，如“为××公司的美好明天而奋斗——竞聘××公司总经理”。

(二)称呼写法

竞聘书的称呼多为泛称，如“尊敬的各位领导、同事”“各位老师”等。

（三）正文写法

首先，应聘书应开门见山说明自己竞聘的职位和竞聘缘由，即回答“竞聘什么职位”“为什么参加竞聘”。

其次，介绍自身竞聘条件，即回答“凭什么竞聘”的问题，可以从学历、专业、业绩、经验、思想素质及其他方面进行阐述。写作时应当抓住听众的疑问进行说明。介绍竞聘条件时，忌讳面面俱到，而应针对职位要求有所取舍、突出重点，强调人无我有、人有我强的能力和素质。

再次，围绕听众关心的问题、职位职责列出任职后的措施及打算，即回答“能做什么”的问题。要回答好这个问题，应当正确认识岗位职责，具有认识深度与前瞻性、创新性，多研究新态势、新情况、新问题，才能振奋人心。

最后，简洁地表明竞聘的决心和信心，也可以坦诚地表明对竞选成败的态度，或对演讲内容进行概括，强调优势，争取听众的支持。

（四）落款写法

落款包括竞聘者和完成竞聘书的时间。

例文简析

例文 1

校办公室副主任竞聘书

尊敬的各位领导、各位同事：

大家上午好！在这里，首先感谢组织给我这次参加竞岗、展示自我、锻炼自己的机会，并对在工作、学习和生活中一直给予我关心、支持和帮助的各位领导和同事表示衷心的谢意！

我在农村长大。从师范学院毕业后，我成为一所乡镇中学的语文老师。由于刻苦勤奋，我被评为当时学校里最年轻的中学一级教师。9 年班主任工作的历练，培养了我温和敦厚的良好品性和吃苦耐劳的奉献精神，也锤炼了我谨慎细致的务实作风和较强的协调办事能力。

2007 年，我通过××省公务员考试进入党校工作，主要从事文字材料、信息报送等工作。这些年来，面对平凡而且琐碎的办公室工作尤其是文字工作，我总是鼓足干劲，从头学起，不向困难低头、不给问题让路，向领导虚心求教，和同事取长补短，自身的个人修养、写作能力和服务水平有了长足的进步。2009 年起连续四年获得校“先进个人”，2011 年和 2012 年还被评为校“信息工作先进个人”。

各位领导，各位同事！我深知，竞岗既是能力的竞争、素质的比拼，也是对我几年来工作成绩的评判。经过反复考虑，我决定竞聘办公室副主任职位。个人觉得主要具备

了三个方面的基本素质:

一是具备踏实肯干的工作态度。不管做什么工作，能力相同，态度不同，工作成效就会有很大的区别。几年来，我履行职责尽心尽力，加班加点无怨无悔，接受临时任务不讨价还价，不管是写一份材料、编一则信息，还是发一个通知、接一份传真，凡力所能及，就不会搪塞敷衍，更不推三阻四，做到了一切以学校利益为重，尽最大努力把事情干好。

二是具备勤奋刻苦的学习精神。文字工作光有一定的写作功底是远远不够的，还要具备政治素质、党校业务知识和“三更灯火五更鸡”的吃苦精神。近年来，我坚持努力学习政治理论和党的路线方针政策，认真领会上级领导的讲话精神，提升了理论素养，坚定了理想信念。利用工作之余，我研读了《党校工作条例解读》《华尔街日报是如何讲故事的》《语法修辞讲话》等 10 多本业务书籍，两次参加全省党校系统文秘人员培训。在遇到不懂的问题时，我还虚心向教学科研和行政后勤部门的同志请教，提升了业务素质。

三是具备岗位需要的业务能力。5 年前，从中学教育教学岗位转而从事文秘工作，工作性质的变化对我来讲既是压力，更是动力。在领导交任务、压担子、开“小灶”的过程中，我从一个写作的“门外汉”，逐渐成长为一名文秘工作的“行家里手”。五年来，我参与起草或独立撰写的各类文字材料超过 150 篇，参与办会、接待 20 多次；在《半月谈》《学习时报》《应用写作》及市委的简报快讯等刊物上发表专题报道、信息、随笔评论等超过 200 条，写作能力有了较大的提升。特别是多次随领导外出督查、调研，使我学到了许多好的工作方法，办事协调能力也有了长足的进步。我深知，从一名“菜鸟”，到一个合格的办公室文字秘书，离不开领导的点拨，离不开各位前辈的指点，也离不开同事们的帮助。

各位领导，各位同事，办公室是全校的中枢机构，位置关键；办公室副主任是个承上启下的职位，非常重要。假如竞职成功，我的工作思路是按照服务领导、服务教学科研工作、服务教职工的要求，外树形象、内强素质、找准定位、干出成绩，全力协助主任把办公室工作做得更好:

第一，务实进取，树好形象。以更高的标准严格要求自己，坚持务实的作风，老老实实做人，认认真真谋事，踏踏实实工作。带头尊重校领导的威信，尊重主任的领导和指导，尊重其他处室领导的协调，尊重各位老师和同事的创造，以自身良好的形象为校办公室增添正能量。

第二，增强素质，做好配角。我将把学习作为首要任务，不断增强自身的业务素质与能力，尽快适应新的岗位。努力做到干中学、学中干，特别是要在工作中提升执行力，带头抓落实，切实提高工作效率。找准定位，积极配合主任制定和完善处室相关规章制度，制作合理规范的工作流程，提升本处室的工作效能和服务水平。

第三，创新创优，干出成绩。按照我校建设全省“一流党校”的目标要求，创新思路，创优举措，打造一流的文稿，创造一流的业绩。想方设法地调动各处室同志的积极性，利用校园网、省委党校网和其他报刊、简报等阵地宣传党校打造教学、科研和服务三个品牌的做法，扩大党校的影响力。

各位领导、各位同事，“人生的价值，以其人对于当代所做的工作为尺度”，干好事业是我的不懈追求，请相信，在更高的平台上我会为党校做出更多的贡献！最后我要说，不管竞岗是否成功，我都将一如既往地做好自己的分内工作。

谢谢大家！

[资料来源：《应用写作》2014，(01):62-63.]

（简析：该例文为办公室副主任的竞聘书，首先表达了谢意，再简要交代工作履历，在履历的展示中自然地陈述自身的个性特点和成绩。在此基础上分析匹配岗位的三个方面素质，最后阐述工作思路与具体措施。针对听众可能产生的注意力疲惫问题，文章反复用“各位领导、各位同事”调节演讲的节奏，唤醒听众的注意。）

例文 2

主管会计竞聘书

各位领导、各位同事：

大家好！

今天，我怀着无比激动的心情，参加主管会计竞聘。我有勇气担当重任，有信心把今后的工作做得更好。在这里，我也衷心祝愿今天参加竞聘的各位同事，都能取得较好成绩。

参加今天的公开竞聘，我认为，我具有以下优势：

第一，因为我在学校学的就是这个专业，所以我有较为专业的基础知识。

第二，参加工作四年来，通过工作实践，总结出一定的工作经验。不管是在哪一个工作岗位上，我都把坚持原则、细心谨慎、不折不扣执行规章制度作为一项准则，认真处理每一笔业务。

第三，我对我们信用社这几年的发展方向、法规政策也有一定的了解和掌握。我能做到坚持原则，廉洁奉公，落实制度，明确责任，搞好团结，加强管理。

第四，我还年轻，有健康的身体、青春的活力，容易接受新鲜事物，有开拓创新的潜能，有满腔的热情和朝气蓬勃的心态。

如果竞聘成功，我的工作打算是：在做好开户、通兑、现金调拨、财务报表、柜台服务等各项工作的同时，还应注意以下工作的开展。

第一，我认为，任何工作都应该树立服务至上的思想观念。主管会计在坚持制度的前提下，要服务好、协助好信用社主任做好各项工作，要积极参与制订各项计划和规划，搞好分析和预测，合理建议，准确决策，当好参谋助手，协调好、落实好每一名员工应履行的职责；在坚持制度的前提下，做好信用社同税务、工商等各有关部门和客户之间的协调一致，实现共赢共进。还要协助社领导加强管理，搞好团结，凝聚人心和士气。

第二，加强自身学习，不断提高业务能力，要认真学习《会计法》《农村信用社会计基本制度》《农村信用社财务管理办法》等规章制度，以身作则干好工作，通过掌握高水准的业务技能、高标准的职业道德，用言行一致的行动、表率带头的人格，引领各项工作的开展。

第三，严格执行联社的各项规章制度，加强会计核算，降低经营成本，提高盈利能力。作为主管会计，我将严格遵循经济核算原则，加强财务控制，杜绝不合理开支和浪费现象，开源节流，不断降低经营成本，努力为所在信用社提高盈利能力创造条件，提高经济效益，认真贯彻各项税收和财政纪律。

第四，定期组织各网点人员进行集中学习和考试，学习新的会计理论知识，同时进一步明确营业人员岗位职责，促进全体工作人员业务技能的快速提高，从而适应客户对信用社的要求，提升信用社会计服务品牌。

第五，管好账、报好表，为主任决策提供真实、准确的决策依据。在工作实际中，要按照手勤、眼勤、嘴勤、腿勤的工作方式，做到手把手教、眼盯着改、嘴不停地讲、腿不停地往各个网点上跑，时刻掌握第一手材料，使呆板的业务报表数据转化为活生生的事例，进而反映出工作的问题要害，促进信用社各项工作的发展。

第六，随着电子化的发展，重要空白凭证的管理也已越来越重要，因此，我们一定要严格管理重要的空白凭证。

以上是我对主管会计工作的理解，由于我尚不是主管会计，也没有参加过这方面的专业培训，所述错误之处请各位领导给予指正。如果竞聘成功，我将认真履行主管会计的职责，切实承担自己所肩负的使命，不辜负领导的信任和期待。

如果这次我没有被聘用为主管会计，我也绝不气馁，这说明我的工作离联社的要求还有一定差距。在接下来的工作中，我更要以严格的标准来要求自己，不断提高自己的业务技能和专业知识，努力为信用社更好的明天尽心尽力。

谢谢大家！

（资料来源：知乎.）

简析：该例文为主管会计的三分钟竞聘书，选入时有所改动。该竞聘书语言朴实、态度真诚，对自身的优势和今后的工作打算条分缕析，具体可感。“服务信用社主任做好各项工作”“手勤、眼勤、嘴勤、腿勤”“提升信用社会计服务品牌”反映出对工作有较深的认识思考。

读写实训

一、针对你有意向的某一班委或学生会干部竞选活动，撰写汇报时长为 3 分钟的竞聘书。

二、请分析指出以下班长竞聘书存在的问题。

班长竞聘书

同学们：

你们好！

今天，我走上演讲台的唯一目的就是竞选“班级元首”——班长。我坚信，凭着我可行而不俗的“官念”，凭着我的勇气和才干，凭着我与大家同舟共济的深厚友情，这次竞选演讲给我带来的必定是下次的就职演说。

我从没有担任过班干部，缺少经验，这是劣势，但正因为从未在“官场”混过，一身干净，没有“官相官态”“官腔官气”，少的是畏首畏尾的私虑，多的是敢作敢为的闯劲。正因为我一向生活在最底层，从未有过“高高在上”的体验，对摆“官架子”看不惯，弄不来也不想弄，就特别推崇并实行民主作风。因此，我的口号是“做一个彻底的平民班长”。

班长应该是架在老师与同学之间的一座桥梁，能向老师提出同学们的合理建议，向同学们传达老师的想法和苦衷。我保证做到在任何时候、任何情况下，都首先是“想同学们之所想，急同学们之所急”。当师生之间发生矛盾时，我一定明辨是非，敢于坚持原则，特别是当教师的说法或做法不尽正确时，我将敢于积极为同学们谋求正当的权益。

班长应该具有统御全局的大德大能。我相信自己是够条件的。首先，我有能力处理好班级的各种事务。因为本人具有较强的组织能力和协调能力，凭借这一优势，我保证做到将班委一班人的积极性都调动起来，使每个班委成员扬长避短、互促互补，形成拳头优势。其次，我还具有较强的应变能力，正所谓“处变不惊，临乱不慌”，能够处理好各种偶发事件，将损失减少到最低。再次，我相信自己能够为班级的总体利益牺牲一己之私。必要时，我还能“忍辱负重”。最后，因为本人平时与大家相处融洽，人际关系较好，这样在客观上就减少了工作的阻力。

我准备在任期内与全体班委一道为大家办十件好事：(略)

我会是一个最民主的班长，常规性工作要由班委会集体讨论决定，而不是由我一个人说了算。重大决策必须经过“全民”表决。如果同学们对我不信任，随时可以提出“不信任案”，对我进行弹劾。你们放心，弹劾我不会像弹劾克林顿那样麻烦，我更不会死赖着不走。我绝不信奉“无过就是功”的信条，恰恰相反，我认为一个班长“无功就是过”，假如有谁指出我不好不坏，那就说明我已经够“坏”的了，我会立即引咎辞职。

同学们，请信任我，投我一票，给我一次锻炼的机会吧！我会经得住考验的。相信在我们的共同努力下，充分发挥每个人的聪明才智，我们的班务工作一定能搞得十分出色，我们的班级一定能跻身全市先进班级的行列，步入新的辉煌！

谢谢大家！

拓展阅读

材料 1

弥补个人简历的五个不足

求职文书的写作，应当知己知彼，才能明确写作内容。人无完人，在知己知彼的基础上才能扬长避短。下面是一份如何弥补不足的清单。

不足 1：你的总体学习成绩不好，怎么弥补？

突出相关学科单科成绩。

突出实践经历。

不足 2：你没有英语相关证书，怎么弥补？

用相关英语活动证明。

不足 3：你工作经历不足，怎么弥补？

突出实习和兼职经历。

突出校园经历。

举例说明你具有快速学习能力。

举例说明你具有勤奋的品格。

不足 4：你的专业不相关，怎么弥补？

突出你的相关技能。

展示你的辅修专业、选修课程。

不足 5：你不是名校毕业，怎么弥补？

突出你在校内的丰富经历。

展示你在校外的学习经历、实践的成绩。

材料 2

成就完美简历的七个细节

简历是自我营销的工具，是自我宣传的手册。一份精心打磨的简历可以使你从竞争中脱颖而出，赢得面试机会。下面是一份制作简历时使其赏心悦目的清单。

1. 纸张：白色、中等厚度。
2. 版面：上下左右留白适中。
3. 页数：一页简历，两页装订。
4. 排版：整齐，和谐。
5. 打印：黑色，激光。
6. 字体：一般为宋体，部分用楷体。
7. 字号：板块名称加粗，关键信息加粗。

参考文献

1．劳拉·布朗. 完全写作指南[M]. 南昌：江西人民出版社，2017.
2．斋藤孝. 写作全技术[M]. 南昌：江西人民出版社，2018.
3．李忠秋. 结构化写作[M]. 北京：人民邮电出版社，2017.
4．SPENSER. 写作是最好的自我投资[M]. 北京：中信出版集团，2018.
5．赵颖. 逻辑思维与写作[M]. 北京：高等教育出版社，2020.
6．邹璐. 大学实用写作[M]. 北京：高等教育出版社，2013.
7．夏丏尊，叶圣陶. 文话七十二讲[M]. 北京：中华书局，2013.
8．张保忠. 党政机关公文处理工作条例释义与实务全书. 北京：人民出版社，2012.
9．康新慧，任秋菊. 应用文写作[M]. 郑州：河南科学技术出版社，2018.
10．史英新. 应用文写作项目化教程. 哈尔滨：哈尔滨工业大学出版社，2021.
11．林红，张宁，等. 大学实用写作[M]. 厦门：厦门大学出版社，2016.
12．廖长敏，韦金松，谭贵娟. 新编应用文写作教程. 西安：西北工业大学出版社，2021.
13．张浩. 新编应用文写作全书[M]. 北京：中国文史出版社，2018.
14．吴宝玲. 实用文写作[M]. 北京：高等教育出版社，2017.
15．国网浙江省电力有限公司. 企业常用公文写作——职场人的必修课[M]. 北京：中国电力出版社，2023.
16．曹林. 时评写作十讲[M]. 上海：复旦大学出版社，2018.